8

最新 社会福祉士養成講座
精神保健福祉士養成講座

一般社団法人 日本ソーシャルワーク教育学校連盟　編集

障害者福祉

中央法規

刊行にあたって

このたび、新カリキュラムに対応した社会福祉士と精神保健福祉士養成の教科書シリーズ（以下、本養成講座）を一般社団法人日本ソーシャルワーク教育学校連盟の編集により刊行することになりました。本養成講座は、社会福祉士・精神保健福祉士共通科目13巻、社会福祉士専門科目８巻、精神保健福祉士専門科目８巻の合計29巻で構成されています。

社会福祉士の資格制度は、1987（昭和62）年に制定された社会福祉士及び介護福祉士法により創設されました。後に、精神保健福祉士法が制定され、精神保健福祉士の資格制度が1997（平成９）年に創設されました。それから今日までの間に両資格のカリキュラムは２度の改正が行われました。本養成講座は、2019（令和元）年度の両資格のカリキュラム改正に伴い、刊行するものです。

新カリキュラム改正のねらいは、地域共生社会の実現に向けて、複合化・複雑化した課題を受けとめる包括的な相談支援を実施し、地域住民等が主体的に地域課題を解決していくよう支援できるソーシャルワーカーを養成することにあります。地域共生社会とは支援する者と支援される者が一体となり、誰もが役割をもって生活していくことができる社会です。こうした社会を創り上げる担い手として、社会福祉士や精神保健福祉士が期待されています。

そのため、本養成講座の制作にあたって、❶ソーシャルワーカーとしてアセスメントから支援計画、モニタリングに至るPDCAサイクルに基づく支援ができる人材の養成、❷個別支援と地域支援を一体的に対応でき、児童、障害者、高齢者等のさまざまな分野を横断して包括的に支援のできる人材の養成、❸「講義―演習―実習」の学習循環をつくることで、実践現場に密着した人材養成をする、を目的にしています。

社会福祉士および精神保健福祉士になるためには、ソーシャルワークに必要な五つの科目群について学ぶことが必要です。具体的には、①社会福祉の原理・基盤・政策を理解する科目、②複合化・複雑化した福祉課題と包括的な支援を理解する科目、③人・環境・社会とその関係を理解する科目、④ソーシャルワークの基盤・理論・方法を理解する科目、⑤ソーシャルワークの方法と実践を理解する科目です。それぞれの科目群の関係性と全体像は、次頁の図のとおりです。

これらの科目を本養成講座で学ぶことにより、すべての学生がソーシャルワークの基盤を修得し、社会福祉士ならびに精神保健福祉士の国家資格を取得し、さまざまな領域でソーシャルワーカーとして活躍され、ソーシャルワーカーに対する社会的評価を高めてくれることを願っています。

社会福祉士養成教科書の全体像

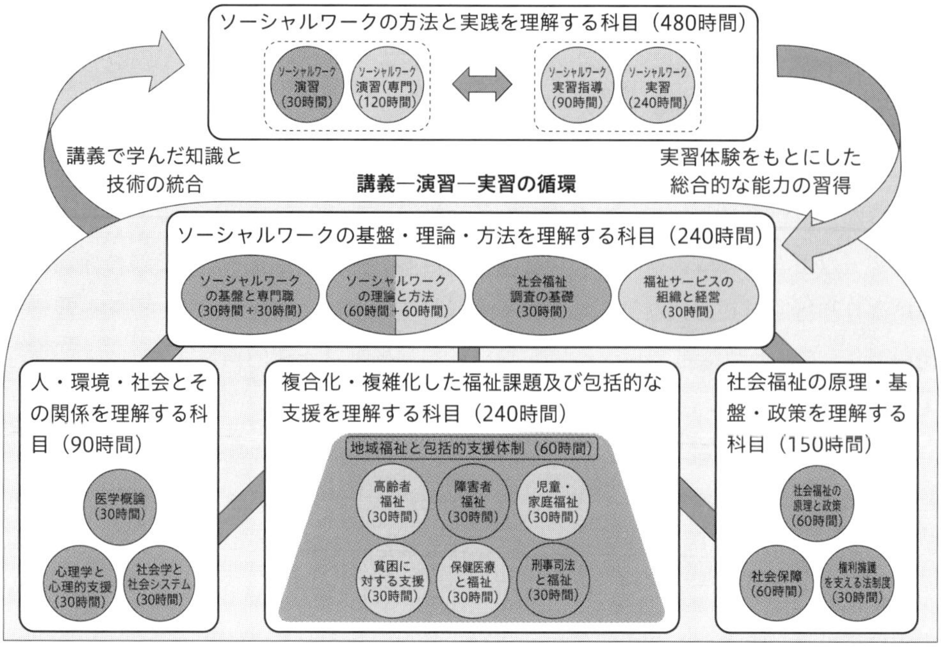

出典：厚生労働省「（別添）見直し後の社会福祉士養成課程の全体像」（https://www.mhlw.go.jp/content/000604998.pdf）より本連盟が改編

精神保健福祉士養成教科書の全体像

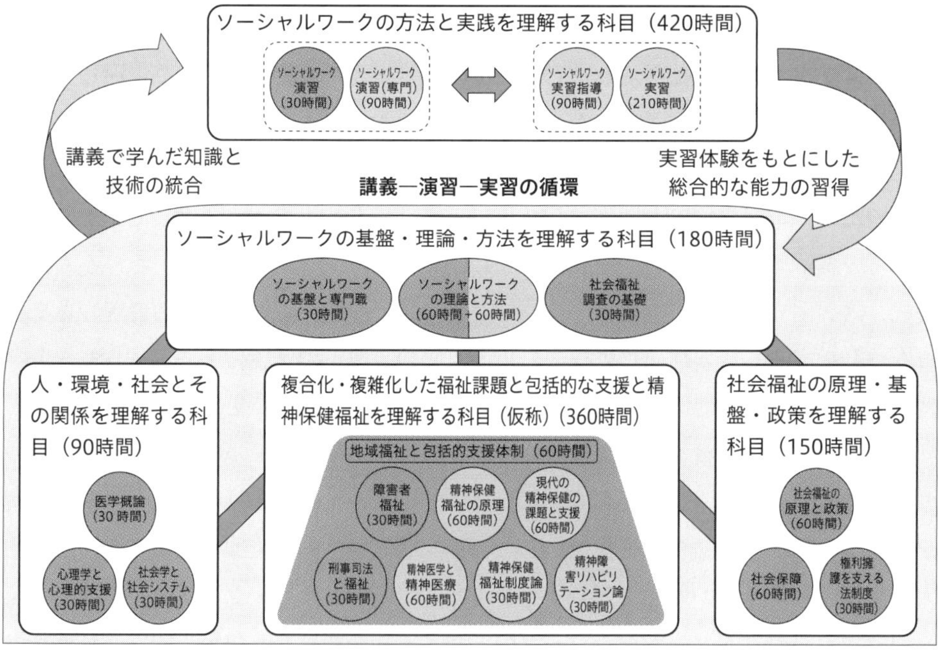

出典：厚生労働省「（別添）見直し後の社会福祉士養成課程の全体像」を参考に本連盟が作成

2020（令和２）年12月１日

一般社団法人日本ソーシャルワーク教育学校連盟
会長　白澤政和

はじめに

2018（平成30）年３月にとりまとめられた、社会保障審議会福祉部会福祉人材確保専門委員会の報告書「ソーシャルワーク専門職である社会福祉士に求められる役割等について」において、「地域共生社会（子供・高齢者・障害者等全ての人々が地域、暮らし、生きがいを共に創り、高め合うことができる社会）の実現を推進し、新たな福祉ニーズに対応するためには、複合化・複雑化した課題を受け止める多機関の協働による包括的な相談支援体制を構築するために求められるソーシャルワークの機能と地域住民等が主体的に地域課題を把握し、解決を試みる体制を構築するために求められるソーシャルワークの機能の発揮が必要である」とされた。これを踏まえ、2019（平成31）年３月にとりまとめられた、「精神保健福祉士の養成の在り方等に関する検討会中間報告書」においては、「精神保健福祉士が果たしている役割は、精神障害者に対する援助のみならず、精神障害等によって日常生活又は社会生活に支援を必要とする者や精神保健（メンタルヘルス）の課題を抱える者への援助へと拡大してきている。さらに、精神保健福祉法の目的にも定められているような、精神障害の発生の予防や国民の精神的健康の保持及び増進への支援、精神障害者の福祉の増進及び国民の精神保健の向上に努めることについても、精神保健福祉士の役割への期待が拡大してきている。加えて、社会における精神疾患や精神障害がある者への意識を変え、偏見や差別のない社会づくりも目指している」として、対応の方向性が提示されている。これらを受けて養成カリキュラムの見直しが図られることとなり、そのなかで、「障害者に対する支援と障害者自立支援制度」は「障害者福祉」に科目名が見直され、「就労支援サービス」の障害者関連部分が盛り込まれることとなった。

現在、社会福祉士および精神保健福祉士は、高齢者支援、障害児・者支援、子ども・子育て支援、生活困窮者支援等の幅広い分野で活用されている。また、広義の社会福祉分野・精神保健福祉分野のみならず、教育や司法などの分野においてもその活用が期待されている。

また、2020（令和２）年６月に制定された「地域共生社会の実現のための社会福祉法等の一部を改正する法律」において、地域共生社会の実現を図るため、地域住民の複雑化・複合化した支援ニーズに対応する包括的な福祉サービス提供体制を整備する観点から、市町村の包括的な支援体制の構築の支援等の所要の措置を講ずることとされ、具体的には、「包括的相談支援」「参加支援」「地域づくりに向けた支援」を一体的に実施する「新たな事業（重層的支援体制整備事業）」を創設することとしている。

高齢者、障害者、子育て、生活困窮への対応に加え、「8050 問題」等の生活問題が多層化・複合化しているなかで、属性を問わない相談支援、多機関協働による支援、アウトリーチ等を通じた継続的支援体制をつくることは急務である。

このような背景から、従来の縦割り制度のなかで、社会福祉士および精神保健福祉士が制度を越えた支援を行うことが難しかった現状があり、分野を越えた相談を担っていく基盤が不十分であった反省を踏まえて、どの分野であっても包括的に相談を担える人材を養成していく時代となったと捉えている。そのなかで「障害児・者」については、包括的な相談が最も有効な分野の一つとなる。たとえば、高齢者の問題から出発する「8050 問題」の「50」の人々や、生活困窮者から寄せられる相談の一定の割合は知的障害や精神障害のある人だといわれている。また、教育機関や矯正施設等でも一定の割合で障害のある人がその対象となっており、ごみ屋敷やひきこもり、再犯者、ＤＶ、虐待等といった問題のベースに「障害」がある場合がある。

単に、障害福祉制度につなげるための支援だけではなく、ベースに「障害」があるかもしれない対象者を取りこぼさない支援が求められており、そのために各種相談機関や民生委員、地域住民、地域の社会資源等とつながって支援することができるソーシャルワーカーが、またそれを支える資格制度が求められているのである。

本書は、見直し後の養成カリキュラムに立脚して、７章から構成されている。第１章では、障害の概念と各障害特性の理解ができるよう、法律による定義や障害種別の特性、ICFと障害の社会モデル等について解説している。第２章では、障害者福祉の理念の理解を図るため、障害観の変遷、ノーマライゼーション、エンパワメント等について解説している。第３章では、障害者福祉の歴史、当事者運動による制度発展の過程、障害者の権利に関する条約採択から国内法の整備に至る過程等について解説している。第４章では、障害者の生活実態とこれを取り巻く社会環境と課題について、8050 問題等にも触れながら解説している。第５章では、障害者に対する法制度について、法制度の全体像から各種法律の内容までを網羅しつつ、サービス給付の主な法律である障害者総合支援法・児童福祉法について詳細に解説している。第６章では、障害者と家族等の支援における関係機関と専門職の役割、第７章では、障害者と家族等に対する支援の実際について、事例も含めて解説している。

本書が、多くの方々にご活用していただくことを願うとともに、関連文献を併せて学ぶことで、柔軟な応用力を身につけていただけることを期待する。

編集委員一同

目次

第3章　障害者福祉の歴史

第4章　障害者の生活実態とこれを取り巻く社会環境と課題

第6章　障害者と家族等の支援における関係機関と専門職の役割

第7章　障害者と家族等に対する支援の実際

本書では学習の便宜を図ることを目的として、以下の項目を設けました。

- 学習のポイント……各節で学習するポイントを示しています。
- 重要語句……………学習上、特に重要と思われる語句を**色文字**で示しています。
- 用語解説……………専門用語や難解な用語・語句等に★を付けて側注で解説しています。
- 補足説明……………本文の記述に補足が必要な箇所にローマ数字（ⅰ、ⅱ、…）を付けて脚注で説明しています。
- Active Learning……学生の主体的な学び、対話的な学び、深い学びを促進することを目的に設けています。学習内容の次のステップとして活用できます。

第1章

障害概念と特性

各法律において、「障害」や「障害者」をどのように捉えて制度の対象としているのかを押さえるとともに、身体障害（肢体不自由、視覚障害、聴覚障害、内部障害）、知的障害、精神障害（高次脳機能障害を含む）、難病等、発達障害の各障害の特性について理解し、ソーシャルワーカーとして出会う障害児・者の障害特性に関する基礎的な知識を習得しておくことで、支援の糸口をつかむことになり、適切な支援につなげることが可能となる。また、国際生活機能分類（ICF）を理解し、障害を社会モデルで捉えることも重要である。ソーシャルワークに欠かせない「本人理解」のベースは、これらの基礎的知識の上に、個々の特性や生育歴、家族や社会の環境を加味していかなければならない。

第 1 節　障害者の定義と特性

学習のポイント

- 障害者の定義がなぜ必要なのか理解する
- 障害者の定義について、各法律で異なることを理解する
- 各障害種別ごとの特性とその支援内容について概略を理解する

1　各法律による障害者の定義

1　障害者基本法による障害者の定義

障害者基本法における障害者の定義は、第 2 条第 1 号に規定されている。

> 一　障害者　身体障害、知的障害、精神障害（発達障害を含む。）その他の心身の機能の障害（以下「障害」と総称する。）がある者であって、障害及び社会的障壁により継続的に日常生活又は社会生活に相当な制限を受ける状態にあるものをいう。

さらに社会的障壁について、同条第 2 号において以下のとおり規定されている。

> 二　**社会的障壁**　障害がある者にとって日常生活又は社会生活を営む上で障壁となるような社会における事物、制度、慣行、観念その他一切のものをいう。

障害者基本法では、障害者を幅広く捉えており、障害者手帳の所持者等に限定していない。さらに、障害および社会的障壁により継続的に制限を受ける状態であるものとしており、これまで「医学モデル」が中心であった障害者の定義に、いわゆる「社会モデル」が導入され、「統合モデル」（「折衷モデル」「交互作用モデル」）の定義づけとなっている。

この障害者の定義の考え方を踏襲している法律としては、**障害を理由とする差別の解消の推進に関する法律（障害者差別解消法）**、**障害者虐待の防止、障害者の養護者に対する支援等に関する法律（障害者虐待防止法）**、**高齢者、障害者等の移動等の円滑化の促進に関する法律（バリ**

表1-1　障害者総合支援法上の障害者・障害児の定義概念

障害種別	障害児（18歳未満）	障害者（18歳以上）	規定内容
身体障害	児童福祉法第４条第２項に規定する障害児 （身体に障害のある児童、知的障害のある児童、精神に障害のある児童（発達障害児を含む。）又は治療方法が確立していない疾病その他の特殊の疾病であって障害者総合支援法第４条第１項の政令で定めるものによる障害の程度が同項の厚生労働大臣が定める程度である児童をいう。）	身体障害者福祉法第４条に規定する身体障害者	「身体障害者」とは、別表（**表 1-2**）に掲げる身体上の障害がある18歳以上の者であって、都道府県知事から身体障害者手帳の交付を受けた者をいう。
知的障害		知的障害者福祉法にいう知的障害者のうち18歳以上である者	定義規定なし
精神障害		精神保健福祉法第５条に規定する精神障害者のうち18歳以上である者	「精神障害者」とは、統合失調症、精神作用物質による急性中毒又はその依存症、知的障害、精神病質その他の精神疾患を有する者をいう。
難病等		障害者総合支援法第４条第１項に規定する者のうち18歳以上である者	治療方法が確立していない疾病その他の特殊の疾病であって政令で定めるものによる障害の程度が厚生労働大臣が定める程度である者をいう。

資料：厚生労働省資料を一部改変

アフリー法）などがある。

2 障害者総合支援法による障害者の定義

障害者の日常生活及び社会生活を総合的に支援するための法律（障害者総合支援法）における障害者の定義は、第４条第１項に規定されており、**身体障害者福祉法**その他の各法律の規定を個別に引用する形となっている（**表 1-1**）。

障害者総合支援法は、障害福祉サービスや自立支援医療の給付等について規定した法律であり、その対象者を詳細に規定する必要があることから、障害者基本法における定義よりも障害者の範囲が限定されている。さらに**障害支援区分**により、障害による支援の度合いを判定し、どの区分の者にどのサービスが受けられるかについても明確化されている。

なお、**社会的障壁の除去**といった**社会モデル**の考え方については、同法第１条の２において、法の基本理念として規定されている。

（基本理念）
第１条の２　障害者及び障害児が日常生活又は社会生活を営むための支援は、全ての国民が、障害の有無にかかわらず、等しく基本的人権を享有するかけがえのない個人として尊重されるものであるとの理念にのっとり、（略）社会参加の機会が確保されること及びどこで誰と生活するかについての選択の機会が確保され、（略）日常生活又は社会生活を営む上で障壁となるような社会における事物、制度、慣行、観念その他一切のものの除去に資することを旨として、総合的かつ計画的に行わなければならない。

2 身体障害の特性と支援内容

身体障害者福祉法における「身体障害者」とは、同法別表（**表 1-2**）に掲げる身体上の障害がある 18 歳以上の者であって、都道府県知事から身体障害者手帳の交付を受けたものをいう（同法第４条）。

以下、それぞれの身体障害の特性と支援内容についてみていく。

表1-2　身体障害者福祉法別表

一　次に掲げる視覚障害で、永続するもの
1　両眼の視力（万国式試視力表によって測ったものをいい、屈折異常がある者については、矯正視力について測ったものをいう。以下同じ。）がそれぞれ0.1以下のもの
2　一眼の視力が0.02 以下、他眼の視力が0.6 以下のもの
3　両眼の視野がそれぞれ 10 度以内のもの
4　両眼による視野の 2 分の 1 以上が欠けているもの
二　次に掲げる聴覚又は平衡機能の障害で、永続するもの
1　両耳の聴力レベルがそれぞれ 70 デシベル以上のもの
2　一耳の聴力レベルが 90 デシベル以上、他耳の聴力レベルが 50 デシベル以上のもの
3　両耳による普通話声の最良の語音明瞭度が 50 パーセント以下のもの
4　平衡機能の著しい障害
三　次に掲げる音声機能、言語機能又はそしゃく機能の障害
1　音声機能、言語機能又はそしゃく機能の喪失
2　音声機能、言語機能又はそしゃく機能の著しい障害で、永続するもの
四　次に掲げる肢体不自由
1　一上肢、一下肢又は体幹の機能の著しい障害で、永続するもの
2　一上肢のおや指を指骨間関節以上で欠くもの又はひとさし指を含めて一上肢の二指以上をそれぞれ第一指骨間関節以上で欠くもの
3　一下肢をリスフラン関節以上で欠くもの
4　両下肢のすべての指を欠くもの
5　一上肢のおや指の機能の著しい障害又はひとさし指を含めて一上肢の三指以上の機能の著しい障害で、永続するもの
6　1 から 5 までに掲げるもののほか、その程度が 1 から 5 までに掲げる障害の程度以上であると認められる障害
五　心臓、じん臓又は呼吸器の機能の障害その他政令で定める障害（注）で、永続し、かつ、日常生活が著しい制限を受ける程度であると認められるもの

注：その他政令で定める障害（ぼうこう又は直腸の機能の障害、小腸の機能の障害、ヒト免疫不全ウイルスによる免疫の機能の障害、肝臓の機能の障害）

1 肢体不自由

「肢体不自由」とは「両手足と体幹の一部または全部が損なわれ、日常生活・社会生活に制限がある状態」ということができる。

原因としては、先天性の場合と後天性の場合があり、先天性の障害とは、脳性麻痺や筋ジストロフィー、先天性四肢欠損等により、生まれつき、脳や脊髄、骨・関節・筋肉に損傷がある場合などがある。後天性の障害とは、事故や病気による手足・体幹の損傷あるいは脳や脊髄等の神経に損傷を受けた場合などがある。

肢体不自由には、障害の部位や程度によってかなりの個人差がある。

肢体不自由者は、その状態像に応じた**補装具**を使用し、日常生活・社会生活を送っている場合も多い。他の障害、補装具以外の福祉用具等も

表1-3　障害状態像別使用補装具等一覧

	状　態　像	使用する補装具の例	使用する日常生活用具等の例	使用する身体障害者補助犬
肢体不自由	事故等による上・下肢切断	義肢（義手・義足）　等	手すり　等	介助犬
	脳血管障害による片麻痺	下肢装具、杖　等	特殊寝台（ベッド）、特殊マット、手すり　等	
	脊髄損傷等による対麻痺（両下肢麻痺）、四肢麻痺	対麻痺：普通型車椅子 四肢麻痺：電動車椅子　等	特殊寝台（ベッド）、特殊マット、手すり、スロープ、段差解消機、リフト　等	
	ALS（筋萎縮性側索硬化症）等による四肢麻痺、音声機能障害	介助用車椅子 重度障害者用意思伝達装置　等	特殊寝台（ベッド）、特殊マット、会話補助装置、手すり、スロープ、段差解消機、リフト、たん吸引器、人工呼吸器（医療）　等	
視覚障害	全盲	盲人安全つえ（白杖） 義眼　等	点字ディスプレイ、点字器、視覚障害者用ポータブルレコーダー、視覚障害者用活字文書読み上げ装置、盲人用時計、電磁調理器、音声化ソフト　等	盲導犬
	ロービジョン	盲人用安全つえ（白杖） 眼鏡（矯正用、遮光用、コンタクトレンズ、弱視用）　等	電磁調理器、音声化ソフト、拡大読書器　等	
聴覚障害	ろう	—	聴覚障害者用屋内信号装置、聴覚障害者用情報受信装置 手話通訳者の派遣	聴導犬
	難聴	補聴器	人工内耳（医療） 要約筆記者の派遣	
内部障害	直腸がん等による人工肛門造設	—	ストーマ用装具	—
	喉頭がん等による喉頭摘出	—	人工喉頭	

併せて一覧表にして示す（**表 1-3**）。このように、身体障害者にはさまざまな福祉用具等を使用した生活環境の調整等が必要となる。また、福祉用具等だけでなく、ホームヘルプサービスや通所サービス等の人的サービスも必要となるが、別の項に譲る。

2 視覚障害

国立障害者リハビリテーションセンターが発行している手引書では、**視覚障害**を「視力や視野に障害があり、生活に支障をきたしている状態」と定義している[1)]。**視力障害**については、眼鏡やコンタクトレンズをつけても一定以上の視力が出ない状態であり、**視野障害**については、視野が狭くなり人や物にぶつかるなど移動に支障が出たり、文字が読みづらくなったりする状態である。

視機能には、視力、視野、色覚などがあるが、身体障害者福祉法に規定される視覚障害は、視機能のうちの矯正視力および視野の程度により１級から６級に区分される。矯正視力とは、近視や乱視などの矯正眼鏡を使用したときの視力であり、視野は、視線をまっすぐにして動かさない状態で見えている範囲とされている[★]。

★視覚障害者の見え方（全盲、弱視、ロービジョン）

・全盲：光も感じない状態をいう。

・弱視：医学的に弱視とは、眼球に障害の原因となるような疾患がなく、視力低下の原因が視覚に関係する脳の発達によると考えられる状態を指す。社会的弱視は、視覚障害はあっても、主に眼からの情報を使って生活できる状態を指す。教育的弱視は、視覚障害はあるものの主に視覚を用いた学習が可能な状態をいう。最近では、医学的弱視との混同を避けるため、社会的弱視、教育的弱視をロービジョンということがある。視覚情報をある程度使える状態である。強いまぶしさ（羞明感）や薄暗いところで見えにくい（夜盲）などの症状がみられることもある。

視覚障害者は、歩行時などに物の位置関係を把握するのが困難であり、人や障害物にぶつかることなどを防ぎ安全に歩くため、盲人安全つえ（白杖）や盲導犬を使用しながら通勤・通学をしている人もいる。そのほか、日常生活・社会生活を送るうえでは周囲の者は、決められた場所に物を置く、通路には物を置かない、物の位置の説明（クロックポジション：時計の文字盤に見立てて伝える）、PC 環境（音声ソフトや拡大ソフトの活用）、声かけ時には自分の名前を名乗るなどといったことに留意するとよい。

3 聴覚障害

聴覚障害とは、聴力に障害があり、聞こえなかったり聞こえが悪くなったりする状態のことであり、大別すると鼓膜などの音を伝える器官に障害がある「**伝音性難聴**」、音を感じ取る内耳や聴覚神経に障害がある「**感音性難聴**」がある。個人差はあるが、「伝音性難聴」は**補聴器**等の使用により改善する場合があるのに対して、「感音性難聴」は音を情報として脳に伝える神経や内耳に障害があるため、補聴器等を使用しても識別が困難な場合が多い[2)]。

しかし、聴覚自体の一次的な障害より、二次的な問題のほうが影響は大きいといわれている。たとえば、ろう者（先天性または幼少時の失聴者）の場合は、まず言語の獲得が問題となり、聴者のように、乳児期から自然に言語を獲得することができないため、視覚的に言語を獲得する必要がある。視覚的な言語獲得手段には、大別すると口話（読話）、手話★があり、残存聴力の活用（補聴器・**人工内耳**）との併用がある。言語獲得後の中途失聴者の場合は、文章の読み書きはほぼ問題がない場合が多い。また、難聴者の場合は、補聴器を使用すれば問題ないと思われがちであるが、体調や周囲の環境によっては聞こえが悪くなることもあり、周囲のサポートが必要である。

聴覚障害者は、外見からはその障害の状況が判断しづらいため、周囲の理解が不足しがちであり、無視された、仕事上ミスをしたなどと誤解されたりすることもある。また、災害時は情報が伝わりにくいことから、逃げ遅れなどにつながる場合もある。地域や職場等に聴覚障害者がいる場合には、サポートを忘れないようにしたい。

★手話(sign language)
音声言語と同じく、自然言語の一種であり、世界各地で約300あるとされている。1960年にアメリカの言語学者ウィリアム・ストーキー（William Stokoe, Jr.）によって、単なるジェスチャーと異なり、独自の構文や文法をもつことが明らかにされた。日本手話も日本語と異なる文法を有しており、日本のろう者の第一言語になっている。それに対して日本語対応手話は、日本語の文法を基にしており、中途失聴者には学びやすい。

4 内部障害

内部障害とは、世界保健機関（WHO）により提唱された国際障害分類試案の機能障害の一つに属し、心臓、腎臓、呼吸器など内部機能障害の総称と定義されている。身体障害者福祉法においては、心臓機能障害、腎臓機能障害、呼吸機能障害、膀胱・直腸機能障害、小腸機能障害、ヒト免疫不全ウイルスによる免疫機能障害、肝臓機能障害の七つを内部障害と規定している[3)]。

Active Learning
内部障害に含まれる各障害について、原因となる疾病や症状について調べてみましょう。

内部障害の人は、**表1-4**に示すような医療等について支援（**自立支援医療等**）が受けられる。自立支援医療の詳細は別の項に譲るが、通常

表1-4　内部障害者が対象となる制度等

機能障害部位	対象となる制度等
心臓機能障害	自立支援医療（ペースメーカー植込術等）
腎臓機能障害	自立支援医療（腎臓移植術、人工透析等）
呼吸機能障害	自立支援医療（在宅酸素療法等）
膀胱・直腸機能障害	日常生活用具（ストーマ用装具等） 自立支援医療（ストーマ感染防止等に係る医療等）
小腸機能障害	自立支援医療（中心静脈栄養法等）
ヒト免疫不全ウイルスによる免疫機能障害	自立支援医療（抗ＨＩＶ療法等）
肝臓機能障害	自立支援医療（肝臓移植術等）

の医療保険の３割自己負担を１割とする制度であり、障害があるために医療費が一般の人よりも多くかかってしまうため、この医療費の自己負担を軽減することが目的である。

内部障害者は長期の安静・臥床などにより**廃用症候群**となるリスクがあるため、積極的な運動を行う必要があるが、心臓機能障害や呼吸機能障害の場合は、医師の指示の下に行う**リハビリテーション（運動療法）**が有効である。

3 知的障害の特性と支援内容

知的障害者の定義は、厚生事務次官通知「療育手帳制度について」および厚生省児童家庭局長通知「療育手帳制度の実施について」により、手帳の交付対象者について「児童相談所又は知的障害者更生相談所において知的障害であると判断された者」となっており、**表 1–5** に示す判定基準となっている。

知的障害は知的発達の障害であり、診断名としては**「精神遅滞」**（ICD-10★による）とも表される（DSM-5★では「知的能力障害」）。

❶　知能検査によって確かめられる知的機能の欠陥

❷　適応機能の明らかな欠陥

❸　発達期（おおむね 18 歳まで）に生じる

という特徴があるとされている。中枢神経系の機能に影響を与えるさまざまな病態で生じうるので「疾患群」ともいえる。知的機能や適応機能に基づいて判断され、知能指数により分類される。さまざまな中枢神経系疾患が原因となるため、正しい診断を受け、早期に治療・療育・教育を行う必要があり、本人のみならず、家族への支援も必要となる[4)]。

知的障害そのものを改善させることは難しいが、適切な環境下におい

★ ICD-10
国際疾病分類第 10 版。WHO（世界保健機関）が作成する疾患の分類のことである。WHO 加盟国には疾患統計の報告に ICD を使う義務がある。2022 年 1 月より ICD-11 に変更予定。

★ DSM-5
精神障害の診断・統計マニュアル第 5 版。アメリカ精神医学会が出版している、精神疾患の診断基準・診断分類のことである。国際的に広く利用されている。

表1–5　療育手帳制度における障害の程度および判定基準

重度（A）とそれ以外（B）に区分
○重度（A）の基準
①　知能指数が概ね35以下であって、次のいずれかに該当する者
・食事、着脱衣、排便及び洗面等日常生活の介助を必要とする。
・異食、興奮などの問題行動を有する。
②　知能指数が概ね50以下であって、盲、ろうあ、肢体不自由等を有する者
○それ以外（B）の基準
・重度（A）のもの以外

出典：厚生労働省資料

て適応機能などが向上する可能性が十分にある。早期に発見され適切な療育が施された場合、児の長期的予後は改善するとされている。本人への療育のみならず家族に対する育児支援や**レスパイト**★等も必要となる。

また、自閉症を伴う重度知的障害等の場合、**行動障害**（他害行為（噛みつき、頭突きなど）や自傷行為などが、通常考えられない頻度と形式で出現している状態）となってしまう場合もある。行動障害を呈している人に対しては、専門的な知識と支援技術が必要となり、たとえば、障害福祉サービスの一つである「行動援護」は行動障害の人を想定したサービスとなっている。

★レスパイト
（家族の）「休息」という意味である。家族介護者の日々の疲労や冠婚葬祭等により、一時的に在宅介護が困難となる場合に、家族介護者の負担軽減を主な目的とした短期入所や日中一時支援等の仕組みがある。

Active Learning
「行動障害」の発現の機序や具体的な支援方法である「構造化」について調べてみましょう。

4 精神障害の特性と支援内容

精神障害者の定義については、精神保健及び精神障害者福祉に関する法律（精神保健福祉法）第５条に「統合失調症、精神作用物質による急性中毒又はその依存症、知的障害、精神病質その他の精神疾患を有する者をいう」と規定されている。

精神障害に、**発達障害**も含まれることが障害者総合支援法上の定義において明確化されたが、**高次脳機能障害**についても含まれることとなっているので、ここで触れておく。また、障害者総合支援法上の定義においては、「知的障害は除く」とされているが、これは、医学的には知的障害は精神障害のなかに含まれるものの、サービス給付の観点からは従来から知的障害者福祉法によって実施されてきた経緯を踏まえ、障害者総合支援法に引き継がれているということである（**表1-6**）。

精神疾患の内訳としては、多いものから、**気分障害**（**うつ病**、**双極性障害**）、**統合失調症**、**不安障害**、**認知症**などとなっており、近年においては、うつ病や認知症などの著しい増加がみられる。

精神疾患だからといって、そのすべてに福祉的支援が必要というわけではない。福祉的な支援が必要な疾患としては、統合失調症、気分障害、

表1-6　精神保健福祉法と障害者総合支援法の精神障害者の定義の違い

精神保健福祉法	障害者総合支援法
統合失調症、精神作用物質による急性中毒又はその依存症、知的障害、精神病質その他の精神疾患を有する者	精神保健福祉法第５条に規定する精神障害者（発達障害者支援法に規定する発達障害者を含み、知的障害者福祉法にいう知的障害者を除く。）

高次脳機能障害★等が挙げられる。

統合失調症は、「**幻覚**」や「**妄想**」が特徴的な症状だが、そのほかにもさまざまな生活のしづらさが障害として表れることがある(**表 1-7**)。

気分障害の主な特性としては、気分の波が主な症状として表れる病気であり、うつ状態のみを認めるときはうつ病と呼び、うつ状態と躁状態を繰り返す場合には、双極性障害(**躁うつ病**)と呼び、治療方法も異なる。配慮のポイントとしては、

・専門家の診察のうえで、家族や本人、周囲の人が病気について理解する。
・薬物療法が主な治療となるため、内服を続けられるよう配慮する。
・うつ状態のときは無理をさせず、しっかりと休養をとれるよう配慮する。
・躁状態のときは、金銭の管理、安全の管理などに気をつけ、対応が難しいときには専門家に相談する。
・自分を傷つけてしまったり、自殺に至ったりすることもあるため、自殺などを疑わせるような言動があった場合には、本人の安全に配慮したうえで、速やかに専門家に相談するよう本人や家族等に促す。

などである。

依存症の主な特性としては、適度な依存を逸脱し、その行為を繰り返さないと満足できない状態となり、自らの力では止めることができなくなった結果、心身に障害が生じたり家庭生活や社会生活に悪影響が及ぶ

★高次脳機能障害
記憶障害、注意障害、遂行機能障害、社会的行動障害などの認知障害を主たる要因として、日常生活および社会生活への適応に困難を有する者を、行政的に、「高次脳機能障害」と呼称している。これらについては診断、リハビリテーション、生活支援等の手法が確立しておらず早急な検討が必要なことが明らかとなった。

表1-7　統合失調症の主な症状例と配慮のポイント

陽性症状	幻覚：実態がなく他人には認識できないが、本人には感じ取れる感覚のこと。なかでも、自分の悪口やうわさ、指図する声等が聞こえる幻聴が多い。 妄想：明らかに誤った内容を信じてしまい、周りが訂正しようとしても受け入れられない考えのこと。誰かにいやがらせをされているという被害妄想、周囲のことが何でも自分に関係しているように思える関係妄想などがある。
陰性症状	・意欲が低下し、以前からの趣味や楽しみにしていたことに興味を示さなくなる。 ・疲れやすく集中力が保てず、人づきあいを避け引きこもりがちになる。 ・入浴や着替えなど清潔を保つことが苦手となる。　など
認知や行動の障害	・考えがまとまりにくく何が言いたいのかわからなくなる。 ・相手の話の内容がつかめず、周囲にうまく合わせることができない。　など
配慮のポイント	・統合失調症は脳の病気であることを理解し、病気について正しい知識を学ぶ必要がある。 ・薬物療法が主な治療となるため、内服を続けるために配慮する。 ・社会との接点を保つことも治療となるため、本人が病気と付き合いながら、他人と交流したり、仕事に就くことを見守る。 ・一方で、ストレスや環境の変化に弱いことを理解し、配慮した対応を心がける。 ・一度に多くの情報が入ると混乱するので、伝える情報は紙に書くなどして整理してゆっくり具体的に伝えることを心がける。 ・症状が強いときには無理をさせず、しっかりと休養をとったり、速やかに主治医を受診することなどを促す。

資料：厚生労働省「障害者差別解消法福祉事業者向けガイドライン」より作成

に至る。代表的な依存の対象として、アルコール、薬物およびギャンブル等がある。配慮のポイントとしては、

・本人に病識がなく（場合によっては家族も）、依存症は治療を必要とする病気であるということを、本人・家族・周囲が理解する。

・他者からの非難などの厳しい現実から逃れるために、さらに依存が強まるという可能性があるため、家族も同伴のうえで、依存症の専門家に相談する。

・一度依存対象を断っても、再度依存してしまうことがあるため、根気強く本人を見守る。

などである。

表1-8　高次脳機能障害の主な症状例と配慮のポイント

記憶障害	・すぐに忘れてしまったり、新しい出来事を覚えたりすることが苦手なため、何度も同じことを繰り返したり質問したりする。
注意障害	・集中力が続かなかったり、ぼんやりしてしまい、何かをするとミスをしたりすることが多くみられる。 ・二つのことを同時にしようとすると混乱する。 ・主に左側で、食べ物を残したり、障害物に気がつかなかったりすることがある。
遂行機能障害	・自分で計画を立てて物事を実行したり、効率よく順序立てたりできない。
社会的行動障害	・ささいなことでイライラしてしまい、興奮しやすい。 ・こだわりが強く表れたり、欲しいものを我慢したりすることができない。 ・思い通りにならないと大声を出したり、ときに暴力をふるったりする。
病識欠如	・上記のような症状があることに気づかず、できるつもりで行動してトラブルになる。
失語症	・聞くこと・話すこと・読むこと・書くことの障害
配慮のポイント	・本障害に詳しいリハビリテーション専門医やリハビリテーション専門職、高次脳機能障害支援普及拠点機関、家族会等に相談する。 〔記憶障害〕 ・手がかりがあると思い出せるので、手帳やメモ、アラームを利用したり、ルートマップを持ち歩いてもらったりなどする。 ・自分でメモを取ってもらい、双方で確認する。 ・残存する受障前の知識や経験を活用する（たとえば、過去に記憶している自宅周囲では迷わず行動できるなど）。 〔注意障害〕 ・短時間なら集中できる場合もあるので、こまめに休憩をとるなどする。 ・一つずつ順番にやる。 ・左側に危険なものを置かない。 〔遂行機能障害〕 ・手順書を利用する。 ・段取りを決めて目につくところに掲示する。 ・スケジュール表を見ながら行動したり、チェックリストで確認したりする。 〔社会的行動障害〕 ・感情をコントロールできない状態にあるときは、上手に話題や場所を変えてクールダウンを図る。 ・あらかじめ行動のルールを決めておく。

資料：厚生労働省「障害者差別解消法福祉事業者向けガイドライン」より作成

●高次脳機能障害

高次脳機能障害の主な特性としては、交通事故や脳血管障害などの病気により、脳にダメージを受けることで生じる認知や行動に生じる障害であり、身体的には障害が残らないことも多く、外見ではわかりにくいため「見えない障害」ともいわれている（**表1-8**）。

Active Learning

精神障害者の長期入院が課題となっています。なぜ、なかなか退院できないのか、退院に向けた支援にはどのような制度や機関があるのかについて調べてみましょう。

精神障害者は、基本的に医療の対象とされ、福祉の対象としてみなされていなかった経緯があり、精神障害者福祉分野としては立ち遅れていたが、2006（平成18）年から施行された障害者自立支援法（現・障害者総合支援法）により本格的に福祉の対象者としてさまざまなサービスが受けられるようになった。

5 難病等の特性と支援内容

難病とは、「発病の機構が明らかでなく、かつ、治療方法が確立していない希少な疾病であって、当該疾病にかかることにより長期にわたり療養を必要とすることとなるもの」と規定されている（**難病の患者に対する医療等に関する法律（難病法）**第1条）。2015（平成27）年1月1日から難病法が施行され、医療費助成の対象となる難病は、指定難

図1-1　難病と指定難病の定義（難病法）と障害者総合支援法の対象疾病の要件

【難病】
・発病の機構（原因）が明らかでなく
・治療方法が確立していない
・希少な疾病であって
・長期の療養を必要とするもの

医療費助成の対象

【指定難病】
＊難病のうち、良質かつ適切な医療の確保を図る必要性が高いもの
・患者数が一定の人数（国の人口の0.1％程度）よりも少ない
・客観的な診断基準が確立している

資料：厚生労働省資料

障害者総合支援法の対象疾病の要件

指定難病（医療費助成の対象となる難病）の基準を踏まえつつ、障害者総合支援法の対象となる難病等の要件は以下の通りとされている。

指定難病の要件	障害者総合支援法における取扱い
①　発病の機構が明らかでない	要件としない
②　治療方法が確立していない	要件とする
③　患者数が人口の0.1％程度に達しない	要件としない
④　長期の療養を必要とするもの	要件とする
⑤　診断に関し客観的な指標による一定の基準が定まっていること	要件とする

※他の施策体系が樹立している疾病を除く。
※疾病の「重症度」は勘案しない。

病として規定されることとなった。具体的な要件は、❶患者数が本邦において一定の人数（人口の0.1％程度）に達しないこと、❷客観的な診断基準（またはそれに準ずるもの）が確立していることなどである。

難病法における指定難病の規定を参考に、障害者総合支援法の対象とする難病等についても順次拡大された（2019（令和元）年7月1日現在361疾病）。

難病には、症状の変化が毎日ある、日によって変化が大きい、症状が見えづらい等の特徴に加え、進行性の症状を有する、大きな周期でよくなったり悪化したりするという難病特有の症状が見られるため、厚生労働省は障害者総合支援法に基づく**障害支援区分認定調査マニュアル**において、難病に特化した「**難病患者等に対する認定マニュアル**」を発出しており、難病患者等に対する配慮を以下のとおり求めている[5)]。

○　現在問題となっている症状としては、「痛み」や「手足に力が入らない」、「倦怠感」といったものもあるため、外見上では分かりにくい症状に悩まされている場合も多く、配慮が必要である。

また、家族の支援等で遠方の医療機関に通う場合も多く、将来の生活不安を抱えている場合もあることから、難病患者等の訴えをよく聴取するなど、難病患者等や家族の視点に立って接することが求められる。

Active Learning

難病患者のなかには、喀痰吸引や経管栄養などの「医療的ケア」を必要とする方がいます。どのような疾病でどのような医療的ケアが必要となるか、医療的ケアを担う人材としてどのような職種が対応しているかについて調べてみましょう。

6 発達障害の特性と支援内容

発達障害は、前述のように精神障害に含まれるが、発達障害者支援法第2条第1項により、「自閉症、アスペルガー症候群その他の広汎性発達障害、学習障害、注意欠陥多動性障害その他これに類する脳機能の障害であってその症状が通常低年齢において発現するものとして政令で定めるものをいう」と定義されている。

また、同条第2項で、「発達障害者」は、「発達障害がある者であって発達障害及び社会的障壁により日常生活又は社会生活に制限を受けるもの」と、「発達障害児」は、「発達障害者のうち18歳未満のもの」と定義されている。

発達障害の特性について、図を示す。それぞれの特性については**図1-2**の説明を参照いただきたい。この図では、**広汎性発達障害**の

図1-2　発達障害の概念図

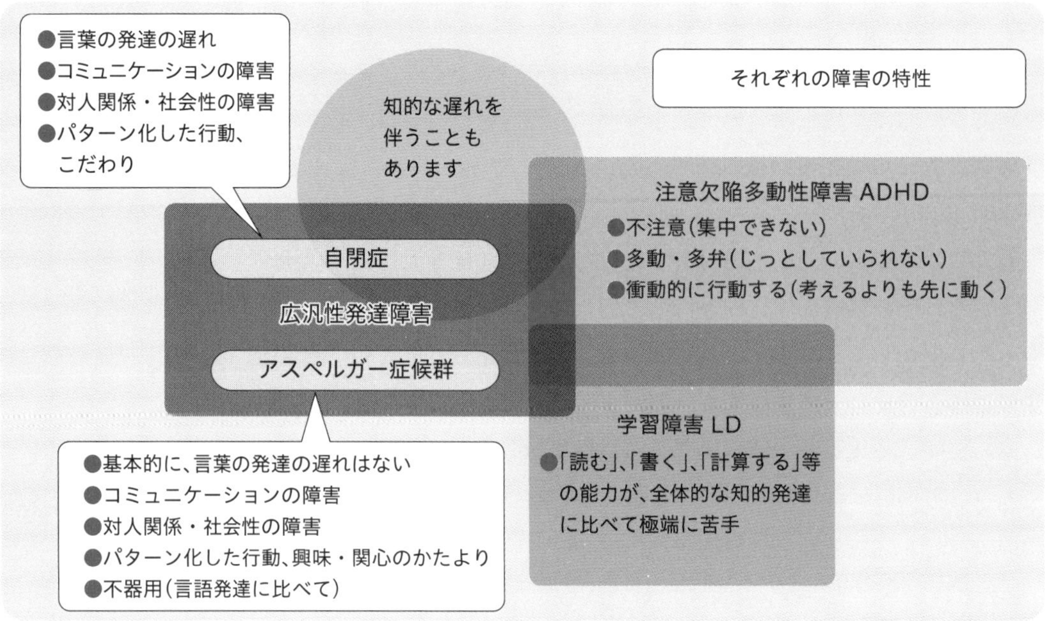

資料：国立障害者リハビリテーションセンター 発達障害者情報・支援センターホームページ

なかに**自閉症**と**アスペルガー症候群**が含まれており、また、知的な遅れや**注意欠陥多動性障害**（ADHD）、**学習障害**（LD）を伴う場合があるということを理解してほしい。

障害ごとの特徴がそれぞれ少しずつ重なり合っている場合も多いため、これらのタイプのうちどれにあたるのか、障害の種類を明確に分けて診断することは大変難しいとされている。また、年齢や環境により目立つ症状が違ってくるため、診断された時期により、診断名が異なることもある。

大事なことは、本人がどんなことができて、何が苦手なのか、どんな魅力があるのかといった「本人」に目を向けることであり、その人その人に合った支援が提供されるべきである。

7 障害者手帳

最後に、各障害者手帳の根拠法、実施主体、概要について **表1-9** に示す。

表1-9　障害者手帳の概要

手帳の種類	根拠法	実施主体	概　要	有効期限
身体障害者手帳	身体障害者福祉法	都道府県知事、指定都市市長または中核市市長が交付	・手帳に記載される障害等級は1級～6級 ・1級に近づくほど障害の程度が重い。 ・7級の障害は単独では身体障害者手帳の対象外だが、7級の障害が二つ以上ある場合などに交付対象となる。	なし
療育手帳	法的根拠なし「療育手帳制度について（通知）」に基づく	都道府県知事または指定都市市長が交付	・児童相談所、知的障害者更生相談所などの判定機関で「知的障害である」と判定された者が対象となる。 ・手帳に記載される障害の程度は重度（A）とそれ以外（B）に区分。 ・判定基準の詳細や障害の程度の区分の数、手帳名の呼称は、自治体により異なる。	2年
精神障害者保健福祉手帳	精神保健福祉法	都道府県知事または指定都市市長が交付	・手帳に記載される障害等級は1級～3級 ・1級に近づくほど障害の程度が重い。 ・精神疾患等により、日常生活・社会生活に制限が出ている場合に対象となる。 ・発達障害や高次脳機能障害も対象となる。	2年

◇引用文献

1）国立障害者リハビリテーションセンター職場開拓検討委員会「視覚障害者雇用の拡大を目指して　ヘルスキーパー制度導入のための手引書～総務・人事担当者のためのマニュアル～（第5版）」2011年12月

2）越智大輔（東京都聴覚障害者連盟事務局長）「聴覚障害者とは」東京都聴覚障害者連盟ホームページ

3）「内部障害のリハビリテーション治療」日本リハビリテーション医学会ホームページ

4）稲垣真澄・加賀佳美「知的障害（精神遅滞）」厚生労働省生活習慣病予防のための健康情報サイト

5）厚生労働省社会・援護局障害保健福祉部「障害者総合支援法における障害支援区分　難病患者等に対する認定マニュアル」2018年6月

◇参考文献

・厚生労働省「障害者差別解消法福祉事業者向けガイドライン」2015年11月

第2節

国際生活機能分類（ICF）と障害の社会モデル

学習のポイント

- 国際障害分類（ICIDH）の意義と課題を理解する
- 国際生活機能分類（ICF）の意義と課題を理解する
- 医学モデルと社会モデルの意義と課題を理解する

1 ICIDHからICFへ

同じ程度の障害であったとしても、検討する角度によって意味するところは異なってくる。ここでは、障害を多角的に検討するための手がかりとなる概念を提示し、そのポイントを概説する。

1 国際障害分類（ICIDH）の概要

WHO（世界保健機関）は、1980年に**国際障害分類**（International Classification of Impairments, Disabilities and Handicaps：ICIDH）を発表した。概要は**図1-3**のとおりである。なお、この概念図で示しているのは、最も大きな項目であり、さらに下位の項目が設けられている。

❶疾患／変調

図の最も左に表示され、すべてのレベルの障害の原因となっているのが、疾患／変調（disease or disorder）である。これは、障害の原因となる病気やけがを指している。

❷機能・形態障害

疾患／変調を原因として起こるのが機能・形態障害（impairment）である。このうち、機能障害とは、たとえば、脳卒中（疾患）によって

図1-3　ICIDH（国際障害分類）の概念図

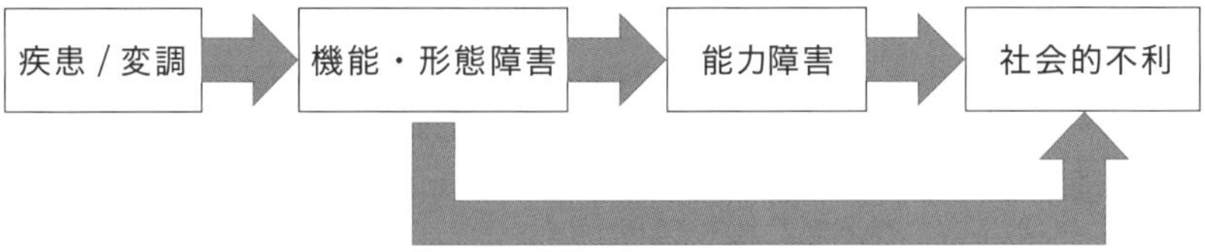

引き起こされる手足の麻痺や言語障害を指す。形態障害の例としては、先天性疾患や交通事故によってもたらされた手や足の切断がある。同様の疾患をもったり、受傷をしたりしたとしても、その後の治療や処置で機能・形態障害の程度は異なることもある。

❸能力障害

能力障害（disability）は、機能・形態障害を受けて、読む、聞く、書く、話す、歩くといった生活上必要とされる行為を行う能力が低下している状況を指す。たとえば、視覚障害をもつことで「読む」ことの能力障害が起こり得る。

まったく同じ程度の視覚障害（機能・形態障害）をもつ人が２人いたとしても、「読む」能力（すなわち能力障害の度合い）は異なっているかもしれない。その違いの背景には、視覚障害をいつ負ったのか、障害をもった後、点字を読む訓練を受ける機会があったか、障害を負ったときの心理状況等がある。

❹社会的不利

❶～❸によって引き起こされる、幅広い社会的な問題を指すのが、社会的不利（handicap）である。たとえば、職を失う、経済的な困難におちいる、家庭内でのもめごとが起こる、趣味や余暇活動が困難になるといったことを含む。社会的不利は、本人の機能・形態障害や能力障害だけでなく、環境的条件に大きく影響される。たとえば、職場の同僚が障害に対してどのような態度を示すか、いかなる合理的配慮を提供できるかによっても、本人の受ける社会的不利は異なってくる。

なお、**図 1-3** の下の矢印が示すように、疾患 / 変調や機能・形態障害が能力障害を経由することなしに、社会的不利をもたらすことがある。たとえば、顔に奇形がある「ユニークフェイス★」と呼ばれる人たちやアルビノ★の人たちは、能力障害がないにもかかわらず、就職が困難である、いじめにあう等の社会的不利を被る可能性がある。また、歩き方が他の人と異なる場合には、それを原因として社会的不利を被ることが考えられる。関連して、疾患や変調それ自体が他の障害を経由せずに社会的不利をもたらすという指摘もある。新型コロナウイルス感染症（COVID-19）のような疾患は罹患しているとわかったとたんに何の症状がなくても偏見をもたれることがある。

★ユニークフェイス
病気やけが、火傷によって顔に変形やあざがある人のことで、人と違う特徴的な外見ゆえに社会的不利を被る問題を「見た目問題」という。

★アルビノ
目、皮膚や髪の色素であるメラニンが先天的に欠けているために、体毛や皮膚が白い。瞳孔は赤く、視覚障害を伴うことが多い。

2 ICIDH の意義および批判と誤解

❶ ICIDH の意義

ICIDH の意義は、障害を段階的に捉えることによって、認識の広がりをもたせたことにある。もし、機能・形態障害だけを「障害」と考えてしまうと、医学的処置がこれ以上不可能という状況になれば、障害はそこで固定してしまうことになる。しかし、ICIDH の考え方に従えば、仮に医療的な処置に限界があったとしても、能力障害のレベルの向上や維持はあり得るし、周囲の受け入れ方や、制度の活用によっては社会的不利を軽減する可能性を見出せる。また、それぞれの障害の次元に応じてどのような支援が必要か、いかなる専門職が中心となってかかわるべきかといった議論をすることも可能となる。しばしば、障害は医学やリハビリテーションの取り扱う問題と考えられてきたが、さまざまな環境との関係で障害が規定されることを示したのである。

以上に述べてきたような ICIDH の考え方は、1981 年の**国際障害者年**★を契機として国際的にも広がった。特に、**国際障害者年行動計画**は、ICIDH の考え方が反映されたものになっている。

★国際障害者年
国連総会が決定した国際年の一つで、1981年がその年である。「完全参加と平等」をスローガンに世界中で取り組みが行われた。

❷ ICIDH への批判と誤解

他方で、ICIDH に対する批判や誤解も存在した。上田敏によると、ICIDH には、次のような誤解や批判があった。すなわち、❶矢印が運命論的、❷矢印が時間的順序を示すという誤解、❸マイナス面だけではなくプラス面にも目を向けるべき、❹環境の重要性が十分に考慮されていない、❺社会的不利の分類が不十分、❻障害のある人自身の参加がなかった、❼欧米以外の文化への考慮が希薄、❽主観的障害の重要性が考慮されていない、❾疾病から直接起こる社会的不利の諸点である[1)]。少し補足すると、❶や❷は、概念図の矢印が一方向であることから生じる批判や誤解である。❸は用語がすべて「○○障害」もしくは「不利」となっていることを指している。❹は環境因子がうまく概念図に組み入れられていないことへの批判である。また、❺に関連して、機能・形態障害や能力障害には多くの項目が設けられたが、社会的不利に関してはわずかな項目しか設定されなかったことを指したものである。

以上の点に改善を加えるべく当事者も参加し、検討が重ねられた。その結果、完成したのが国際生活機能分類（ICF）である。

2 ICFの構造

1 国際生活機能分類（ICF）の概要

2001年にWHOは、ICIDHの改定版として、**国際生活機能分類**（International Classification of Functioning, Disability and Health：**ICF**）を採択した。非常に大きな改定でICIDHとICFは別のモデルだと考えたほうがよいという意見もある。その概念図は**図1-4**のとおりである。概念図から読み取れる特徴として、すべての構成要素が双方向の矢印で結ばれていることがある。ICIDHが一方向的であった点が改善されている。また、すべての項目の表現が中立的なものになっている。中央の「心身機能・身体構造」「活動」「参加」は、ICIDHの「機能・形態障害」「能力障害」「社会的不利」に対応しているが、表現が中立的であることによって、これらが制限されるだけでなく促進されることがあり得ることをはっきりと示している。さらに、ICIDHには設定されていなかった環境因子と個人因子が設定されている。

2 ICFの構成要素

❶健康状態（変調または病気）

ICIDHの「疾患／変調」から「健康状態（変調または病気）」という表記に改まっている。

図1-4　国際生活機能分類（ICF）の概念図

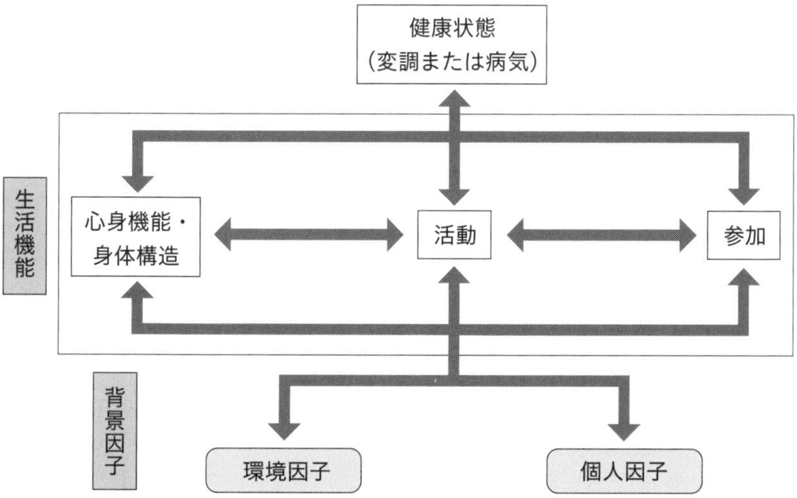

出典：障害者福祉研究会編『ICF 国際生活機能分類——国際障害分類改定版』中央法規出版，p.17，2002．を一部改変

これらがその下にある「心身機能・身体構造」「活動」「参加」という三つの構成要素と相互作用していることを示す双方向の矢印で結ばれている。仮に健康状態のうち注目すべきものが「脳性麻痺」であった場合、それは三つの要素すべてに影響を与えることになる。

❷心身機能・身体構造

精神的機能、運動的機能、視覚・聴覚機能を含む心身機能や身体構造を指す（**表 1-10**）。「脳性麻痺」の人の場合、その心身機能のうち運動機能に制限があり得るだろう。また、交通事故による切断などは身体構造の変化として捉えることができる。

❸活動

歩行、各種 ADL★、コミュニケーション能力、家事能力、職業能力等を指している（**表 1-10**）。ICF にも概念の下位項目を示すコードが設定されているが、それにおいては、活動と次の参加はまとめて提示されている。活動のなかにはたとえば「歩行と移動」という項目があり、さらにそのなかに「さまざまな場所での移動」という項目を含んでいる。

★ ADL
Activities of Daily Living の略で、起居、移動、食事など日常生活を送るうえで基本的に必要となる動作のことを指す。

❹参加

就労や就学、趣味、地域活動などの社会参加や家庭内で役割を果たすことなど、社会のなかでさまざまな役割を果たすことを指している

表1-10　ICF における主な大項目

各次元・要素	大項目の例
心身機能	・精神機能 ・感覚機能と痛み ・音声と発話の機能
身体構造	・神経系の構造 ・目・耳および関連部位の構造 ・運動に関連した構造
活動と参加	・学習と知識の応用 ・コミュニケーション ・運動・移動 ・家庭生活 ・対人関係 ・コミュニティライフ・社会生活・市民生活
環境因子	・生産品と用具 ・支援と関係 ・態度 ・サービス・制度・政策

注：ICF にはアルファベット（たとえば活動であれば d）と数字の組み合わせからなる分類コードが設けられている。詳細は、世界保健機関（WHO），障害者福祉研究会編『国際生活機能分類——国際障害分類改定版』中央法規出版，2002．を参照のこと。

（**表1-10**）。仮に同様の心身機能・身体構造のレベルであっても、その人が求められている役割が母親であるのか、子どもであるのかといったことで、その人が抱える困りごとの種類や程度は異なるだろう。参加の項目のなかには「コミュニティライフ・社会生活・市民生活」という項目があり、さらにそのなかに「レクリエーションとレジャー」といった項目を含む。

❺環境因子

その人を取り巻く環境を指す（**表1-10**）。このなかには、物的環境（段差、福祉用具の有無など）、人的環境（周りの人の態度や姿勢）、社会制度的環境（福祉サービスを供給する制度の有無や利用可能かどうか）を含む。同じ心身機能・身体構造であっても、どういった文化や家族のもとで生まれるかで困りごとも変わってくることを示している。環境因子のなかには、たとえば「態度」という項目があり、さらにそのなかには「家族の態度」や「社会的規範・慣行・イデオロギー」という項目を含む。

❻個人因子

年齢・性別、ライフスタイル、価値観、性格などの個人的な因子を指している。たとえば、年齢を取り上げてみれば、加齢が心身機能・身体構造の障害のレベルをより重くする場合がある。また、心身機能の変化を受容するにあたって、もともとの価値観や性格が影響する場合もあるだろう。個人因子のより詳細な項目の設定はされていない。

3 ICFによる分析の事例

ICFの基本概念を理解したうえで、次の事例を検討してみよう。

事 例

Aさん（58歳、男性）は、30歳の時に職場からの帰宅途中に乗っていたバイクで事故に遭い脊髄を損傷した（＊１）。命は助かったが、足を動かすことができず、腕は動くが手の指は曲がったままとなり、胸から下の感覚が麻痺した状況となった（＊２）。親元に戻ったAさんは家族の介護で生活していたが、もともと体が大きかったこともあり、やがて自分が家族の負担になっていると感じるようになった。そして何より自分の思うとおりに移動できないのが辛かった（＊３）。

一念発起したAさんは、障害者が管理者をしている自立生活センターに相談に行った。その結果、一人暮らしを計画した。まず、

Active Learning

「＊１」から「＊８」がICFのどの構成要素に当てはまるか考えてみましょう。

X 市のバリアフリーになっている公営住宅に申し込み、障害者総合支援法の利用を申請した（＊４）。周囲の人から「一人暮らしは危険では？」と反対されるなど（＊５）、障壁も多かったが前向きな性格でのり切った（＊６）。

現在では、自立生活センターの職員として勤務しながら（＊７）、居宅介護や重度訪問介護、訪問看護、そして電動車いす等の補装具（＊８）を活用して生活している。

3 医学モデルと社会モデル

1 医学モデル

医学モデルとは、障害の医学的側面に注目する考え方を指している。その典型的な例は**身体障害者福祉法**に規定されている別表（本章**表1-2**（p.4）参照）である。この別表では、障害のうち視力の低下、聴力の低下、手足の切断、内部機能の障害等に注目して、その度合いに合わせて障害の程度を判定する。医学モデルでは、医学的な障害の重さがそのまま社会的不利に直結するという発想である。

こうした考え方は自然なもののようにもみえる。難聴の人のほうがまったく聞こえない人よりも障害が軽い。医学的な障害の重さが就労等の社会参加に直結する社会情況ではこのような考え方が主流だった。しかし、就労等のあり方が多様化してくれば、医学的な障害の重さと被る社会的不利益が比例するとは限らないだろう。先の例でいえば、まったく聞こえないが高度なパソコン技術をもつ人よりも、ある程度聞こえるがパソコン技術が低い人のほうが就職に困難を覚えることがあり得る。ICIDH や ICF を踏まえれば、そのことは明らかである。

また、医学モデルには別の課題がある。医学モデルは、障害の医学的な側面を重視することで、その回復も医学的な側面に注目する傾向がある。そして、障害に関する課題の解決が、本人のリハビリテーションや治療への協力といった個人の問題に還元されがちである。この点が、後に述べる社会モデルの観点から批判されている。

ただし、医学モデルの批判で留意しないといけないことは、障害者にとって医療が不要というわけではないという点である。そのことを意識して、医学モデルではなく「個人モデル★」と呼ぶこともある。

★個人モデル
障害を個人的悲劇（疾病は個人の上に生じるため）と捉えていることからも「個人モデル」と呼ばれている。

2 社会モデル

社会モデルは、障害の社会的側面に注目する考え方を指している。医学モデルが、個人の身体の欠損や精神機能の低下に注目するのに対して、社会モデルでは、社会によってもたらされる障壁に注目する。たとえば、車いすの障害者が建物を利用できない場合に、医学モデルに基づけば、それは本人の下肢の構造もしくは機能の問題ということになる。その解決は、本人が段差を越えることができる程度に歩行できるようになることである。他方で、社会モデルからみれば、車いす利用者が建物を利用できないのは、その建物に段差があるからである。

このように、社会モデルでは環境の問題に注目する。ここで留意したいのは、社会モデルの注目する環境は、段差のような物理的環境にとどまらないという点である。たとえば、周囲の態度は外出をしようとする障害者の障壁になり得る。身体障害者用のトイレの有無等の情報が足りずに社会参加をためらっている障害者も存在する。また、福祉サービスが不足していることから十分に参加できないといった制度的な課題も障壁となり得る。

こうした視点に基づけば、医学モデルとは逆に、障害を緩和・解消するために改善すべきは社会であるということになる。こうした視点は障害者の権利のために声を上げてきた**自立生活運動（IL 運動）**とも親和的である。

社会モデルを理解するうえで留意すべき点として、障害の原因を環境に求める度合いが立場によって異なるという点である。障害のほとんどを、社会によってもたらされるものであるとする立場もある。障害者運動の影響を受けながら発達した**障害学（disability studies）**がこれに当たる。特に、オリバー（Oliver, M.[i]）に代表されるイギリス障害学にその傾向が強い。

3 日本の障害者自立支援制度と社会モデル

日本において、障害の社会モデルが大きく取り上げられるきっかけとして、障害者の権利に関する条約（障害者権利条約）の署名や批准がある。この条約に適合するように、障害者基本法を始めとする関係法規に**社会的障壁**★の規定が加えられた。

i 〔Michael Oliver〕1945-2019. 事故で首を骨折し、車いすを利用。ケント大学で博士号を修得。障害の社会モデルという用語を作り出し、イギリス障害学の祖とされる。

★社会的障壁
身体的・精神的な障害と関連しつつ、参加を制限する環境要因である。物理的な障壁だけでなく、観念や制度をも含んでいる。

日本においては、社会的障壁の概念を追加することで、自立支援制度の社会モデル化が進められているが、医学モデルの発想を色濃く残している法律も存在している。たとえば、障害者基本法や発達障害者支援法、障害を理由とする差別の解消の推進に関する法律（障害者差別解消法）には、社会的障壁の概念が取り入れられている。一方で、身体障害者福祉法や精神保健及び精神障害者福祉に関する法律（精神保健福祉法）にはまだ取り入れられていない。

Active Learning

「社会的障壁」と思われる事例を身近な環境から探し、解決を図るための方策を考えてみましょう。

◇引用文献

1）上田敏『国際生活機能分類 ICF の理解と活用――人が「生きること」「生きることの困難（障害）」をどうとらえるか』きょうされん，pp.11-14, 2005.

◇参考文献

・障害者福祉研究会編『国際生活機能分類――国際障害分類改定版』中央法規出版，2002.

・佐藤久夫・小澤温『障害者福祉の世界』有斐閣，2016.

第2章

障害者福祉の理念

障害者福祉の目的を果たすためにはいかなる手段をとってもよいというわけにはいかない。自ずからその理念によってとり得る手段の幅が決められてくる。換言すれば、障害者福祉の実践とは、その理念に沿って展開されなければならない。ここに、理念が有する実践上の意義がある。

ゆえに、過去の、そして現在の理念を学び、その時代性を認識し、新しい時代にも適用できるように改めるべきところは改め、あるいはまったく新しい理念を生んでいくことも、また今日の障害者福祉の義務であることが理解できる（第２節）。

同時に、優生思想に代表されるような「悪しき理念」にも縛られてきたことを自覚し、その反省の上に立って障害者福祉を設計し直すことも課題である（第１節）。

第1節　障害観の変遷

学習のポイント

- 障害観の変遷について学ぶ
- 障害者へ向けられる差別や偏見、優生思想の概要を把握する
- 社会で共有される障害観が障害者の生活に影響を与えることを理解する

1　差別や偏見と障害観の関係

1　障害観とは

サングラスをかけたことはあるだろうか？　まぶしい砂浜。目を細めないと、友だちの顔を捉えることができない。そこでサングラスをかけると、周りの景色は暗めに補正され、難なく友だちの表情を見ることができる。しばらくしてサングラスを外すと、色のついた眼鏡をかけていることに慣れ、周りの明るさを忘れていたことに気づく……。

「色眼鏡で見る」という慣用句は、「偏った物の見方。先入観にとらわれた物の見方」（『大辞泉』）のこと。バイアス、偏見などということもある。一方、この節で勉強する「**障害観**」は、障害のある人をどういう存在に見るか、である。これまで障害者は、いろいろな障害観で捉えられてきた。いろいろな色の眼鏡が存在した、と言い換えることもできる。

サングラスをかけていることを忘れがちであるように、ある人が障害者をまなざす視線も、何らかの障害観の影響があることを忘れがちだ。つまり、自分が先入観や偏見をもっていることに気づかないという怖さがある。

しかし、慣用句の「色眼鏡」とは違い、障害観は必ずしも差別や偏見につながるわけではない。たとえば、第1章第2節で学習した国際生活機能分類（ICF）や障害の社会モデルも、障害観の一種といってよい。これらは偏見や差別を生む障害観から、障害者の人権を尊重することによって共生社会の基礎とする障害観への転換を図るものといえる。

障害観が大切なのは、障害者の生活のありようや、場合によっては生死さえも左右するからだ。次項では、これまでの日本社会にあった差別

や偏見に結びつく障害観として三つの例をあげたい。

2 差別や偏見に結び付く障害観

❶因果応報に基づく障害観

まず、過去の日本社会にあった「**因果応報**」に基づく障害観について考えたい。因果応報とは、よいおこないをすればよい結果に結びつき、悪いことをすれば悪い結果がもたらされるということ。「よいことをしたら、いつか自分に返ってくるのですよ」と人に善行を説くにはいい考え方だろう。しかし障害者への偏見を助長することにもつながる。

★因果応報
前世あるいは過去の善悪の行為が原因となり、その報いとして現在に善悪の結果がもたらされること（『大辞泉』）。

この障害観では、障害者は「昔、何か悪いことをしてバチがあたったのだろう」とされ、障害があるだけで悪者扱いされる。A さんが非の打ち所のない善人の場合は、「前世で罪を犯した」「A さんの親や肉親が過去や前世で罪を犯した」などと疑われる。障害が重度であればあるほど、極悪非道なことに手を染めたと考えられることもあった。こんな障害観がはびこる社会では、障害はスティグマとして機能した。

★スティグマ（stigma）
もともと奴隷や犯罪者の身体に焼きごてで印を付けることを意味した。一生消えないそのしるしに、当人は非情な屈辱を感じる。そこから、「汚名」「不名誉」「恥辱」という意味になった。

因果応報に基づく障害観のある過去の社会では、障害児が生まれた場合、「一家の名誉を傷つける」「恥」とされたという。なぜなら、障害者のもつ異形の姿は、その家の誰かの罪業または前世の不徳を世間にアピールすると考えられていたからだ。このため、近所の人の目に触れないよう、障害者は家の中に隠された。こうした因果応報に基づく障害観は、仏教的な宿業観と結びつき、10 世紀から 11 世紀に定着したといわれている。

戦前の日本では、祭りの縁日などで障害者は見せ物にされた。客を呼び込む「親の因果が子に報い、かわいそうなのはこの子でござ～い」という宣伝文句は、全国各地でよく聞かれたという。「親が悪いことをした結果、子どもに障害がある。可哀そうなのは、この子ですよね～」と

図2-1　因果応報の思考パターン

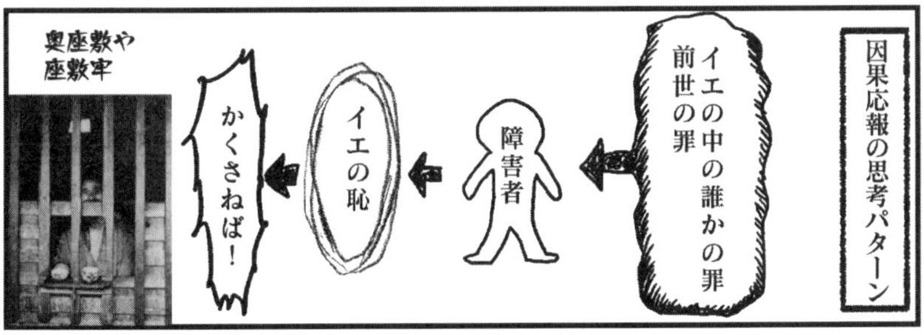

出典：三島亜紀子著・漫画、平下耕三監『マンガで考える障害者と社会の壁：妖怪バリャー vs. 心のバリアフリー』生活書院，p.27, 2019．を一部改変

いう客寄せの声で好奇心を刺激された「客」は入場料を支払い、見せ物小屋に入り障害者を見物し同情を寄せた。

当然、このような障害観のなかでは、障害者は生きづらいことが推測される。障害者福祉サービスの不備を訴えたりしたら、「悪いことをしたお前が悪いんだろ」「お前をそんな風に生んだ親を怨《うら》め」と返ってくるだろう。こうした障害観は、究極の自己責任の世界を生み出す。

1900（明治33）年生まれの瞽女《ごぜ》★の小林ハルは、視覚障害のため幼いときから屋敷の奥に閉じ込められ、お手洗いの回数を減らすために水分をとることも制限されたと証言した。年齢よりも小さく、幼く見られたというから、栄養も十分ではなかったのかもしれない。現在なら、児童虐待の防止等に関する法律（児童虐待防止法）におけるネグレクトに当たる可能性がある。

★瞽女
村から村へと旅して歩いた視覚障害のある女性芸人。旅先では、三味線や歌を披露し、お祝儀（金銭）や米などを村人から得て生計を立てた。1970年代後半まで各地でみられた。

戦後でも、子どもたちは障害者に向かって石を投げつけていたという。因果応報の障害観を教えられ、子どもながらに「悪者」をやっつける「正義の味方」になりきり（＝石を投げ）、その世界観において貢献していたつもりだったのかもしれない。

❷障害者を神格化する障害観

図2-2は有名ビールのキャラクターにもなっている「恵比寿《えびす》」、**図2-3**は客や金銭、幸福を招くとされる縁起物の福助《ふくすけ》人形★である。これらの神様や縁起物は、実は、障害者がモデルだと指摘されている。

★福助人形
幸せを招く福の神として、19世紀前半の江戸で流行した人形。水頭症か、その他の原因による低身長の障害者だったと指摘されている。

①　えべっさんは幸せだったか？

『古事記』（712年）には、イザナギノミコトとイザナミノミコトと

図2-2　西宮神社の「えべっさん」の縁起物

出典：三島亜紀子著・漫画、平下耕三監『マンガで考える障害者と社会の壁：妖怪バリャー vs. 心のバリアフリー』生活書院, p.62, 2019. を一部改変

図2-3　福助人形

著者作成

いう、国生みの神さまのカップルの最初の子どもが「えべっさん」であったことが記されている。ただ、その子どもは３歳になっても立たず、話すことはなかった。そこで若い夫婦は、その子をヒル（人や動物の血を吸って生きる、ナメクジのような生物）みたいだとして「ヒルコ（蛭子)」と呼び、あげく、なんと葦船《あしぶね》（葉っぱで作った船）に乗せて海に流してしまう。流れ流れてヒルコがたどりついたのは兵庫県西宮の浜辺……。これが、商売繁盛の神様として親しまれる西宮神社の由来だ。十《とお》日《か》戎《えびす》（１月 10 日）の早朝、一番に本殿に到着した人が「福男」となるニュースは正月の風物詩ともなっている。

今のような福祉サービスがなかった時代、障害者を神様にまつりあげることによって、障害者が命をつなぐことができたとも考えられる。瞽女も、神がかった存在とされたからこそ、彼女らが奏でる音楽は縁起がよいとされ金品を得ることができた。

しかし、それは障害者の生活を保障するものではなかった。神様は「バリアフリーお願いします」「学校でみんなと一緒に勉強したい」などと発言できない存在だっただろう。この障害観が広まる場は、障害者のさまざまなニーズを満たすことや諸権利を主張することができず、今を生きる障害者にとってふさわしいとはいえない。

②　障害者と共生する伝承？

1983（昭和 58）年、『福子《ふくご》の伝承』という本が出版された。「福子」とは、「福をもたらす障害者」のことで、「宝子《たからご》」「福虫《ふくむし》」などとも呼ばれた。えべっさんや福助のほか、「ダルマ」「仙台四郎」なども該当するだろう。作者の芝正夫と大野智也は、「私たちの祖先は、それ（偏見から障害者）を宝子という考え方で守ってきた[1]」とし、こうした日本の「伝承」のなかに「地域福祉の核となるような知恵が含まれている」と強調した。この主張は広く受け入れられ、今では教科書や事典にも掲載されていたりする。しかしながら、民俗学者・柳田國男は 1943（昭和 18）年に「福子は古い習わしの名残ではない」と書き記していた。

また、芝らが伝承をねつ造したという民俗学者らの考察もある。山田厳子は障害者をタカラゴと呼んでいたといって、彼ら／彼女らを守ろうとする心の表れと結論づけることはできないと指摘する。そもそも「宝」には「家の厄介者。怠け者。無能者。卑しめていう語」（『日本国語大辞典』）という意味があるからだ。このため結婚せず実家の家業を手伝う人は「福の神」「フクムシ」と呼ばれることもあった。つまり昔は「タカラゴ」と言ったとき、農家の次男三男など結婚しない健常者も含まれ

Active Learning

障害者に向けられたさまざまな差別的な表現があります。どのようなものがあったか（あるか）を調べてみましょう。また、さまざまな慣用表現にも、何らかの身体への言及があって、それは捉えようによっては障害者を蔑視するものと思われるようなものがあります（例、「片手落ち」「片肺飛行」など)。そうしたものをできるだけ多く集め、その使用の是非を考えてみましょう。

ていたのだ。

山田によると、転機となったのは、次項で学ぶ国民優生法（1940（昭和 15）年）の成立であった。「産めよ殖やせよ」のスローガンの下、遺伝的に障害や病気がない健康な人の結婚・出産が奨励され、先天的な障害者の結婚は難しくなった。そこでフクゴやタカラゴが指すのは＜結婚しない（できない）者＞から＜遺伝的に問題があるとされた者＞へと変化した。そして国際障害者年（1981 年）の前後の、障害者をめぐる意識が大きく変革した時期に、「日本の伝統的な社会では、障害児者を大切にすると福がもたらされると考えた」というストーリーが生まれたと考えられる。

第二次世界大戦中の総力戦体制のなか、優生学の影響で近代以前からの習俗が変化したのは、これに限らない。たとえば、因果応報に基づく障害観ではバチ当たり者とされた中途障害者の汚名は覆《くつがえ》された。なぜなら、戦場で障害者となった傷痍軍人★は、遺伝上健康であるからだ。当時の政府は、傷痍軍人を差別する人々をとがめ、彼らは国のために戦った「遺伝の上から見て立派な子孫を遺し得る健康素質の持主」であるとして就業や結婚を奨励した[2]。戦争という過程のなかで伝統的で差別的な障害観が消えていくのは、皮肉でもあるが今につながる一つの契機でもあった。

★傷痍軍人
戦闘や公務のために障害者や病気になった軍人。1930 年代初頭までは、「廃兵」と呼ばれた。

③　鬼や妖怪としての障害観

芝らの「昔の日本社会は障害者をフクゴと呼んで慈《いつく》しむ共生社会だった」といった考え方は、障害者が排除されていた過去を隠蔽《いんぺい》しかねないため問題だ。障害者を鬼や妖怪とみなしたり、殺したりすることもあったからである。

小松和彦によると、障害児をタカラゴと呼んで大事に育てる自信や経済的余裕がない者は、「同様の子どもが生まれたとしても、『化け物の子』としてその子どもをやむなく『処分』した[3]」という。たとえば『奇異雑談集』（1687 年）には、京都の大文字山の近くに「鬼子」が生まれ、父や地域住民が殴って殺したという「怪談」が納められている。鬼子とは、おそらく身体障害児だったのだろう。

2 優生思想と障害者

1 優生学とは

優生学（eugenics★）という言葉は、1883年にイギリスのゴルトン（Galton, F.）が提唱し、日本では1920年頃に定着した。優生学とは、「人間の集団を遺伝的に改良しようとする学問的立場」（『政治学事典』）である。一般的に、優良とされる遺伝資質を増大させようとする「積極的優生学」と、逆に劣悪とされる遺伝資質を減少させようとする「消極的優生学」に分けられる。前者は「健康で優秀な人を増やそう」とするもので、後者は「病気や障害のある人を減らそう」とするものと言い換えられる。

優生思想は、優生学に立脚して、能力が劣っているとされる遺伝子を排除し、優秀な人間を増やそうとする思想とされている。優生思想は障害者差別のみならず人種差別も生むもので、障害観の一つといえる。優生思想や優生学といえば、第二次世界大戦中のドイツのＴ４計画★を思い浮かべ、巨悪なナチスが障害者を抹殺した過去と結びつけられることが多い。これは間違いではないが、全体主義国家の対極にあるような福祉国家の枠組みのなかでも優生学とその諸政策が発展したことを忘れてはならない。

❶積極的優生学

日本では1920年頃からマーガレット・サンガー（Sanger, M.）が提唱した「産児制限★」に関心が集まるようになり、夫婦当たりの子ども数が減りつつあった。しかし戦局が切迫してくると、一転して富国強兵政策の一環として人口増加政策が採られることとなった。

1940（昭和15）年に、ナチス断種法に影響を受けた「国民優生法」が制定された。その第１条では、「健全なる素質を有する者の増加を図」ることが明記されていた。「産めよ殖やせよ」政策の下、「遺伝的に優れた者」の増加が望まれたのである。「悪質なる遺伝」をもつ人が産めない分、健康な夫婦の子どもの人数を増やす必要があり、事実上の中絶禁止を目的とした法でもあった。

国民優生法の成立直後、厚生省による国立の優生結婚相談所が三越デパートに開設されたことを皮切りに、全国で公営の結婚相談所が設けられた。これらの相談所では、その名の通り遺伝に関係する相談が多かったという。「彼氏に障害があるんですが、結婚していいですか？」など

★ eugenics
「良い誕生」「健全な血統」を意味するギリシャ語をもとにした、ゴルトンによる造語。

★ T 4 計画
1939年のヒトラー（Hitler, A.）の命令により、「生きるに値しない命」とされた障害や遺伝病等の人々を安楽死させた政策。計画が中止された1941年以降も安楽死政策は継続され、終戦までに15万人ないし20万人以上が犠牲になったとされる。

Active Learning

第二次世界大戦中、国民にわかりやすく優生学を伝えた本が「国立国会図書館デジタルコレクション」サイトで閲覧できます。ここに現れている「優生思想」はその後、社会にどんな影響を与えたのでしょうか？　また当時の人々は、どう思ったか想像してみましょう。
（厚生省予防局編『国民優生図解』国民優生聯盟，1941．
穂積重遠『結婚訓』中央公論社，pp.46–60，1941.）

★産児制限
人為的に妊娠や出産を避けて人口を制限すること。アメリカのサンガーが多産による貧困や女性の負担過剰からの解放運動として提唱（『大辞林』）。産児調節運動とも。

と聞くと、「悪い遺伝の無い人を選べ」「婚約の時には健康證明書を交換せよ」などとアドバイスされた。「健康証明書」には「悪質遺伝子」の有無や、尿検査、X 線写真、親戚縁者の病気や障害の有無などの情報が盛り込まれることもあった。

❷消極的優生学

消極的優生学の精神は、国民優生法の第 1 条の「悪質なる遺伝性疾患の素質を有する者の増加を防遏《ぼうあつ》する（防ぐ）」、また 1948（昭和 23）年制定の「優生保護法」第 1 条の「優生上の見地から不良な子孫の出生を防止する」の文面にある。具体的には、優生手術（子どもを産めなくなるよう手術すること）、結婚の制限、隔離などがあった。

①　優生手術

優生手術は、日本では国民優生法や優生保護法を根拠に、50 年近くにわたって行われてきた。優生保護法が 1996（平成 8 ）年に改正され、母体保護法★となるまでは、本人の同意なく手術を行うことができた。「盲腸の手術をする」などとだますこともあったという。次は優生手術を受けた女性を報じる記事である。

★母体保護法
現行の母体保護法に改正された後も、周知が徹底されず、優生手術を余儀なくされた障害者もいた。身近な家族や親族が「籍は入れるな。子どもは作るな」と迫り、医師やケースワーカーから不妊手術を勧められたと申し立てる当事者もいる。

> 16 歳の時、宮城県の知能検査を受けた。「精神薄弱者、内因性軽症魯鈍（ろどん）」と診断され、すぐに市内の診療所に連れて行かれた。何も知らされず、麻酔注射を打たれた。気がついた時はベッドの上。自宅に戻った後、両親の話を偶然耳にし、不妊手術されたことを知った。（中略）
> 「なぜ、私は不妊手術を受けなければならなかったの？」。（中略）父に問いただすと、「民生委員や職親に無理やり（優生手術を承認する書類に）はんこを押せと言われた」と力なく言った。悔しさとやりきれなさで胸が張り裂けそうになった。[4]

子どもをもつという人生の選択肢を失くして苦しむ人、手術の後遺症に苦しむ人が多くいた。手術を受けたために子どもができなかったことを妻に告白できずに苦しんだ人もいた。

2018（平成 30）年、旧優生保護法下で強制的に優生手術を受けた人が、国家賠償請求訴訟を起こした。翌年 4 月には、旧優生保護法に基づく優生手術等を受けた者に対する一時金の支給等に関する法律が成立、被害者に一時金 320 万円が支払われることになった。5 月には旧優生保護法は生殖に関する自己決定権（リプロダクティブ権）を保障する憲法第13条等に違反するとする判決が出たが、国に対する賠償請求は認められなかった。

② 隔離

隔離とは、障害者施設などに収容することによって、一般の人々との接触を制限することである。滝乃川学園を創設した石井亮一は「日本の知的障害児者教育・福祉の父」と呼ばれている。そんな石井でも1914(大正3）年に障害者施設の必要性を訴えた際、知的障害者を施設に隔離することによって「繁殖を防ぎ根絶」できるとその「利点」を強調していた。とはいえ知的障害児の「結婚の制限、断種、及隔離」を実践する欧米の隔離施設や断種法を紹介していることから、当時の学問や関係専門職全体の雰囲気を映したものであったといえる。

2 優生思想への批判と、これを内包する現代社会

❶「青い芝の会」の優生政策批判

日本脳性マヒ者協会「青い芝の会」の横塚晃一は、1970年代に優生政策を以下のように批判した。

> 「障害児」とわかったとたん、しかも母親の胎内にまでさかのぼった状態で天下晴れて“合法”の名のもとに抹殺できるわけです。この法律でいうところの不良な子孫とは一体誰にとっての不良なのでしょうか。生産第一主義の社会においては、生産力に乏しい障害者は社会の厄介者・あってはならない存在として扱われてきたのですが、この法律は文字どおり優性（生産力のある）は保護し劣性（不良）な者は抹殺するということなのです。つまり生産性のないものは「悪」ときめつけるのです[5]。

このとき横塚は、優生保護法第1条の「優生上の見地から不良な子孫」という文言ににじみ出る、社会のなかにある**優生思想**や能力主義に異議を唱えている。優生保護法の改正につながる優生思想批判の潮流は、「青い芝の会」をはじめとする障害当事者の声から生まれた。

能力主義とは「能力を重視して、人を評価すること」（『大辞泉』)。一般にビジネスの場面で報酬や昇進の際に、個人の能力を重視することを指すことが多い。しかし、「有能であることは望ましくよいこと」という価値が、人々の普通の暮らしを支配することもある。すると、障害者は健常者に比べて「能力がない」と評価されることが多くなるだろう。

Active Learning

能力主義は、今日の社会においてさまざまな場面でその考え方が土台になっていることが理解できます。能力主義が社会を発展させるうえで大きな原動力になっている一方で、優生思想やエイブリズムをもたらす根本にもなっています。この能力主義をどう考えるか、グループで討議してみましょう。

このように健常者を中心にすえて能力の高さに重点を置き、障害者の存在を評価しない差別的な価値観を、「エイブリズム」（ableism）と呼ぶ。able（できる）ことを至上のものとするism（主義）で、「障害者差別主義」や「健常（者）主義」などと訳されることもある。エイブリズムは、健常者の心身こそが望ましいとする価値によって引き起こされ、優生思想と通じていると指摘されている。

❷私たちの生活のなかにある「優生思想」

2010年、ドイツ精神医学精神療法神経学会は、ナチス時代に患者を殺害、強制移住、強制断種、強制研究を行ったとして謝罪した。日本でも優生手術等を受けた人に対する救済法には一応の「謝罪」が明記されている。

このようにＴ４計画や、国民優生法・旧優生保護法にもとづく優生手術は、今では許されない「優生思想にもとづく実践」とされている。しかしながら､「優生思想にもとづく実践」にはさまざまなものがあり、見解が分かれるという問題がある。

たとえば医療技術の発達や医療制度の充実により、現在では、一般の人でも**出生前診断**★を受けるようになった。さらに受精卵診断★、遺伝子操作をともなう不妊治療も可能となってきた。しかしながら、これらの診断や治療は優生思想に根づいていると指摘する者がいる。出生前診断を受けて胎児に障害があると診断された場合、妊娠22週未満であれば合法に中絶できる。障害があると診断された胎児の９割以上が中絶される現状は、「許されている優生思想」であるともいえる。

★出生前診断
生まれる前の胎児の段階で、障害や異常の有無を診断すること。胎児超音波検査や血液検査、羊水検査などの方法がある。近年、この診断を受ける妊婦が増えている。

★受精卵診断
体外で受精させた受精卵から細胞を取り出し、遺伝子や染色体の異常を調べる診断方法。出生前診断の多くが妊娠10週以上経ってから実施されるのに対し、着床前であるため倫理的問題は少ないと考える人が多い。

3 ソーシャルワーカーと変化する障害観

社会福祉学は優生学や優生思想と深い関係にあった。ソーシャルワークの萌芽期および発展期では、優生学がその実践の論拠の一つであった歴史がある。欧米のソーシャルワークのみならず、日本も同様であった。

旧優生保護法（1948（昭和23）年～1996（平成８）年）の時代、全国各地の優生保護審査会で手術の適否が決定されたが、民生委員はその会のメンバーであった。前述の優生手術を受けた女性の証言にあったように、民生委員が女性を優生手術に追い込んだ過去がある。民生委員こそは、前身の方面委員制度の時代からソーシャルワークの導入を試みた機関であった。

とはいえ、当時の国や地方自治体が主導して、地区や病院ごとに強制不妊手術の数値目標が設けられることもあったため、その民生委員はそ

Active Learning

医療側の「ミス」で子どもが先天性障害をもって生まれてきた場合に、親が医師に損害賠償を請求することがあります。出生前診断をして健常児と診断したが、生まれてきた子どもはダウン症だったなどのケースです。子ども、親、医療者、三者の立場のそれぞれの考えを想像してみましょう。

うした指示にまじめに従っただけなのかもしれない。民生委員個人の多くは、慈悲深く献身的な人物であったことも忘れるべきではない。

あなたの身近な人が、差別につながる障害観をもっていることもあるだろう。説得するべきか、反論するべきかどうか悩むかもしれない。社会福祉学を学ぶ私たちはどうするべきなのだろうか？

考えてみると、本節でみてきたような古い障害観は現在、影をひそめているように、日本の障害観は大きく変化を遂げてきた。この変化の背景には、人権意識の高まりや障害の社会モデルが徐々に受け入れられたこと、また教育レベルの向上や社会保障制度の充実等があると考えられる。ソーシャルワーカーは、社会変革に携わる職業でもある。人々に受け入れられるような方法で、対話を重ね、障害者にとって壁となる障害観をなくすよう働きかけることも、必要とされる実践の一つなのだろう。

本節では、差別的な障害観が障害当事者に困難をもたらした過去の例を通じて、障害観の重要性について述べてきた。社会福祉学を学ぶ読者には、こうした過去の過ちを繰り返さぬよう、ソーシャルワークの理念や知識、人権の観点、そしてそれらを支える条約や法律の重要性を再認識して知識を身につけ、あるべきケアにつなげてほしい。

◇引用文献
1）大野智也・芝正夫『福子の伝承――民俗学と地域福祉の接点から』堺屋図書，p.199, 1983.
2）生瀬克己「日中戦争期の障害観と傷痍軍人の処遇をめぐって」『桃山学院大学人間科学』第24号，p.208, 2003.
3）小松和彦『福の神と貧乏神』筑摩書房，p.184, 2009.
4）毎日新聞2018年１月30日付夕刊
5）横塚晃一『母よ！　殺すな』生活書院，p.129, 2007.

◇参考文献
・生瀬克己「障害者に対する差別語の性格とその背景について」生瀬克己編『障害者と差別語――健常者への問いかけ』明石書店，1986.
・平井修成「見世物小屋の異形――奇形考」『常葉国文』第16号，1991.
・本間章子『小林ハル盲目の旅人』求龍堂，2001.
・福井達雨『非合理に不器用にありのままに』明治図書出版，1990.
・山田厳子「マイノリティをめぐる『語彙』と『文脈』――芝正夫と『福子』」『国立歴史民俗博物館研究報告』第165集，2011.
・市野川容孝「北欧――福祉国家と優生学」米本昌平・橳島次郎・松原洋子・市野川容孝『優生学と人間社会――生命科学の世紀はどこへ向かうのか』講談社現代新書，2000.
・穂積重遠『結婚訓』中央公論社，1941.

第2節 障害者福祉の理念

学習のポイント

- 障害者福祉を支える代表的な基本理念について取り上げる
- なぜそうした理念が生まれてきたか、その背景も含めて理解を深める

1 ノーマライゼーション

1 バンク=ミケルセン

バンク＝ミケルセン[i]は、第二次世界大戦中ドイツ占領下の故国デンマークでナチスへの抵抗運動を行い、強制収容所に投獄された経験をもつ。戦後、現在の日本の厚生労働省に相当する社会省に入り行政官として働き始めるが、1950年代初頭から、知的障害者入所施設の改善に取り組む親たちの活動を支援するようになる。当時の入所施設は地域から隔離された劣悪な環境下にあり、バンク＝ミケルセンは自身の収容所体験からこうした状況に義憤を覚え、親たちの活動に共感したのである。そうして取り組みを進めるなかで生まれた理念が、ノーマライゼーション（normalization）である。ここからバンク＝ミケルセンは「ノーマライゼーションの父」と称されている。

ノーマライゼーションは、当初は「知的障害者の生活を可能な限り通常の生活状態に近づけるようにすること」と定義されていた。元来は、施設外で暮らす障害のない人たちの生活が「当たり前（ノーマル）」であれば、施設での障害者の生活もそれに近づけていかなければいけないという観点で出発したものである。それが次第に、施設かどうかにかかわらず、また障害の有無に関係なく、誰もが同じような生活環境と条件の下で暮らしていくことを目指す理念へと発展していくことになる。1959年に制定されたデンマーク知的障害者福祉法は、このノーマライゼーションの理念に基づいた法律であり、かつそこで初めてノーマライ

---

i 〔Niels Erik Bank-Mikkelsen〕1919-1990. コペンハーゲン大学卒業後、デンマーク社会省に入り、1959年に知的障害者サービス部門の責任者になった。1971年にデンマーク社会福祉委員会の障害者ケアとリハビリテーション局長になり、1980年にデンマークの障害者中央委員会の結成にもかかわっている。

ゼーションという言葉が使われた[ii]。

このようにノーマライゼーションは、もともとは障害者の施設生活改善から生まれ、それが次第に施設か地域かを問わず、また障害の有無に関係なく、あらゆる人々の生活そのものを「ノーマル」にしていこうとする平等志向の普遍的理念へと発展していき、国際的な取り組みにも大きな影響を及ぼしていくことになった。バリアフリーやユニバーサルデザインの考え方も、その源流はノーマライゼーションにあるといえる。

2 ニィリエ

デンマークで生まれたノーマライゼーションを理論的に深化させ、その普及のうえで大きな貢献を果たしたのが、隣国の「スウェーデン知的障害児連盟[iii]」ディレクターであった**ニィリエ**[iv]である。彼は、この理念に基づいて、当時のスウェーデンの障害児制度施策に大きな影響を及ぼしたことでも知られている。

ニィリエは1969年**「ノーマライゼーションの原理」**において、ノーマライゼーションを「すべての知的障害者の日常生活様式や条件を、社会の普通の環境や生活方法に可能な限り近づけること」と定義し、具体的に何が「当たり前（ノーマル）なのか」について以下の八つの原則（同時にそれらは目標になる）を示した（ノーマライゼーション八つの原則）。

❶ 一日のノーマルなリズム
❷ 一週間のノーマルなリズム
❸ 一年のノーマルなリズム
❹ ライフサイクルにおけるノーマルな経験
❺ ノーマルなニーズの尊重

ii 河東田は、1946年のスウェーデン社会庁の報告書が、障害者の社会的不平等の解消を実現するために、その生活や雇用状況を「ノーマライゼーション化」することが必要であると記されていたことを指摘している。それに従えば、ノーマライゼーションの発祥にはまた別の歴史的ルーツがあることになる（河東田博「新説1946年ノーマライゼーションの原理」『立教大学コミュニティ福祉学部紀要』7，pp.13-23, 2005.）。

iii 〔Riksförbundet För barn, unga och vuxna med Utvecklingsstörning（FUB）〕スウェーデンの知的障害児者の親同士の親睦団体として1952年にスタートし、次第に政府や自治体に積極的に働きかけるようになり、同国の障害者福祉政策に大きな影響を与えていった。

iv 〔Bengt Nirje〕1924-2006. 日本語ではニルジェとも表記される。スウェーデン赤十字で働いた後、1961年よりスウェーデン知的障害者連盟ディレクターに就く。バンク＝ミケルセンが「ノーマライゼーションの父」であれば、ニィリエは「育ての父」として知られている。

❻ 異性と暮らす暮らし（引用者注：当時は異性愛が当然視されていた）
❼ ノーマルな経済水準の保障
❽ ノーマルな環境基準

Active Learning

ニィリエの「ノーマライゼーションの八つの原則」に基づいて、それぞれの障害者の生活をイメージし、障害のない人のそれとの相違を考えてみましょう。

こうして北欧で生まれたノーマライゼーションは、ニィリエによって理論的にも精緻化されたこともあって世界的にも知られるようになり、1971年国連の「**知的障害者の権利宣言**」にこの理念が反映されるに至った。さらには、その後の「**障害者の権利宣言**」（1975年）、**国際障害者年**（1981年）、そして**障害者の権利に関する条約**（**障害者権利条約**）（2006年）へと引き継がれていき、現在においてもこの理念は障害者福祉のみにとどまらず、社会福祉全般における基本的な理念の一つとして広く受け止められている。

3 ヴォルフェンスベルガー

北欧で開花したノーマライゼーションの理念を北米で普及させるうえで大きな貢献を果たしたのが、**ヴォルフェンスベルガー**[v]である。彼はノーマライゼーションを再構成し、「可能なかぎり文化的に通常である身体的な行動や特徴を確立したり、維持したりするために、可能な限り文化的に通常となっている手段を利用すること」と新たに定義づけしている。アメリカの脱施設化は、こうしたヴォルフェンスベルガーのノーマライゼーションの考え方からも影響を受けながら展開されることになった。

ヴォルフェンスベルガーの考え方では、ノーマライゼーションとは普遍的なものというよりは「文化に依存」しており、文化や地域に根差して実践していくことが重視される。また彼は「ノーマル」とは、道徳的というよりは統計的な意味をもち、「標準的」とか「慣例的」という言葉と同じ意味であるという補足説明を行っている。こうした考え方は北米では支持され、同地域でのノーマライゼーション普及に貢献したが、多数派（障害のない人たち）が中心である（標準的な）文化にマイノリティ（障害者）を適応させることにつながるのではないかという批判が寄せられた[1]。ここから、ヴォルフェンスベルガーの考え方は同化主義的

v 〔Wolf P. J. Wolfensberger〕1934-2011. ドイツ出身で、30歳のときにアメリカに移住した。特別支援教育を学び、ヴァンダービルト大学で博士学位を取得後、シラキュース大学などで教鞭を執った。主要著作に *The Principle of Normalization In Human Services*（1972）などがある。

であり、北欧の考え方が普遍性を認め平等志向であることを踏まえれば、両者は異なるものである、という捉え方がされる場合もある。

ヴォルフェンスベルガーは、福祉サービスがノーマライゼーションの理念に適合しているかどうかの基準をネブラスカ大学で開発し、サービスの質を評価する手段を提供した。これがPASS（Program Analysis of Services System）と呼ばれるものであり、それは後にPASSING（Program Analysis of Services System Implementation Goals）へと改定されている。ノーマライゼーションの観点からサービス評価を行うことが意図されていたが、実際に最も多く使われたのは、ノーマライゼーションを学ぶための研修であったとされる。

4 ソーシャルロール・バロライゼーション

ヴォルフェンスベルガーは、ノーマライゼーションの普及に向けてサービス提供者などへの啓発活動を進めるが、そのなかで次第に障害者に対する「ノーマルから逸脱した人」という否定的なレッテルを改善していくことの重要性を認識するようになる。そこで逸脱理論やラベリング論を援用して新たに提示したものが、ソーシャルロール・バロライゼーション（Social Role Valorization：SRV）という考え方である。日本語には「価値のある社会的な役割の付与」と訳される。

SRVでは、障害者に付与された否定的なイメージと貶められた社会的な価値を改善すべく、価値のある社会的な役割を障害者が担っていくことでそれを果たそうとする。そこから、社会から切り下げられている障害者の生活改善に向けたアイデアを導出することが期待された。

Active Learning

SRVの考え方に沿って、障害者にどのような「価値のある社会的な役割の付与」が考えられるか、こうしたSRVの考え方に課題はないかどうか、グループで討議してみましょう。

2 リハビリテーション

リハビリテーション（rehabilitation）は、「再び re-」と「適した habilis」の合成語であり、「再び適したものにする」ことを意味する。そこから「身分回復」や宗教的な「破門の取消し」という意味で用いられてきた。この言葉が、障害者支援の領域で使用されるようになったのは第一次世界大戦後だったとされる。リハビリテーションといえば一般的には、一連の専門的な医療的行為としてイメージされることが多い。なかでも「回復的処遇」（curative treatment）と同義的に用いられてきた経緯がある。日本語では「更生」という言葉に訳され、「更生」は特に法律用語として今日に至るまで使用されてきた。

リハビリテーションは、理学療法士などの専門的な行為や活動（**実践としてのリハビリテーション**）を意味するだけではなく、その根底をなす理念をも表している(**理念としてのリハビリテーション**)。そのうち、実践としてのリハビリテーションについては、以前は専門職主導の「機能回復＝社会復帰」という発想が非常に強かったことは否めない。しかし今日では、障害者の権利に関する条約（障害者権利条約）にも示されているように、障害者がリハビリテーションの主体であることが強調され、無期限かつ専門家による強制的な内容のものは、リハビリテーションの取り組みから排除されるようになっている。

一方、理念としてのリハビリテーションについては、上田敏による「**全人間的復権**」という考え方がその代表になるだろう。そこでは、リハビリテーションとは、「権利・名誉・資格の回復」が本来の意味であることから、それは「再び人間にふさわしい状態にすること」であり、「全人間的復権」「人間らしく生きる権利の回復」でなければならないと主張される[2]。障害者の置かれてきた不幸な歴史や現況に鑑みるとき、この理念としてのリハビリテーションは、現在もそして今後とも障害者福祉の基本的な理念の一つとして位置づけられるべきものであろう。

3 ピープルファーストと自立生活思想

ピープルファーストとは、1974年にカナダに生まれた**セルフアドボカシー**★の団体であるが、この名称はその前年にアメリカ・オレゴン州で開催された知的障害者の団体で「私は障害者としてではなく、まず人間として扱われたい」と発言されたことが契機になっている。ゆえにピープルファーストとは団体名のみならず、障害者である前に一人の人間として接しられ、その尊厳が守られていかなければいけないという、障害者福祉における基本姿勢を表している。

★セルフアドボカシー
障害者が自らの権利を主張し、擁護すること、あるいはそのために障害者本人によって主体的に取り組まれる活動。障害者の権利擁護は、何より本人自身の訴えが不可欠という考え方が背景にある。同時に、そこにはそうした権利を訴える機会を奪われてきた障害者が、自らの手にそれを取り戻すという意義を認めることができる。専門職によるアドボカシーとは緊張関係にあると考えられる。

ピープルファーストに象徴されるセルフアドボカシーの実践は、障害者が自ら選択し、自ら決定するということなしには成立しないだろう。こうした障害者の自己決定こそが「自立」にほかならないとみなす考え方が、**自立生活**（Independent Living）思想と呼ばれるものになる(1960年代にアメリカで始まった自立生活運動（IL運動）については、第3章第3節を参照のこと)。

4 エンパワメント

この言葉は、IFSW[vi]の「ソーシャルワークのグローバル定義」(2014年) において、社会変革などと並んでソーシャルワークの目標と位置づけられているように、障害者福祉のみならず社会福祉、ソーシャルワーク全般の基本理念の一つにもなっている。それにはさまざまな定義が行われているが、「抑圧によって奪われた、自分の生活をよくしていく力(パワー) を取り戻し、あるいは取り巻く環境への影響力を強めることで、生活状況を好ましいものへと改善していくこと」という意味合いでは共通している。

元来は、ブラジルの識字教育で知られたフレイレ[vii]の、抑圧された人々への教育の取り組みから生まれたとされ、市民運動や社会運動の理念として発展していったものである。ソーシャルワークのなかでは、ソロモン[viii]がアフリカ系アメリカ人への支援のなかで取り上げたのが最初とされ、障害領域で本格的に使用されるようになったのは、ADA[★]制定の可能性を探ることを目的に、ダート[ix]によって「障害者の権利とエンパワメントに関する調査委員会」が設けられた頃からであるといわれている[3]。

障害者は、自分の人生や生活を自ら決める機会を奪われ、そのために自らよくしていこうとする意欲を失い、諦念してしまうことが少なくない (パワーレス状態)。こうした家族や専門家など他者によって規定、方向づけ、管理されている自分の生活を、自らの意向に沿って「望まし

---

vi 〔International Federation of Social Workers〕国際ソーシャルワーカー連盟。1956年「社会福祉についての国際会議」(ミュンヘン) を契機に設立された。国連、WHO などとも協力関係にある。その前身は、1928年にパリに設立された「国際ソーシャルワーカー常任事務局」である。加盟国は129か国(2020年3月15日現在)。日本ソーシャルワーカー連盟が加盟している。

vii 〔Paulo Freire〕1921-1997. ブラジルの教育学者で、教育を受ける側がさまざまな支配に対して疑問を抱き、それと向き合っていく力を育む点を重視した批判教育学の基礎を築いた。代表作は『被抑圧者の教育学』(1968) で、植民地支配を取り上げ、被抑圧者が抑圧者との相互作用を通して、抑圧を克服していく過程を示した。

viii 〔Barbara Solomon〕1934- カリフォルニア大学バークレー校で修士号、南カリフォルニア大学で博士号を取得。最初は医療ソーシャルワーカーとして働き、1965年から南カリフォルニア大学で教鞭を執る。1980年代に同大学大学院でアフリカ系として初めて学部長になった。ミネソタ州の Walden 大学が、ソロモンの功績を讃えて、2016年より同大学社会福祉学部の名称にソロモンの名前を冠している (Barbara Solomon School of Social Work and Human Services)。

ix 〔Justin Dart, Jr.〕1930-2002. アメリカの障害者権利運動の活動家で、ADA 成立に大きな貢献を果たし、「ADA の父」として讃えられている。1998年に文民に贈られる最高位の勲章である自由勲章を受章している。

★ **ADA**
〔Americans with Disabilities Act of 1990〕1990年7月に制定されたアメリカ連邦法。2008年に改正 (2009年施行) を受けている。「障害のあるアメリカ人法」と訳される。1986年の「アメリカ障害者評議会」(オンブズマン機能を有する連邦政府の機関) が発表した報告のなかで、障害者差別禁止の包括的法律の必要性が主張されたことが契機になったといわれている。連邦・州政府から補助金を受けている事業者における障害を理由とした差別を禁止している。同法の成立までには、障害者団体などによる積極的なロビー活動が行われ、立法過程にも障害者自身の関与が大きかった。合理的配慮との関係について、本節のp.45を参照のこと。

い」と思う方向へと主体的に営んでいく、そのために必要な力を能動的に回復していくこと、その力を発揮していくことが**エンパワメント**にほかならない。それゆえに内容的には、先の**自立生活思想**とも重なる部分が大きい。

エンパワメントを障害者が自ら果たすためには、自分が有するストレングスの発見と活用のみならず、障害者を取り巻く環境を調整することで、そうした力を発揮できる状況を生み出していくことが欠かせない。エンパワメントは能動的な営為であって「させられるもの」ではない以上、支援する側は障害者自身が自らのエンパワメントを円滑に遂行していくことへの側面支援が重視される。

5 ソーシャルインクルージョンと社会的排除

「ソーシャルインクルージョン」は**「社会的包摂」**と訳され、社会の全構成員がその違いにもかかわらず、ともにこの社会の一員であるという認識から出発する。そのうえで、社会の構成員が相互に支えあうことによって、各自が社会のなかで、孤立、排除、差別や摩擦に直面しないようにすること、あるいはそれらの状態から脱却を図り、それによってすべての人々が健康で文化的な生活を営むことができる状態を目指すことを意味する。後述する多様性や共生に近似の理念になる。

このソーシャルインクルージョンの反対語が、**「社会的排除」**(「ソーシャルエクスクルージョン」「社会的疎外」とも)であり、元来は貧困問題の分析から生まれてきたものである。貧困、経済的困窮とは、直接的には何らかの理由で労働市場へのアクセスを拒否、あるいはそこからの退場を強いられ、結果として収入がない、あるいは減じることから生じる。障害者の場合も、特に障害程度が重いほど労働市場から排除され、経済的に困窮してしまうケースが多い。しかし、貧困に陥るということをつぶさに分析すると、単に労働市場から締め出されただけではなく、社会のさまざまな資源へのアクセスが十分ではなくなり、排除されてしまうことに気づくことができるだろう。たとえば、医療、住宅、教育、文化活動などにおいて各種資源へのアクセスが困難になり、それらのサービス利用からことごとく排除されるという不利益を被ってしまう。

そもそも労働市場とのつながりを喪失した理由には、単に失業したというだけではなく、そこに至るまでには、人種、民族、宗教、教育、健康、介護などさまざまな要因が絡んでいることにも留意すべきだろう。つまり、労働市場からの排除は、他の社会的側面での排除の結果であるとも考えられるのである。このように考えると、貧困とは単なる雇用や経済上の問題にとどまらず、社会のさまざまな次元での排除や剥奪の結果であり、同時にそこからさらなる排除や剥奪が生み出されている現象とも捉え得る。このように社会的剥奪とは、上記のような意味で、社会のさまざまな領域との関係形成の機会から締め出されている状況を指す用語なのである。

こうした社会的排除を解消していくためには、単に雇用や収入のみを改善していくだけでは限界があることは容易に理解できる。雇用や収入確保を行う以上に、社会関係の全体を修復していくことが欠かせない。ソーシャルインクルージョンとは、端的に言えば、社会から誰もが締め出されることなく「包み合う＝インクルージョン」ことを指す用語である。それを果たすことによって、社会のすべての人々が質の高い生活を送ることを可能とすることが目指される。

こうした考え方は、元来はフランスで1970年代に提唱され、発展してきたものとされるが、1990年代の半ばから他の欧州諸国にも取り入れられ、さまざまな社会問題に対する政策的な取り組みを強化していくことにつながった。日本では、少し遅れて2000（平成12）年に厚生省社会・援護局による報告書「社会的な援護を要する人々に対する社会福祉のあり方に関する検討会」報告書において、新たな福祉課題に対応するための方法を導く理念としてこの考え方が位置づけられており、政策的にも注目を浴びるようになってきている。障害者も社会的剥奪に追い込まれやすい状況にあることを認識すれば、ソーシャルインクルージョンの考え方は、障害者福祉のみならず、広く社会福祉政策全般で土台に据えるべき基本理念になっていることが理解できる。

なお、この理念に類似のものには、障害児教育の場で提唱され、普及してきた**インクルージョン**（包摂）がある。こちらは、主に教育場面で使用されてきたものだが、やはり障害者福祉にとって重要となる理念の一つになっている。この理念が生まれた背景には、障害者を施設や病院に収容し、社会から隔離するという隔離収容（segregation）や分離処遇（separation）に対する批判があった。

インクルージョンに先立ってまず提唱されたのが**インテグレーション**（統合）の考え方である。特に教育現場では、障害の有無や障害種別で分離して教育を行うことが当然視されてきたが、それに対する対抗として分離をやめ、同じ学校、同じ教室で教育を行うこと、すなわち「統合化」が目指された。インテグレーションとは、教育でいえば普通学校のなかに障害児を当たり前に受け入れていくことを意味する。アメリカを中心に、いわば「隅っこ（傍流）」に追いやられていた障害児を、主流である障害のない児童の教育場面へと合流させていくという意味合いで**「メインストリーミング」**（mainstreaming）という用語が使われることがある。

このインテグレーション理念の下、障害児教育のみならず伝統的な障害者処遇のあり方全般に対して異議が唱えられ、生活のさまざまなレベルで障害者とそうでない者との統合化が求められるようになっていった。しかし、1990 年代に入ってから、障害児教育における統合化の考え方に対して批判が生じてくる。インテグレーションが子どもをまず「障害のあるなし」で分けたうえでその統合を進めようとするのに対し、むしろ、障害のあるなしというカテゴリにとらわれず、一人ひとりの児童がもつ個別性（障害もまたその一部に過ぎない）に応じてサポートをしていくという、一元的な教育システムを構築しようとする主張が生まれてくる。これが「インクルージョン」、あるいは**「インクルーシブ教育」**（inclusive education）と呼ばれるものである。

インクルージョンの考え方では、子どもは一人ひとりユニークな存在とみなされ、みな違うのが当たり前（ゆえに障害のある子どもがいても当然）であることを前提として、「すべての子どもを包み込む教育システム（education for all）の中で、一人ひとりの特別なニーズに応じた教育援助を考えること」が重視される[4]。いわゆる普通学校の通常学級には、「成績が悪い子」もいるであろう。これらの子どもたちが常に一緒に、同じクラスで授業を受け、各々の学習目標を実現できるように個別の支援をしていくことと、障害児に対してそのニーズにあった学習支援をしていくことにはレベル的に違いはない。インクルージョンとは、このような意味で、多様な子どもたちを対象に「万人のための教育」、言い換えれば、「だれも見捨てない教育」を一か所で実践していくことを目指す理念であるともいえる。

インテグレーションにおける「最大限通常の教育組織で教育を行う」という発想は決して間違いではなかったが、障害児に対するそれぞれの事情に応じたケアやサポートに対する配慮が現場では欠けていた、言い換えれば学ぶ場を一緒にしただけで、具体的な支援が十分ではなかったことに対する反省が、インクルージョンという考え方を生んだともいえ

Active Learning

「普通学校か、それとも特別支援学校か」という選択肢は常に議論の的になってきました。今後の障害児教育を考えた場合、普通学校でのインクルーシブ教育が望ましいのか、特別支援学校を存続したほうがよいのか、グループで討議してみましょう。

る。

1994年のユネスコ「**サラマンカ宣言**」では、インクルージョンの考え方をもとに「万人のための教育」の推進が謳われた。そこでは、インクルーシブな学校こそが、差別的態度と戦い、すべての人を喜んで受け入れる地域社会を作り上げ、インクルーシブ社会を築き上げ、万人のための教育を達成する最も効果的な手段」であることが強調されている。

6 機会均等と合理的配慮

「**機会均等**」とは「機会平等」とも言い、雇用や教育などの機会は、障害の有無、性別、年齢、宗教、国籍、信条、貧富の差など合理的とはいえない理由で、与えたり与えなかったりしてはならないという考え方である。出発点（入口）における平等な処遇を意味し、結果（出口）の平等とは異なる。「障害者に関する世界行動計画」(1982年)では、予防、リハビリテーションに加えて、機会均等化がその目標に掲げられ、1983年から「国連障害者の10年」が展開された。さらに、障害者の機会均等化のためには、世界的な標準規則が必要であるという認識の下、「障害者の機会均等化に関する標準規則」（1993年）が国連で策定されている。

こうした機会均等を確保するうえで重要になる取り組みが、合理的配慮（reasonable accommodation）である。元来は、従業員の信仰への配慮を雇用主に求める意味で使われたものであるが、それが障害者差別禁止の文脈のなかにも適用されるようになった。1973年制定の**アメリカ・リハビリテーション法第504条**との関連で法律用語として用いられるようになり、連邦政府および連邦政府との取引相手に合理的配慮の提供が義務づけられた。1990年のADAでは、さらに広く行政、民間事業者に合理的配慮の提供が義務づけられるなど、雇用、就業面で展開されるようになる。

障害者権利条約でもこの合理的配慮が継承され、かつ雇用、就業面に限定されず、社会的な場面すべてに適用されなければならないものとされた。同条約では「障害者が他の者との平等を基礎として全ての人権及び基本的自由を享有し、又は行使することを確保するための必要かつ適当な変更及び調整であって、特定の場合において必要とされるものであり、かつ、均衡を失した又は過度の負担を課さないものをいう」と定義されている。この考え方は、日本の障害を理由とする差別の解消の推進に関する法律（**障害者差別解消法**）にも影響を及ぼしている。

障害者権利条約が障害の**社会モデル**の影響を受けていることに鑑みて、上記の定義にある「変更及び調整」は、社会的障壁を除去することとして理解されている。ゆえに社会モデルに基づく実践には、合理的配慮の考え方はその基本的な土台になっている。

7 多様性と共生

「**多様性**」（「ダイバーシティ」とも）とは、社会が年齢、性別、民族、宗教、国籍など多様な背景を有する人々から構成されていることを受け入れ、それぞれが相手の立場の違いを尊重していく姿勢を指す。障害の有無もまた多様性を構成する要素の一つとして重視されている。

共生とは、この多様性における、異質なものと共存するための理念である。それは、他者はすべて自分とは独立した主体であり、しかも互いの生存と福祉に深く影響を与える相手として理解するという思想を指す。ゆえに、個々人の利害が完全には一致しないこと、互いに利害が一致せずに対立することもあるということを認め合ったうえで、互いにそれぞれの利益追求の自由を認めることが全体に成立している。

したがって、共生の理念は、利害の不一致、不協和音やきしみがあることを認めたうえで、それらをよくないものや異常なものとしてではなく、むしろ当たり前で、健康なものであると捉え直す。利害と価値観を異にし、多様な生活を営む人々が、対立し、論争しつつ、それでも「気になる存在」として相互に引き付け合うことによって、むしろ人々の知性と感性は拡大深化され、人間関係はより多面的なものになり、人生や社会の豊かさがもたらされる、と考える点にこの理念の特徴がある。

障害者福祉にとっては、この共生理念は障害の有無によるそれぞれの立場の違い（たとえば、世界観、表現、文化の違い）があること、ときにはぶつかり合い、対立することがあることを相互認識したうえで、しかしそれでも双方がともに欠かせない存在であることを理解し、社会の多面性、多様性を深め、それによって自己の安寧と社会の豊かさを実現させていくことを目指す理念ということになる。それゆえに、共生は決して予定調和的なものではない。絶えず葛藤を繰り返しながらも、新しい関係の構築を模索していく積極的な営みであることに留意したい。

◇**引用文献**

1）横須賀俊司「ノーマライゼーションに求められるもの――多元主義の思想」『社会福祉学』第37巻第1号，pp.73-87, 1996.

2）上田敏『リハビリテーションを考える――障害者の全人間的復権』青木書店，pp.6-17, 1983.

3）久保耕造「エンパワメント」『ノーマライゼーション 障害者の福祉』193, p.37, 1997.

4）山口薫「インクルージョン」『リハビリテーション研究』第94号，p.1, 1998.

◇**参考文献**

・W. ヴォルフェンスベルガー，中園康夫・清水貞夫編訳『ノーマリゼーション――社会福祉サービスの本質』学苑社，1982.

・H. スミス＆ H. ブラウン編，中園康夫・小田兼三監訳『ノーマリーゼーションの展開――英国における理論と実践』学苑社，1994.

・花村春樹訳著『ノーマライゼーションの父：N. E. バンク・ミケルセン――その生涯と思想：増補改訂版』ミネルヴァ書房，1998.

・B. ニィリエ，河東田博・橋本由紀子・杉田穏子訳編『ノーマライゼーションの原理――普遍化と社会改革を求めて』現代書館，2004.

・中村尚子「障害者権利条約　国連総会で採択へ――『同等の権利』（権利宣言）実現の道すじ示す」全国障害者問題研究会

・稲沢公一「ピープルファースト」秋元美世ほか編著『現代社会福祉辞典』有斐閣，2002.

・Worrell, B. People First : Advice for Advisors, 1998（河東田博訳編『ピープル・ファースト――支援者のための手引き』現代書館，1996）.

・堀正嗣編著『障害者問題ゼミナール――共に生きよう，楽に生きよう』明石書店，1997.

・落合俊郎「インクルージョンへの道のり」日本知的障害連盟『JL NEWS』No. 24.

・真鍋顕久「社会福祉の観点からの共生思想――仏教における共生」『名古屋女子大学紀要（人社・社会編）』50，2004.

・秋元美世・藤村正之・大島巌・森本佳樹・芝野松次郎・山縣文治編著『現代社会福祉辞典』有斐閣，p.446, 2003.

・松田裕之『共生とは何か――搾取と競争をこえた生物どうしの第三の関係』現代書館，pp.197-199, 1995年

・井上達夫・名和田是彦・桂木隆夫『共生への冒険』毎日新聞社，pp.24-29, 1992.

・高田真治「社会福祉における『共生』の思想」嶋田啓一郎監，秋山智久・高田真治編著『社会福祉の思想と人間観』ミネルヴァ書房，pp.48-63, 1998.

第3章

障害者福祉の歴史

私たちは歴史に何を学ぶのであろうか。実践に携わる者として、問題になるのはまさに「今、そこに生じていること」「目の前にいる利用者の支援」である。それゆえに、過去を学ぶ意義というものは、なかなか実感しにくいものかもしれない。

しかし、「現在」とは「過去」の積み重ねの結果であり、過去なくしては「今」はあり得ない。そもそも「なぜ今はこうなっているのか」は、すべて過去から引かれてきた延長線の上にその答えがあるといえる。現在の実践とは、その意味では「過去」から無関係ではいられない。だからこそ、今の実践のためには過去を知る必要がある。ここに、歴史を学ぶ本質的な意義がある。

本章では、この意義を踏まえ、障害者福祉の歴史、障害者福祉制度、当事者運動の歩みを学ぶ。そして、今日の到達点といえる障害者権利条約の内容と基本法を学ぶ。

第1節 障害者処遇の変遷

学習のポイント

- 明治以前から戦前にかけての障害者の処遇の変化について学ぶ
- 社会の背景と障害者の置かれていた状況の関連に焦点を当てて学ぶ
- 時代によって障害に対する考え方がどのように変化してきたか考える

本節では、現在では使用が適切でないとされる用語についても、歴史的事実や法律用語などの記述上、必要に応じて使用していることをお断りしておく。

1 明治以前の障害者の処遇

障害者の処遇に関する法制度については、700年代の飛鳥時代から奈良時代に制定された「律令」にみることができる。律令の福祉法制の基本となる「戸令《こりょう》」のなかの「鰥寡条《かんかじょう》」では、要援護者の対象者を、「鰥寡《かんか》（高齢で妻や夫がいない者）」「孤独（父のいない子ども、子のいない高齢者）」「貧窮《びんぐ》（生活困窮者）」「老疾《ろうしち》（高齢者、障害者・傷病者）」のうち、自分で生活することができない人とした。その援護の実施責任は、近親者による私的扶養が優先であり、それができない場合について地方行政に委ねられた。

ただし、一部の視覚障害者については、**検校《けんぎょう》制度**という保護策があった。平安時代、第54代仁明《にんみょう》天皇の第4皇子・人康《さねやす》親王は若くして失明し出家したが、その際に視覚障害者を集めて管弦や琵琶《びわ》、詩歌を教えた。人康親王の死に伴い、天皇から親王に仕えていた視覚障害者に、「検校」と「勾当《こうとう》」の官位が授けられた。これが検校制度の始まりとされる。検校たちは、天皇たちの御前で、管弦、琵琶、詩歌の演奏や、鍼灸《しんきゅう》、按摩《あんま》を行った。

その後、室町幕府の庇護を受け、男性視覚障害者の自治的相互扶助団体である「当道座《とうどうざ》★」を設立した。この当道座は、1871（明治４）年の盲官廃止令によって解体するまで続いた。

★当道座
幕府は視覚障害者を当道に加入させて組織化し、公認して自治を許した。また、官位を「検校」「勾当」「座頭《ざとう》」など73階に細分化し、昇進するごとに官金を納付させ、高利で貸金業をして利殖することを許可するとともに、税を免除した。

2 明治以降の障害者の処遇

江戸幕府からの大政奉還を受け、明治政府が樹立された。明治政府は、廃藩置県を行ったことにより、諸藩が担っていた窮民救済を国が行うこととなった。また、アメリカや西欧諸国と結ばされた不平等条約である修好通商条約改正を目指して、国際社会の構成員として認められるために、文明国標準にかなう文明化や法典の整備を進めた。

1874（明治７）年、明治政府は、生活困窮者の公的救済のため、日本で初めて統一的な基準をもつ救貧法として、**「恤救規則《じゅっきゅうきそく》」**★を定めた。「恤」とは、「あわれむ・めぐむ」という意味である。

恤救規則では、救済の対象は**「鰥寡孤独廃疾《かんかこどくはいしつ》」**(妻を失った男、夫を失った女、孤児、老いて子のいない者、頼る者がいない独り者、回復不能の病人、障害者）としたが、窮民救済は、**「人民相互の情誼《じょうぎ》」**、つまり親族や地域住民の相互扶助で行うものであって、それに頼れない「無告の窮民」だけを救済の対象とするという限定的なものであった。その背景には、国家が安易に貧民救済を行うと、「惰民《だみん》の養成」につながるため、政府がむやみに行うものではないという考えがあり、国としての公的扶助の責任や義務を認めないものであった。

★恤救規則
給付額は、１日の米換算で高齢者には５合分、病者には男３合分、女２合分、子どもには２合分の現金給付で、最低限の生活を下回るものであった。

1 視覚障害者

1871（明治４）年の盲官廃止令により、視覚障害者の保護的施策は廃止されたが、制度によって利益を独占していたのは一部の視覚障害者で、大多数の視覚障害者は困窮していた。

1878（明治 11）年に日本初の盲学校「京都盲唖院《もうあいん》」が、1880（明治 13）年に「楽善会訓盲院《らくぜんかいくんもういん》」（東京築地）が開設された。1890（明治 23）年、訓盲院の教師・**石川倉次**がフランスの点字を日本点字に翻案することに成功､1902（明治 35）年には**「日本盲人協会」**が結成され、点字図書の出版を計画した。

明治前期の視覚障害者の多くは、按摩《あんま》・鍼《はり》・灸《きゅう》（三療業）で働いていたが、収入は少なかった。1893（明治 26）年、「東京府鍼灸治会」を三療業者が結成、鍼按業《しんあんぎょう》を視覚障害者の専業とするよう東京府に請願書を提出した。その背景には、晴眼者の三療業への進出に対する脅威があった。1906（明治 39）年に東京、京都、大阪の盲唖学校長が、文部省に盲唖学校の義務制実施に加え、官公立の盲人学校を卒業した者に無試験で鍼按業の営業を許可し、内務省から開業免許状を交付するという**盲人保護法案**の建議を行った。盲唖学校の義務制は、1948（昭和 23）年以降となったが、盲人保護については、内務省が 1911（明治 44）年、「按摩術営業取締規則」「鍼術灸術営業取締規則」を定め、地方長官（現在の都道府県知事）の定めた要件を備えた学校や講習所の卒業生は、無試験で免許鑑札が与えられるようになった。

1920（大正９）年、帝国盲人連合団が結成された。盲唖教育令発布、点字投票公認を求めて帝国議会へ請願運動が行われた。1922（大正 11）年には、大阪毎日新聞社が「点字毎日」を創刊。1925（大正 14）年の衆議院議員選挙で点字投票が認められた。

1931（昭和６）年から 1932（昭和７）年にかけて行われた「全国失明者調査」によれば、７万 6000 人の失明者の３割近くが按摩鍼灸業に従事していた一方、６割近くが無職であった。

2 聴覚障害者

「国民皆学校」の思想に基づく 1872（明治５）年の学制により、大学、中学、小学で普通の学科を教えるほか、工業学校、商業学校、通弁（通訳）学校、農業学校、諸民学校に加え「廃人学校」が創設された。廃人とは、「盲」「聾」などの障害者を指している。1878（明治 11）年に設置された京都盲唖院により、体系的に行われることとなった。

1913（大正２）年、聾唖学校卒業生が**「日本聾唖協会」**を設立。聾唖者の生活問題を中心に活動し、各地に支部が結成され活動を広げた。

1923（大正 12）年、文部省から「盲学校及聾唖学校令」が発出され、それまで学校教育で一緒になっていた視覚障害と聴覚障害が分離された。視覚障害児教育には統一した点字があったが、聾教育は、地域による手話の違いがあったほか、電話を発明したグラハム・ベル（Bell, G.）が開発した口話法が学校教育に導入されたことにより、**手話か口話かという教育方法の論争**が長く続いた。1932（昭和７）年頃にはほとんどの聾学校で手話が禁止された。生徒たちは、手話を使うと教師に手をたたかれるなどの厳しい罰を受けた。

1931（昭和６）年、岡山県が行った調査「本県下ニ於ケル聾唖者生活現況」によれば、６割が働いているが、２割強の者は、働いていながら無収入であった。また、大卒初任給が 73 円であった当時、月 15 円以上の収入を得ている者は１割に過ぎなかった。

3 知的障害者

知的障害者（知的障害児を含む）は、戦前の法制度や政策では、何も対応されておらず、民間の篤志家、宗教関係者、社会事業家などが知的障害児・者の援護を担っていた。

知的障害の程度は、「白痴」（まったく職業をなし得ない）、「痴愚《ちぐ》」（わずかに職業をなし得る半痴）、「魯鈍《ろどん》」（それより軽い者）とされた。

1872（明治５）年、乞食等の浮浪窮民の収容施設「東京養育院」が開設された。入所者のなかに、知的障害者が含まれていた可能性があるが、「廃疾者」として一括されていた。しかし、1878（明治 11）年には、入院規則のなかで特別な配慮が必要な入所対象者として「白痴★」を挙げるようになる。

★白痴
キリスト者の内村鑑三は、ペンシルベニア州の知的障害児施設で看護夫として働いた経験をもとに、帰国後「白痴院」の必要性を説いた。

1891（明治 24）年、**石井亮一**は、この年に起きた濃尾大地震で孤児となり身売りさせられていた女児 20 人余りを引き取り、東京市内に「**聖三一孤女学院**」を開設した。そのなかに知的障害児が少なくなかったことから、1897（明治 30）年、施設名を「**滝乃川学園**」と改め、日本初の知的障害児施設となった。

その後、京都の「白川学園」、大阪の「桃花塾」、伊豆大島の「藤倉学園」などが開設されたが、国からの制度的保障はなく、民間寄付などに頼る運営であった。大多数の知的障害児・者は放置されたままで、犯罪の手先に利用されて拘置所に入れられたり、座敷牢に閉じ込められたり、精神科病院に入院させられたりした。1900（明治 33）年に、知的障害者と関連する３法令が整備された。第一に、**感化法**が制定され、「遊蕩《ゆうとう》（酒や遊びに耽る）、または乞食をする、もしくは悪事をはたらいたと認めた者」たちとともに、知的障害者も感化院に収容された。第二に、小学校令が改定され、「瘋癲《ふうてん》（精神疾患）、白痴、不具」が**就学免除**と規定され、知的障害者は公教育の場から排除された。第三に、**精神病者監護法**が制定され、「瘋癲・白痴」の監護責任者（主に家族）に監護義務を課し、地方長官（今の都道府県知事）の許可を得て、私宅などに監置できることとした。

4 精神障害者

明治以降、精神障害者に対する政府の対応は、もっぱら治安行政によった。1872（明治５）年「東京番人規則」（警察官職務執行法）には、「路上で精神病の人がいた場合は穏やかに介抱し、暴れる者は取り押え、その地の戸長（今の町村長）に引渡たすこと」とされた。

★私宅監置
精神病者監護法（1900（明治 33）年）に基づき、私人（通常家族）が行政庁の許可を得て、私宅に一室を設け、精神障害者を監禁することを指す。

1887（明治 20）年当時、精神科病院は東京、京都、大阪で 9 院しかなく、行政からの財政援助はごく僅かで、ほとんどが民間からの寄付に頼っていた。1900（明治 33）年、**精神病者監護法**において、精神障害者を**私宅監置**★し、家族にその処遇責任を負わせる一方、医療に対する公費負担を認めず、医療の対象外とされた。

1901（明治 34）年、東京帝国大学医学部教授の**呉秀三**がドイツ留学から帰国。**東京府巣鴨病院**（現・都立松沢病院）で患者への拘束の廃止、看護体制の改善、病室環境の改善など、精神医療改革に取り組んだ。また、私宅監置の調査結果を「精神病者私宅監置ノ実況及ヒ其統計的観察」としてまとめた。被監置者の内、医療を受療しているのは 50％に満たないこと、私宅監置されている部屋の環境は不良・甚《はなはだ》不良が 6 割近くを占め極めて劣悪であること、患者の処遇責任を医療知識のない家人が医療との連携もなく負わされていることの限界などを指摘した。そして、「我が国十何万の精神病者は、実にこの病を受けた不幸の他に、**この国に生まれた不幸**をも二重に背負わされていると言うべきである。精神病者の救済、保護は実に人道問題であり、我が国の目下の急務と言わざるを得ない[1)]」という一文を記し[i]、警鐘を鳴らした。

1919（大正 8）年に**精神病院法**が制定され、道府県に精神科病院設置義務、建設費等の国庫負担を定めた。ただし、過渡的な施設として、道府県立以外の公私立病院 18 か所を「代用病院」と指定、民間医療機関に依存することとなった。一方、精神科病院の入院費用は、過重な負担であった。1936（昭和 11）年の例によれば、月額入院費用は 79 円 80 銭。日雇労働者の日給が 1 円 43 銭、公務員の初任給が 75 円の時代だった[2)]。

5 身体障害者（肢体不自由）

1874（明治 7）年に公布された恤救規則の対象者の第一には、独身の身体障害で稼働能力のない者や、70 歳以上か 15 歳以下で生活困窮している身体障害者が規定された。

政府が力を入れたのは、**傷病兵の保護救済対策**であった。1875（明治 8）年に陸軍および海軍の恩給令、1906（明治 39）年に廃兵院法（傷痍軍人の収容保護について定めた法律。後の傷病兵院法）、1931（昭和

---

i　原文は次のとおり。「我邦十何万ノ精神病者ハ実ニ此病ヲ受ケタル不幸ノ外ニ、此邦ニ生マレタルノ不幸ヲ重ネタルモノト言フベシ。精神病者ノ救済・保護ハ実ニ人道問題ニシテ、我邦目下急務ト言ハザルベカラズ」

6）年に入営者職業保障法などを制定、軍人、その家族、傷病兵に対する国家補償を基本とする年金制度の創設や保護･救済策を打ち出した。

1887（明治 20）年を過ぎると、児童の慈善事業施設が設立されていった。**石井十次**の**岡山孤児院**、**石井亮一**の**聖三一孤女学院**、**留岡幸助**の**家庭学校**などで、児童施設に障害児が混在していた。自らも障害者であった**渡辺代吉**が 1903（明治 36）年に設立した**富士学園**は、孤児院、育児院で収容を拒否された重症肢体不自由児童を収容した、障害児を中心とした施設だった。1908（明治 41）年に、民間慈善事業家の活動によって**中央慈善協会**（全国社会福祉協議会の前身で、初代会長は渋沢栄一）が設立され、肢体不自由児対策にも影響を与えた。

学校教育では、1872（明治５）年に公布された学制に「廃人学校」が規定され、肢体不自由児の教育もそのなかに含まれたが、盲・ろう教育のような教育施設の実態はなかった。1879（明治 12）年に、学制に代わる教育令が公布され、児童一般の就学義務が明らかにされ、障害児教育は其他各種学校に包括された。しかし、1881（明治 14）年、「就学することができない事故ありと認めるべき者」に「廃疾ノ者」を挙げ、さらに、1900（明治 33）年の小学校令の改正で、「瘋癲《ふうてん》白痴又は不具廃疾」の者は**就学免除**、「病弱又は発育不完全」の者は**就学猶予**とされ、障害児は、義務教育から除外されてしまった。

医療面では、1897（明治 30）年にドイツで整形外科教育を受けた林曄《はじめ》が「外科矯正術」と標榜して開業、1906（明治 39）年には、**田代義徳**が東京帝国大学医学部に整形外科講座を開講し、肢体不自由へのアプローチが始まった。その治療法は、負傷軍人の治療によって発展し、ギプスや義手、義足の使用、レントゲン撮影、理学療法などが、陸軍軍医によって行われた。1877（明治 10）年に、西南の役の負傷者の救護のために設立された博愛社は、その後**博愛社病院**となり、1887（明治 20）年、**日本赤十字病院**となって、慈善的活動として肢体不自由児対策にもかかわった。

体操教師だった**柏倉松蔵**は、障害児の体育に関心をもち、医療体操を研究するために田代義徳の教室に入局した。柏倉は、田代の先駆的な肢体不自由児施設の構想を取り入れ、1921（大正 10）年、私財を投じて**柏学園**を創設した。肢体不自由児の自立を目指し、教育、整形外科医療、医療体操、保母による生活援助を統合した試みが行われた。

1916（大正５）年に田代の整形外科教室に入局した**高木憲次**は、ドイツ留学から帰国すると、整形外科的治療、特殊教育、手工芸的練習、

Active Learning

戦前までの障害者福祉の先駆者をグループで取り上げ、その人物がそうした先駆的役割を果たし得た背景と時代の制約を受けての課題は何であったかを考察し、まとめてみましょう。

職業相談等、ドイツで学んだ肢体不自由児対策を紹介した。

田代は、1925（大正 14）年に東京帝国大学を退官した後、高木とともに、1932（昭和７）年、我が国初の肢体不自由児学校である**東京市立光明学校**（後の光明養護学校）の設立に貢献した。

3 戦前・戦中の障害者の処遇

資本主義の急激な発展と失業者、生活困窮者の急増により、1874（明治７）年に制定された恤救規則に代わり、**救護法**★が 1929（昭和４）年に制定された。生活困窮者の保護を公的義務としたが、国民の請求権は認めず、被保護者の選挙権剥奪や、違反者の処罰規定が定められた。

★救護法
給付の対象は、65 歳以上の老衰者、13 歳以下の幼者、妊産婦、不具廃疾、疾病、傷痍その他精神または身体の障害により労務を行うことができない者で、扶養義務者が扶養できるときは救護しない。また、性向が著しく不良または著しく怠惰なときは、救護しなくてもよいとされた。生活扶助、生業扶助、埋葬費が給付された。

1 視覚障害者

1931（昭和６）年の満州事変により、戦時体制が強化されたが、徴兵検査不合格者で最多が視覚障害者、結核であったため、感染性の結膜炎により失明に至る場合もあるトラホーム（現在のトラコーマ）予防法および結核予防法が制定された。また、戦闘で失明した兵士のために、1938（昭和 13）年「失明傷痍軍人寮」「失明傷痍軍人教育所」を開設し、国民不安の除去対策として戦闘負傷による**失明兵士を手厚く保護**した。1940（昭和 15）年、大阪ライトハウスを中心に全国の視覚障害者の募金運動を展開し、軍用機「愛盲報国号」を献納したり、陸海軍技療手の養成、将兵への鍼按サービスを産業報国按摩運動として行った。

2 聴覚障害者

1933（昭和８）年の日本聾唖協会会員職業調査によれば、最も多かったのが無職で 30.7％であった。

1938（昭和 13）年、国家総動員法が制定され、京都聾唖学校の男子生徒は土木工事、女子生徒は出征軍人家庭の洗濯勤労奉仕に動員された。1944（昭和 19）年、尼崎軍需工場★に多数徴用され、空襲に遭った際に**警報が聞こえず**、**爆死**した人も少なくなかった。

★尼崎軍需工場
1938（昭和 13）年に設立された「尼崎精工」では、創設者の杉山黌《こう》一《いち》が積極的に聴覚障害者を受け入れた。

3 知的障害者

1929（昭和４）年に制定された救護法では、その施行令で救護の具体的な要件の一つとして「精神耗弱又は身体虚弱が著しい者」と定められ、知的障害がその対象として明記された。1928（昭和３）年に**久保寺保久《やすひさ》**によって創設された**八幡学園**は、救護法の適用を受け、貧困問題と知的障害児問題に取り組んだ。そして、1934（昭和９）年、滝乃川学園の創設者である石井亮一は、久保寺らとともに**日本精神薄弱児愛護協会**（現在の日本知的障害者福祉協会）を設立した。

1933（昭和８）年、当時の生活難による「貰い子殺し」「少女売春」「心中」などの事件を背景に児童虐待防止法が成立した。同法は、14歳未満の児童の禁止業務として、知的障害児とも関連がある「不具畸形を観覧に供する行為」「乞食」などを定めた。また、同年、感化法の改正により、**少年教護法**が成立し、**少年教護院**（現在の児童自立支援施設）が設置された。日本少年教護協会が発行した『少年教護法の解説』では、これまで感化院に入院した少年のなかには「白痴、高度の偏質の如き、教育保護より寧ろ医学的保護の対象たるべき少年が少なくない」とし、「是等の児童は元来他の方法、機関に依り其の保護が與へられねばならぬのである」と**専門機関の必要性**を述べている[3]。

学校教育で発展した「低能児教育」は、文部省体育課が所管し、1931（昭和６）年、第１回精神薄弱児童養護施設講習会が開かれた。そのねらいは「教育の根底には教育と医学との共同動作を基本とせねばならぬというので、文部省体育課ではかねて精神薄弱児童の教養を合理的にしてその福祉を増進せしめん」とするもので、戦時生産に利用する人的資源確保の発想がうかがえる。昭和の戦時体制の国家政策の下、知的障害児・者も労働力として**軍需工場に動員**された。

4 精神障害者

1934（昭和９）年、ナチス・ドイツが、遺伝病子孫防止法（断種法）を制定し、40万人の障害者などが本人の同意なく不妊手術（断種）を受け、その過程で数千人が死亡したと推定されている。日本では1940（昭和15）年に**国民優生法**が制定され、「遺伝性精神病、遺伝性精神薄弱、強度且悪質なる遺伝性病的性格、強度且悪質なる遺伝性身体疾患、強度なる遺伝性畸形」を**優生手術**の対象とした。

統合失調症の治療としては、1933年にポーランドでインスリン大量投与による低血糖ショック療法が、1937年にハンガリーで薬物によるカルジアゾールけいれん療法が、1938年にはイタリアで電気けいれん療法がそれぞれ開発され、日本でも行われた。また、大工、左官、農作、機織、裁縫などの**作業療法**が成果を上げていった。しかし、戦争の影響が患者の栄養失調として現れ、戦中の精神病院の死亡率は 40％に上った。

5 身体障害者（肢体不自由）

1938（昭和 13）年、内務省から独立した厚生省が傷痍軍人保護対策審議会を設置、「傷痍軍人保護対策について」を答申した。政府は、これに基づいて、**傷痍軍人救護策**として傷兵保護院（傷痍軍人療養所・戦後の国立療養所）、軍人遺族職業補導所、傷痍軍人職業補導所、失明傷痍軍人教育所を設置し、傷痍軍人や遺族に対して、医療、就職、職業訓練などの保護対策を講じた。

高木憲次は、肢体不自由者療護園建設委員会を設立、傷兵保護事業の懇談会を催しつつ建設資金の寄付を政財界に求め、ついに 1942（昭和 17）年、東京板橋区に整形外科手術も可能な医療施設を有する治療、教育、職業教育の機能を備えた**整肢療護園**を開園した。

1943（昭和 18）年に徴兵年齢が引き下げられ、学徒動員が開始された。成年男子のほとんどが兵役にとられ、国内の軍需工場の労働力不足が深刻化し、施設入所していた障害者も、労働力として軍需工場に動員された。

◇**引用文献**

1）金川英雄訳・解説『現代語訳 呉秀三・樫田五郎 精神病者私宅監置の実況』医学書院，p.334, 2012.

2）週刊朝日編『値段史年表――明治・大正・昭和』朝日新聞社，p.67, p.173, 1988.

3）日本少年教護協会『少年教護法の解説』日本少年教護協会，pp.19-20, 1934.

◇**参考文献**

・社会福祉研究所編『戦前・戦中期における障害者福祉対策』社会福祉研究所，1990.

・天野直二「精神医学における創造性について――歴史を踏まえて」『信州医学雑誌』第63巻第 1 号，2015.

・北場勉「国民国家の形成と救済：恤救規則の制定に焦点をあてて」『日本社会事業大学紀要』第58巻，2012.

・松本彪・久宗周二「視覚障害者の職業に関する一考察」『高崎経済大学論集』第55巻第 1 号，2012.

・吉見香「戦前の日本の児童虐待に関する研究と論点」『教育福祉研究』第18号，2012.

・生瀬克己編『近世障害者関係史料集成』明石書店，1996.

・杉本章『障害者はどう生きてきたか――戦前・戦後障害者運動史』現代書館，2008.

・宇山勝儀「障害者福祉法制の史的展開(1) 律令における障害者福祉法制と現代法と比較して」『リハビリテーション研究』第27巻第 3 号，1997.

第2節 障害者福祉制度と発展過程

学習のポイント

- 戦後、高度経済成長期など社会状況の変化とそれらの障害者福祉への影響を学ぶ
- 障害当事者の働きかけと障害者福祉の変化について理解する
- 国際社会のなかでの日本の障害者福祉施策の変化を理解する

1 第二次世界大戦後初期の障害者福祉

1 傷痍軍人対策から一般身体障害者対策へ
――身体障害者福祉法の成立

1945（昭和20）年、日本は連合軍に敗戦し戦争は終わりを告げた。戦地からは多くの負傷した兵士が帰還し、傷痍軍人の数は32万人にものぼった。被占領国となった日本は、連合国軍最高司令官総司令部（GHQ）の**非軍事化政策**と**無差別平等の原則**のもと、戦前から続いてきた傷痍軍人のための療養施設や軍人恩給などの旧軍人援護の諸制度を廃止した。1946（昭和21）年には、日本国憲法が公布され、**生存権**を保障するため旧生活保護法が制定された。この法律は欠格事項を含みつつも、国民一般を対象としたため、障害者も生活困窮に際してはこの法律の対象となった。しかし、傷痍軍人が貧困のあまり、強盗などを起こす窮状が新聞等で報じられ、厚生省もGHQも無差別平等の原則に反しない形での障害者対策を模索した。

1948（昭和23）年、アメリカからヘレン・ケラー[i]が来日し、1か月半の間に北海道から長崎まで障害者施設等を訪問し、数多くの講演会や記者会見を行った。これを受けて、障害者支援に対する機運が高まり、1949（昭和24）年、**身体障害者福祉法**が制定された。この法律は、“産業戦線への復帰”が謳われ、就労を期待して補装具の交付や訓練を行う**更生（リハビリテーション）法**としてスタートしたため、就労が期待できない重度障害者は除外された。さらに、1947（昭和22）年に制定さ

---

i 〔Hellen Adams Keller〕1880-1968. 盲聾唖の三重苦として知られるアメリカの教育者、社会活動家である。3度来日し、盲人福祉法制定（未制定）に力を尽くすなど、我が国の視覚障害者の福祉の増進に寄与した。

れた**児童福祉法**による肢体不自由児および知的障害児への支援と合わせ、身体障害に関しては児童から成人まで支援体制が一応確立したが、知的障害に関しては成人期の支援の欠落が意識されつつも据え置かれた。

2 精神障害と知的障害――見えない障害への対応

続いて戦後の障害者を対象とした法として、1950（昭和25）年に**精神衛生法**が制定された。精神衛生法は、各都道府県における精神科病院の設置を義務化し、私宅監置を禁止した。私宅監置は、1918（大正７）年に**呉秀三**が公表した調査によってその悲惨な状況が明らかとなり、1919（大正８）年の精神病院法制定となった。これにより、精神科病院の全国の道府県への設置は法に規定されたが、努力義務規定★であったため、当時の財政事情等から遅々として進まず、終戦時で５府県の設置にとどまっていた。精神衛生法の施行により、精神病者監護法および精神病院法が廃止され、精神科病院の設置が義務づけられることで精神医療の充実が目指された。

★努力義務規定
法律に定められていることを行うように努力する義務のこと。一般的に罰則はない。一方、（法定）義務規定とは、法律によって行うことが義務づけられていること。一般的に違反には罰則がある。

知的障害については、定義上は精神衛生法の対象であったが、治療を必要としないと考えられていたため、同法の恩恵を被ることはなかった。このようななか、児童福祉法の対象年齢を超過した知的障害者対策が課題となった。知的障害者の親たちは、親の会★を結成し、知的障害者の支援について国会議員らに働きかけ、また自分たちで先駆的実践を展開していった。それらの運動の結実として、1960（昭和35）年、精神薄弱者福祉法（現・知的障害者福祉法）が制定された（第５章第３節参照）。

★親の会
現在の「全国手をつなぐ育成会連合会」である。1952（昭和27）年に知的障害児をもつ母親が３名で設立したのが始まりである（本章第３節参照）。

2 経済の発展がもたらしたものと国際化の影響

1 高度経済成長期の影響

1950年代後半から始まった**高度経済成長期**は、福祉施策に大きな影響をもたらした。**身体障害者雇用促進法**は、高度経済成長による経済界からの要請に加え、1955（昭和30）年のILO（国際労働機関）による勧告[ii]の影響、さらに当時の政府における勤労の権利を保障する意向を踏まえて1960（昭和35）年に制定され、軽度身体障害者の雇用を促

ii　ILO（国際労働機関）による、「障害者の職業更生に関する勧告」（1955（昭和30）年６月22日採択）。

す役割を担った。その一方で、森永ヒ素ミルク中毒事件（1955（昭和30）年）、サリドマイド事件提訴（1963（昭和38）年）、四日市ぜんそく訴訟（1967（昭和42）年）、新潟水俣病訴訟（1967（昭和42）年）、イタイイタイ病公害認定（1968（昭和43）年）、水俣病訴訟（1969（昭和44）年）など、経済・産業の発展に影響を受けながらさまざまな薬害・公害が発生した。

1965（昭和40）年には精神衛生法が改正された。精神衛生審議会により、治療法の開発や発展に伴う精神疾患の発生予防、社会復帰を含めた総合的な法体制への改正が検討されている渦中、1964（昭和39）年にライシャワー駐日米国大使を統合失調症治療歴のある青年が襲うというライシャワー事件が起こった。世論は社会防衛・治安的色彩を帯びた論調を展開し、警察庁から厚生省に対し、法改正の要望も出された。政府は国際問題への影響も鑑み迅速な対応を行った。その結果、保健所による在宅精神障害者への訪問指導等の強化、精神衛生センターの設置、通院医療費公費負担制度の導入など地域での精神障害者の支援策が講じられることとなったが、その一方で警察官等による通報・届出制度の強化、緊急措置入院制度の創設等、入院治療を助長する内容も含まれた。精神科病院の数はすでに1960年以降増加傾向にあったが、その後も1980年代後半まで増加した。

1970（昭和45）年に制定された**心身障害者対策基本法**においては、これまで対象としてこなかった重症心身障害児を対象とし、大規模収容施設（コロニー★）の建設、社会福祉施設整備緊急5か年計画★の実施など、高度経済成長による財政基盤を基に施設の建設が進められた。

2 障害当事者による運動の台頭

将来を悲観し、親が障害のある子どもを殺害する事件は1970年代に増加したが[iii]、情状酌量の余地があると判断され、不起訴または無罪になるケースが後を絶たなかった。こうした状況に対し、脳性麻痺の当事者団体である**青い芝の会**は異を唱え、被害者の障害の有無にかかわらず平等な処罰を求めた。これは、そのときの経済活動において“役に立たない”とレッテルを貼られた命を軽視する社会への激しい抵抗であった。

★大規模収容施設（コロニー）
長期療養者や心身障害者などを集めて、治療や保護をして社会復帰のための訓練をする施設。欧米では19世紀末からすでに千人を超える規模のコロニーが建設され、終生にわたって暮らす場として位置づけられていた。日本では1968（昭和43）年に国立心身障害者コロニーが群馬県高崎市で建設されたのが最初である。

★社会福祉施設整備緊急5か年計画
1971（昭和46）年から1975（昭和50）年までの5か年において実施された社会福祉施設整備を実施するもので、要整備人員約62万人とされた。

---

iii 親が障害のある子どもを殺害する事件は、1951（昭和26）年～1960（昭和35）年38件、1961（昭和36）年～1970（昭和45）年48件、1971（昭和46）年～1980（昭和55）年100件であった（夏堀摂「戦後における『親による障害児者殺し』事件の検討」『社会福祉学』第48巻第1号，p.46, 2007.）。

また東京都府中療育センター入所者によるハンガーストライキ（1970（昭和45）年）や移転を巡っての東京都庁前での座り込み（1972（昭和47）年）、あるいは養護学校義務化反対運動（1974（昭和49）年）など、障害当事者による激しい障害者運動が台頭し始めた（本章第3節参照）。

3 国際障害者年のインパクト

障害当事者が主張した施設隔離政策への反対や統合教育の要望は、障害のない者と同様の生活環境を提供するという**ノーマライゼーション理念**の浸透やその後の**脱施設化政策**、あるいは障害の有無にかかわらずともに学ぶ**インクルーシブ教育**として当時国際社会のなかでは承認されつつあった。国際連合は1971年には**知的障害者の権利宣言**を、さらに1975年には対象を拡大して**障害者の権利宣言**を採択し、障害者を権利主体として位置づけた。また1981（昭和56）年を**国際障害者年**と位置づけ、国連加盟国に対し、障害者施策の具体的な進展を求めた。日本は当時の厚生官僚であった板山賢治[iv]の尽力により国際障害者年の実施にあたり、これまで対立していた障害者運動のリーダーたちと和解し、ともに政策を進めていく方向転換を行った。国際障害者年のスローガンは**「完全参加と平等（full participation and equality）」**★であり、障害のない者と同等の機会を権利として保障することが求められた。さらに国際障害者年に際し、**自立生活運動（independent living movement）**も知られるようになった（本章第3節参照）。

その後、国連は1982年11月に**「障害者に関する世界行動計画」**を採択し、さらにそれを実施する期間として1983年から1992年を**「国連障害者の十年」**と設定し、具体的に障害者施策を進めるための計画化を要請した。日本はすでに1982（昭和57）年3月に発表していた**「障害者対策に関する長期計画」**をそれに当てることとした。

4 精神保健法の制定

1984（昭和59）年、栃木県宇都宮市にある報徳会宇都宮病院の看護職員による患者リンチ殺人事件、いわゆる宇都宮病院事件★が明らかに

★「完全参加と平等（full participation and equality）」
障害者が完全に社会生活および社会開発に参加する権利および他の市民と同じ生活環境を享受する権利を有し、社会経済の発展の結果としてのよりよい環境の恩恵を共有する権利をもつことを意味している。

★宇都宮病院事件
内部告発によって1983（昭和58）年4月と12月に看護職員が2人の患者を鉄パイプで殴り殺したという事実が明らかとなり、看護職員らと病院長が逮捕された。

iv 板山賢治 1926-2013. 1978（昭和53）年に厚生省更生課長に就任。国際障害者年を迎えるにあたり、当時厚生省職員と対立していた青い芝の会のメンバーと会い、和解。やがて私的研究会である「脳性マヒ者等全身性障害者問題研究会」を発足し、障害基礎年金の基礎を築き上げた。

なった。全国「精神病」者集団、日本精神神経学会など、当事者団体といくつかの学会が抗議声明を発表し、日本の精神医療体制、法制度に関し、管轄である厚生省の責任を厳しく追及した。これを受けて、厚生省は精神科病院への指導監督の強化を通知した。一方、精神科病院の最大組織である日本精神科病院協会は、日本の精神科病院全体の医療水準の課題ではないと声明を出した。

これらの日本の動きに対し、国際障害者年に誕生した障害者の国際的な当事者団体である**DPI（Disabled People's International）**および国連NGOである国際人権連盟は、日本政府の態度は「国際人権規約」に違反していると非難した。さらに1985（昭和60）年にはDPIの調査団、国際法律家委員会と国際医療職専門委員会の合同調査団が相次いで来日し、日本の精神医療の実態を調査した。この結果、世界に類を見ない長期入院の実施、閉鎖病棟の多さ、医療内容の貧弱さ、患者に対する人権侵害といった課題が指摘され、政府は1987（昭和62）年、精神衛生法を改正し**精神保健法**を制定するに至った（第5章第4節参照）。

3 パラダイム転換

1 障害者福祉のパラダイム転換

1990（平成2）年、福祉関係八法改正★が行われ、身体障害者福祉法ではホームヘルプサービス、ショートステイ、デイサービスの在宅サービスが初めて法定化され、サービス実施主体の多くが都道府県から市町村に移管となり、身近な自治体でのサービス提供と地域福祉の進展がみられた。一部の地域では、重度障害者が各種制度の活用によって24時間の公的介護保障を得て、親元から離れて一人暮らしをする例もみられるようになった。施設収容主義から地域生活中心へのパラダイム転換が生じたといえる。

一方、知的障害者福祉法では、在宅サービスのほか、グループホームの法定化、通勤寮や福祉ホームの法定施設化が行われたが、実施主体は都道府県に残されたままとなった。

1993（平成5）年6月になると、**「障害者対策に関する新長期計画」**が策定された。これは先の「長期計画」を引き継ぐものであり、また「国連障害者の十年」（1983年から1992年）に次いで策定された「アジア太平洋障害者の十年」（1993年から2002年）に対応するものであっ

★福祉関係八法改正
老人福祉法等の一部を改正する法律による、福祉八法（老人福祉法、身体障害者福祉法、精神薄弱者福祉法（現・知的障害者福祉法）、児童福祉法、母子及び寡婦福祉法（現・母子及び父子並びに寡婦福祉法）、社会福祉事業法、老人保健法、社会福祉・医療事業団法）の改正をいう。

た。「新長期計画」は同時に、1993（平成５）年 12 月に制定された**障害者基本法**において新たに国に義務づけられた**「障害者基本計画」**に相当するものともされた。またこの計画の具体的な重点施策として 1995（平成７）年には**「障害者プラン～ノーマライゼーション七か年戦略～」**が策定されるに至った。

障害者基本法は、心身障害者対策基本法を改正したものであったが、新たな点として、先に述べた「障害者基本計画」の国に対する策定義務化に加え、精神障害者を対象に含んだ点が挙げられる。これを受けて 1995（平成７）年には精神保健法は**精神保健及び精神障害者福祉に関する法律（精神保健福祉法）**に改正された。

2 二つのパラダイム転換

1997（平成９）年から始まった**社会福祉基礎構造改革**は、❶個人の自立を基本とし、その選択を尊重した制度の確立、❷質の高い福祉サービスの拡充、❸地域での生活を総合的に支援するための地域福祉の充実を理念としていた。❶に関連して、措置制度から契約制度への変更[v]が行われ、障害者福祉制度として、2003（平成 15）年に**支援費制度**が導入された。

支援費制度において、障害者とその家族は認定されたサービス内容および量に応じて実施主体と契約を結んだ。民間事業者が参入し、それまで利用ニーズが抑えられていた反動で一気にサービス利用が急増した。特にホームヘルプサービスや障害児の移動支援を中心にサービス利用の増加が顕著であった。すでに開始前から予算不足が懸念されてはいたが[vi]、利用増によって膨らんだ支出を補うため、厚生労働省は省内の予算をかき集めて対応した。しかし、それも長くは続かず、制度改革を余儀なくされた[vii]。加えて支援費制度はその対象を身体障害者と知的障害者とし、精神障害者を除外していた点に課題があった。これらの解決を目指して、2006（平成 18）年、**障害者自立支援法**が施行された。障害者自立支援法は、❶利用者本位のサービス体系、❷サービス提供主体の一元

---

v　措置制度の下では、サービスの内容と量および提供主体は行政によって決定されたが、契約制度においてはサービスの内容と量については行政からの認定を必要としたが、提供主体の選択および契約は利用者自ら行うこととなった。

vi　2003（平成 15）年１月、支援費制度施行を前に、厚生労働省は予算を国庫補助金の枠内に収めるためホームヘルプサービスの国庫基準限度額を示そうとしたが、障害者運動の激しい抵抗に遭い、上限を撤廃し基準を示すのみに至った。

vii　2004（平成 16）年１月介護保険との統合案、同年 10 月「今後の障害保健福祉施策について（改革のグランドデザイン案）」発表。

化、❸支給決定手続きの明確化、❹就労支援の強化、❺安定的な財源の確保の五つを改革の狙いとした。

同じく2006年に世界ではもう一つのパラダイム転換が起こっていた。**障害者の権利に関する条約（障害者権利条約）**の採択である。1990年のADA（障害のあるアメリカ人法）の制定後、世界各国に障害者差別禁止法が制定されるなか、障害当事者団体の国際的連携の確立[viii]によって障害当事者の条約策定への積極的な関与もあり、2001年のメキシコによる条約制定への提案が特別委員会の開催へとつながり、2006年12月に障害者権利条約の採択へと結実した(本章第4節参照)。

4 障害者権利条約以降の障害者福祉

1 国内法の調整と整備

2008（平成20）年、東京、大阪、京都など全国8カ所で**障害者自立支援法違憲訴訟**が起こった。これは、障害者自立支援法によって導入された定率負担★の影響により、サービス利用料の原則1割を利用者が負担しなければならなくなったことに対し、憲法が保障する「個人の尊厳」（日本国憲法第13条)、「法の下の平等」（第14条)、「生存権」（第25条）に違反すると主張して障害者たちが裁判を起こした。

★定率負担
一定の割合でサービス利用量に応じた利用料を支払うが、所得に応じた上限額が設定される。障害者自立支援法では、原則一割の負担に所得に応じた利用上限額が設定された。

2009（平成21）年に民主党連立政権に移行すると、政府は障害者自立支援法違憲訴訟原告団・弁護団との和解交渉を進め、基本合意に達した。その合意事項とは、定率負担の廃止、2013（平成25）年8月までに障害者自立支援法を廃止し総合的な福祉法を制定することであった。この結果、2009（平成21）年に発足した障がい者制度改革推進会議のなかに総合福祉部会が発足し（2010（平成22）年4月)、総合的な福祉制度の構築に向けた議論が始まった。その後、2010（平成22）年12月に「障がい者制度改革推進本部等における検討を踏まえて障害保健福祉施策を見直すまでの間において障害者等の地域生活を支援するための関係法令の整備に関する法律」（つなぎ法）が制定され、利用者負担の見直しや相談支援の充実および障害児支援の強化が行われた。また、2012（平成24）年に、地域社会における共生の実現に向けて新たな障害保健福祉施策を講ずるための関係法律の整備に関する法律が制定

viii 国際障害同盟（International Disability Alliance：IDA）が2000年に発足した。

され、障害者自立支援法は**障害者の日常生活及び社会生活を総合的に支援するための法律（障害者総合支援法）**に改称され、2013（平成25）年4月1日（一部は2014（平成26）年4月1日）から施行された[ix]。

さらに障害者権利条約への批准に向けた準備の一つとして、障害者差別禁止法制の制定に向けた議論が2010（平成22）年11月の差別禁止部会発足によって始まった。21回の会合を重ねたのち、2012（平成24）年7月にまとめられた意見書を受けて、2013（平成25）年6月に**障害を理由とする差別の解消の推進に関する法律（障害者差別解消法）**が制定され、2016（平成28）年4月に施行された。このほか、障害者基本法の改正（2011（平成23）年）等を経て、政府は2014（平成26）年1月20日に障害者権利条約を批准した（本章第4節参照）。

Active Learning

戦後の障害者福祉制度の大きな変化には、そこに障害者福祉を取り巻く外的要因と同時に、障害者、その家族や支援者の働きかけで制度が動いたという内的要因が働いています。時代ごとにどのような制度変革があり、そこにいかなる内的、外的要因が影響を及ぼしたのかを整理し、総じて戦後の変遷には内的要因、外的要因のどちらからの影響がより大きかったかを考えてみましょう。

2 障害者権利条約批准後の日本の責任

障害者権利条約の批准後、日本は2016（平成28）年5月に国連に国内の状況をまとめた報告書を提出した。2019（令和元）年6月には、市民社会組織である障害者団体が報告書（**パラレルレポート**）を提出し、障害者権利委員会の担当委員による聞き取り（**ブリーフィング**）が同年9月に実施された。**総括所見**と呼ばれる最終見解は今後示される予定である[x]。総括所見の勧告に応えて、障害者の生活を支援するさらなる制度・システムの変更・構築を行っていくことが、障害者権利条約批准後の日本の責任である。

---

ix　障がい者制度改革推進会議は、2010（平成22）年6月に第一次、同年12月に第二次意見を、2011（平成23）年8月に骨格提言を提出した。政府はつなぎ法と障害者総合支援法にこれを十分活かしていないと批判された。

x　2020年2月以降の新型コロナウィルス感染症（COVID-19）の世界的大流行の影響により、各種手続きが滞っている。

◇参考文献

・藤井克徳「追悼 板山賢治さんを悼んで」『ノーマライゼーション 障害者の福祉』第33巻，通巻388号，2013.
・福島智「『自立支援法一部改正』は政治責任の放棄だ」『ノーマライゼーション 障害者の福祉』第32巻，通巻369号，2012.
・外務省ホームページ「障害者の権利に関する条約」
・平田豊明「措置入院制度の検証――相模原事件を通して」『精神神経学雑誌』第120巻第８号，pp.664-671, 2018.
・金川英雄訳・解説『現代語訳 呉秀三・樫田五郎 精神病者私宅監置の実況』医学書院，2012.
・内閣府ホームページ「障がい者制度改革推進本部、障がい者制度改革推進会議、差別禁止部会」
・長瀬修・川島聡編『障害者権利条約の実施 批准後の日本の課題』信山社，2018.
・中村和彦「時代を読む29 1965年 精神衛生法改正」『ノーマライゼーション 障害者の福祉』第32巻，通巻368号，2012.
・中野善達編『国際連合と障害者問題――重要関連決議・文書集』エンパワメント研究所，1997.
・夏堀摂「戦後における『親による障害児者殺し』事件の検討」『社会福祉学』第48巻第１号，pp.42-54, 2007.
・佐藤久夫「用語の解説：総括所見 パラレルレポート」『リハビリテーション研究』第172号，2017.
・杉原努「戦後我が国における障害者雇用対策の変遷と特徴 その１――障害者雇用施策の内容と雇用理念の考察」『社会福祉学部論集』第４号，2008.
・杉本章『障害者はどう生きてきたか 戦前・戦後障害者運動史』現代書館，2008.
・寺脇隆夫編『資料集 戦後日本の社会福祉制度 Ⅶ 傷痍者・障害者福祉基本資料』（全８巻）柏書房，2015.
・「特集＜精神障害者の現在・過去・未来＞数字で見る精神障害者施策」『ノーマライゼーション 障害者の福祉』第20巻，通巻228号，2000.
・United Nations “The International Year of Disabled Persons 1981”
・宇山勝儀「障害者福祉法制の史的展開・2 対象者別障害者福祉法の制定」『リハビリテーション研究』第94号，1998.

● おすすめ

［動画］

・NHK「戦争証言アーカイブス（秋保和徳・喜美子、安積遊歩、浅野史郎、北浦雅子、小山正義、白石清春・橋本広芳、高山久子、寺脇隆夫、中西正司、長谷川秀雄、花田春兆、原一男、藤井克徳、三井絹子、宮城まり子、山田太一等）」
・NHK「戦争証言アーカイブス 第６回 障害者福祉～共に暮らせる社会を目指して～」
・福島智「2012年２月８日総合福祉部会での発言」

第3節 障害者福祉制度と当事者運動

学習のポイント

- 当事者による活動の意義について学ぶ
- 障害当事者運動の展開過程について学ぶ
- 親の会の運動展開過程について学ぶ

1 当事者の活動

1 当事者の活動とは

障害当事者運動や、障害者の親や家族による運動は、日本の障害福祉制度の創設や福祉実践のありように、大きな影響を与えてきた。障害当事者やその家族たちは、生活のしづらさの体験を共有し、社会に訴えかけ、改善を求める運動を進めてきたのである。

当事者による運動は第二次世界大戦以前から行われている。障害の種類や地域ごとに障害当事者や家族の会がつくられていき、また各会が連合した会が設立されるなど、その規模は多様である。

会の活動も多様である。親睦目的から、障害者の居場所をつくり出す活動、政治や社会への請願活動を目的とするものなどがある。

2 セルフヘルプグループとしての活動

同じような経験を有する人々同士がつながりあう障害当事者の活動や、親の会・家族会活動は、**セルフヘルプグループ**の機能を有する。

岡知史によれば、セルフヘルプグループは「わかちあい」「ひとりだち」「ときはなち」の機能を有する[1)]。「わかちあい」は、メンバー同士の気持ちのわかちあい、情報のわかちあい、考え方のわかちあいから構成される。「ひとりだち」は、わかちあいにより自分自身で選び決めることや、それに伴う社会参加を可能にし、「ときはなち」は自身の尊厳の取り戻しと、尊厳が保持される社会への変革の志向につながる。同じ体験をもつ者同士のつながりは、本人の生活にとって必要な情報が得られるという利点だけではなく、自己信頼を取り戻し、本人の生きづらさを生み出す社会のしくみを変えていく力につながっていく。

3 専門職と障害当事者の活動

障害当事者運動は、専門職との関係性について主張を続けてきた。

障害者たちはこれまで「患者」や「クライエント」として、医師やソーシャルワーカーなどの専門家への従順さが求められてきた。障害にかかわる生きづらさの問題の所在は障害者個人にあると考えられ、個人の身体などの機能障害の改善や能力向上に向けて専門家の介入が必要だと考えられてきたためである。しかし障害当事者運動は、障害者が直面する問題の所在は、障害者に不利益をもたらす社会環境にあると捉えなおし、その解決には社会的障壁の除去や権利擁護、障害当事者たちによる活動が有効であるとした。「Nothing about us without us!――私たち抜きに私たちのことを決めないで！」というスローガンは、**障害者の権利に関する条約（障害者権利条約）**制定の際に障害当事者たちが掲げてきたものである。障害当事者たちの声が社会を変えてきたのである。

2 障害者運動

1 第二次世界大戦前、終戦後の障害者運動

日本の障害当事者運動の団体数は数多く、また障害種別により多様であるため、本稿ではすべてを網羅して論じることは難しい。ここでは現在の障害福祉制度に連なる運動に焦点化し、時系列に述べていく。

障害当事者運動で最も早くから始まったのは、視覚障害者の運動である。あんま・鍼《はり》・灸《きゅう》の三療業を視覚障害者の専業とするように東京府に対し請願する運動が明治時代に展開されている（本章第1節2参照）。

患者運動については、療養所での処遇改善を求め、各地のハンセン病療養所★で患者自治会が発足していく。戦後、国立病院や国立療養所では、自治会が結成され、戦後の劣悪な病院処遇の改善を目指した。1948（昭和23）年には、「日本患者同盟」が全国組織化する。また、ハンセン病療養所での患者自治活動も、終戦後すぐに再開している。

1947（昭和22）年に「全日本ろうあ連盟」が、1948（昭和23）年に「日本盲人会連合」（現・日本視覚障害者団体連合）が結成された。

★ハンセン病療養所
全国に13施設ある国立ハンセン病療養所には、1211人の入所者が生活している（2019（令和元）年5月1日現在）。入所者の平均年齢は85.9歳に達し、高齢化が進んでいる。

2 青い芝の会による運動

現在の障害当事者運動の礎となった運動の一つが、1970年代の「青い芝の会」運動である。1957（昭和32）年結成の青い芝の会は、当初

は脳性麻痺者の親睦を目的にしていたが、1970（昭和 45）年、横浜市での母親による障害児殺害事件から運動の路線が変わる。マスコミはこの殺害事件を、福祉政策の不十分さゆえの悲劇であると報じ、障害児の親の団体は母親への減刑嘆願運動を始めた。一方、青い芝の会は障害者の立場から、殺された障害児の尊厳はどうなるのかと厳しく批判した。

青い芝の会は減刑嘆願反対運動を契機に、さまざまな障害者差別を糾弾する運動を展開する。そして、青い芝の会の映画「さようなら CP」が 1972（昭和 47）年に完成し、上映活動を通して全国に青い芝の会が結成される。各地での活動は、幼い頃から介護を親に頼るほかなく、自宅にこもらざるをえなかった重度障害者が、街に出るきっかけとなった。さらに、親元や施設を出て街中で賃貸住宅を借り、介護ボランティアを募り地域生活を送る重度身体障害者が現れた。日本で重度障害者が地域で暮らすはじまりは、青い芝の会の運動にあったといえる。

3 公的介護保障に向けた運動

障害者対象のホームヘルプ事業★は 1967（昭和 42）年に始まるが、ヘルパー派遣時間数は非常に少なく、またヘルパー数も必要に足らず、同性介護も保障されない状況だった。東京都では、入所施設を退所しボランティアによる介護を受けながら地域で暮らす障害者数名が、都との交渉を重ね、1974（昭和 49）年に「重度脳性麻痺者介護人派遣事業」を成立させた。この事業は、ホームヘルパーの派遣のように直接の介護提供を求める制度ではなく、障害者自らが選び依頼した者を行政に介護者として登録させるとともに、都が障害者に介護料を介護券として支給する制度であった。誰に介護者になってもらうか、障害者自らが決めることができる点などは、障害者の自由と生活の必要に即した制度であった。

★ホームヘルプ事業
障害児・者対象のホームヘルプ事業のはじまりとして、1967（昭和 42）年に身体障害者家庭奉仕員派遣事業、1970（昭和 45）年に心身障害児家庭奉仕員派遣事業が創設されている。身体介護、家事援助、相談助言が役割とされた。

その後、この制度は東京都のみならず、障害当事者運動の働きかけにより、いくつかの自治体では**全身性障害者介護人派遣事業**として制度化されていった。

4 所得保障に関する運動

国による障害者の実態調査については、1970 年代の調査では質問項目や調査方法などへの障害当事者運動の反発が強く、複数の都道府県では調査の実施が不能となる事態が起きていた。

1981（昭和 56）年の国際障害者年が迫っており、調査実施が必要であるとの認識が厚生省にはあった。厚生省は障害当事者団体と協議し、その経緯から、障害当事者団体の参加による「脳性マヒ者等全身性障害者問題研究会」を発足させる。この研究会では、障害者の所得保障が議論の中心の一つとなり、これが1985（昭和60）年の障害基礎年金制度創設へとつながっていった。

5 自立生活運動

青い芝の会とともに、日本の障害当事者運動に影響を与えたのが、アメリカの**自立生活運動**（IL運動）だった。1960年代初頭、カリフォルニア大学バークレー校に通う障害をもつ学生のエド・ロバーツ（Roberts, E.[i]）たちは、大学と交渉し、学内での支援や介護者のあっせん、権利擁護活動を始めていく。その後1970年代には、**自立生活センター**★が全米の各地に誕生し、障害者の権利保障に向けた運動が繰り広げられた。自立生活運動は、介護を受けることは依存ではなく、必要な支援を受けながら障害者自らが主体となり暮らすことが大切であり、それが「自立」であると主張した。

★自立生活センター
1972年にロバーツらは、自立生活思想をもとにした自立生活センター（Center of Independent Living：CIL）をバークレーに設立し、世界的にCILが広がる契機を生んだ。

アメリカの自立生活運動が日本で知られるようになるのは、主に1980年代からだった。国際障害者年に伴い日本に紹介されたほか、日本の障害者運動のリーダーたちがアメリカの自立生活センターで研修を受けた。そうした動きのなか、1986（昭和61）年に日本で最初の自立生活センターである「ヒューマンケア協会」が発足する。その後、各地に自立生活センターができ、1991（平成3）年には「全国自立生活センター協議会（JIL）」が発足する。

自立生活センターが行う主なサービスは次のとおりである。ピアカウンセリングは、専門家とクライエントとしての障害者という関係ではなく、ピア（仲間）同士でのカウンセリングである。障害のあるピアカウンセラーが、同じく障害のある者の悩みに応じていくことで、障害者の自己信頼の回復といった精神的なサポートとともに、必要かつ具体的な情報提供のサポートができるようになる。自立生活プログラムは、地域での自立生活に必要な技術を会得していくプログラムである。料理や金銭管理の方法、介護者との付き合い方など多様なプログラムが展開され

i 〔Ed Roberts〕1939-1995. ポリオのために呼吸器と車いすを使用していた。1962年にカリフォルニア大学バークレー校（UCB）に入学し、アメリカで大学に入学した最初の重度障害者になり、UCBや地域の環境改善を求め活動を行った（自立生活運動）。

る。また、自立生活センターを母体にした介護派遣事業所が各地に設立されている。

このように、自立生活センターは障害当事者を主体とし、障害者の自立生活を支援する運動体であるとともに、今日では、介護派遣サービスを実施する事業体としての性格を有している。

6 知的障害者たちの当事者運動

1960 年代のスウェーデンにおいて、知的障害当事者たちの自主的な活動が始まる。その活動は交流にとどまらず、余暇や労働のあり方など、知的障害者自らが語る場として機能した。こうした実践は、1970 年代にはヨーロッパや北米に広がる。1974（昭和 49）年にアメリカオレゴン州で開かれた知的障害当事者の会合で、ある当事者が、「知恵遅れ」や障害者ではなく、まず人間として(people first)扱われたいと発言し、これが**ピープルファースト**のはじまりとなった。

日本でのピープルファーストの活動は 1990 年代から行われてきた。同時期に親の会である精神薄弱者育成会（当時の名称）で知的障害者本人の意見発表や本人による決議が行われたり、親の会の世界大会に本人も参加するといった諸外国との交流が始まっていた。

1995（平成７）年には東京都福祉局とピープルファーストとの話し合いの場が設けられた。そこで知的障害当事者たちは、「何かを決める時は私達に聞いて下さい。親や職員とだけで決めないでください」「働ける場所が欲しい」「個人で選べるアドバイザー（援助者）が欲しい」などの要望を主張している[2]。

7 支援費制度と障害当事者運動

2003（平成 15）年度から始まった**支援費制度**では、福祉サービスの利用の原則が措置から利用契約制度へと変更されるほか、障害福祉サービスの供給主体が社会福祉法人だけではなく営利企業や NPO 法人と多様化していくことにつながった。2000 年代に入ってから、障害当事者団体のいくつかは法に基づく介護サービス供給主体となるために介護派遣事業所を立ち上げていく。

複数の自治体で実施されていた全身性障害者介護人派遣事業は、ホームヘルプサービスの一つの類型である「日常生活支援」となり、身体障害者福祉法に基づく制度となった。その際、従事者の資格要件★が課題となり、弾力化を求める障害当事者運動と国との折衝が継続して行われた。

★従事者の資格要件
自治体にもよるが、全身性障害者介護人派遣事業では、従事にあたり資格が必要になることはなかった。そのため無資格で介護に従事している者も多かったが、日常生活支援にかわることで国は介護者に一定の資格要件を求めた。

2003（平成15）年1月上旬、厚生労働省は障害者ホームヘルプサービスの支給時間数に上限を設ける方針だという情報が流れた。介護保険制度とは異なり、障害福祉制度では上限は設けられていなかったが、上限が設けられると長時間介護を要する障害者は地域で暮らしていけなくなる。日本障害者協議会やDPI日本会議、親の会である全日本手をつなぐ育成会（当時の名称）など複数の障害者団体による、厚生労働省への交渉や抗議行動が連日続いた。その結果、上限は撤回となった。そして障害福祉サービスに関する国の検討会が設置され、障害当事者運動のリーダーなどが構成員となっていった。

8 障害者自立支援法と障害当事者運動

支援費制度に伴う財政課題により、2005（平成17）年に障害者自立支援法が公布された。法制定当時、障害当事者運動にとって大きな問題として認識され、強く批判されたのが、応能負担から応益負担（定率負担）への変更や、障害程度区分の導入だった。

2008（平成20）年10月、障害者たちが障害者自立支援法の違憲性を全国一斉に提訴した。その結果、2010（平成22）年1月に、国と原告団・弁護団との間で、応益負担をやめ、新たな福祉法制の実施を明記した「基本合意文書」が交わされる。

その後、内閣府に設置された障がい者制度改革推進会議に、複数の障害当事者が参加した。この詳細は、本章第4節を参照されたい。

9 障害者運動が果たしてきた役割

2000年代以降、国の障害福祉制度・政策の検討メンバーに障害当事者運動のリーダーたちが参画することが多くなってきた。障害当事者運動は、障害者の生活に生じるさまざまな問題について、当事者の視点から社会への問題提起を行い、仕組みを変える、あるいは仕組みをつくる活動を続けてきた。この意義を理解することは、障害者福祉を学ぶうえで重要である。同時に、障害当事者運動の大元にあるのは、障害者自身が自分の権利に気づき、その権利を守ろうと社会に働きかける**セルフアドボカシー**と**エンパワメント**の実践だということをおさえておく必要がある。

3 親の会

1 親の会、家族会、きょうだいの会の活動

親の会や家族の会は、小規模な会から全国組織化した会まで多様にある。代表的な会を挙げると、知的障害児・者の親の会である全国手をつなぐ育成会連合会は 1952（昭和 27）年に、肢体不自由児・者の親の会である全国肢体不自由児者父母の会連合会は 1961（昭和 36）年に、重症心身障害児・者の親の会である全国重症心身障害児（者）を守る会は 1964（昭和 39）年に結成されている。全国精神障害者家族会連合会は 1965（昭和 40）年に結成されたが、2007（平成 19）年の解散後、家族会の全国組織として全国精神保健福祉会連合会が新たに結成されている。

また、親の会だけではなく、障害のある子のきょうだいの会もある。きょうだいは自身の結婚や就職、親亡き後の不安などを抱えていることが多い。全国組織の会としては、1963（昭和 38）年に、全国障害者とともに歩む兄弟姉妹の会が結成されている。

こうした家族の会は、家族の不安や悩みの共有、会員への情報提供や、障害にかかわる問題の普及啓発を行うとともに、福祉や医療等の不備の改善や充実を求める運動を展開してきた。

2 親の会の運動の展開過程

ここでは、親の会として長い歴史をもつ「全国手をつなぐ育成会連合会」の運動展開過程について述べる。

育成会は 1952（昭和 27）年に、「精神薄弱児育成会」という名称で、3 人の知的障害のある子どもの母親と社会教育家を中心に結成された。知的障害児・者への施策が不十分な状況から運動は始まった。当時の運動目標は、「精神薄弱児のための養護学校及び特殊学級設置義務化」の速やかな実現、「精神薄弱児施設の増設及び内容の拡充」「精神薄弱者福祉のための法的措置の整備及び職業補導施設の設置」の 3 点だった[3)]。

1959（昭和 34）年には全日本精神薄弱者育成会が社会福祉法人格の認可を得、各地の支部を擁する全国組織としての活動を始める。

全日本精神薄弱者育成会は、国会や政府各方面への陳情活動に奔走した。その成果として、1960（昭和 35）年の精神薄弱者福祉法制定につながる。また、会は地域での生活の場をつくる運動を展開する。1950 年代から各地で小規模通園施設が創設された。1960 年代、全日本精神

薄弱者育成会では国の動向に沿いつつ、重度知的障害者の終生保護を行い得るコロニーをつくる運動が展開される。その後、1980 年代後半からは**グループホーム**の設立に向けた運動が展開されている。

知的障害者の就職、労働について、全日本精神薄弱者育成会の活動は継続して続けられた。全日本精神薄弱者育成会は身体障害者雇用促進法に知的障害者を含むように運動を起こしたり（1987（昭和 62）年に障害者の雇用の促進等に関する法律へと改正され、知的障害者も対象に加えられた）、各地の育成会では共同作業所づくりに尽力した。共同作業所は学齢期を超えても仕事に就けず自宅にいるほかない障害者の日中の活動場所として機能し、親の会や学校関係者などにより各地に設立された。

親たちは、知的障害児・者が生活を送るうえで直面するさまざまな課題に対し、運動を展開し、福祉実践の実績を積み制度化につなげてきた。こうした運動の主体に変化が現れる。1980（昭和 55）年、小田原市育成会は、会員資格の筆頭に知的障害者本人を掲げた。これを皮切りに、本人参加の動きが広がっていく。育成会における知的障害者**本人の会**「さくら会」が結成され、1994（平成６）年の全日本精神薄弱者育成会の全国大会では「本人決議」がなされる。そこで「私たちに関することは、私たちを交えて決めていくようにしてください」と主張された[4]。

関係各所で「精神薄弱」という名称を改めるよう検討されてきたが、当事者たちからもその要望が掲げられてきた。結果、1995（平成７）年に団体名を「全日本手をつなぐ育成会」へと変更した。その後、2014（平成 26）年に社会福祉法人を解散し、現在の全国手をつなぐ育成会連合会となる。全国手をつなぐ育成会連合会は、障害福祉施策に関する政策提言を行うほか、国の審議会等に参画している。各地の育成会は、会員の交流活動や地域に密着した障害福祉サービス事業などを展開している。

◇**引用文献**

1）岡知史『セルフヘルプグループ――わかちあい・ひとりだち・ときはなち』星和書店，p.84, 1999.

2）大澤たみ「『東京で・話し合おう会』をふり返って」『季刊福祉労働』第70号，p.149, 1996.

3）社会福祉法人全日本手をつなぐ育成会『社会福祉法人全日本手をつなぐ育成会創立50周年記念誌 手をつなぐ育成会（親の会）50年の歩み』p.21, 2001.

4）同上，p.398

◇**参考文献**

・杉本章『障害者はどう生きてきたか――戦前・戦後障害者運動史』現代書館，2008.

・中西正司『自立生活運動史――社会変革の戦略と戦術』現代書館，2014.

・藤井克徳『私たち抜きに私たちのことを決めないで――障害者権利条約の軌跡と本質』やどかり出版，2014.

● **おすすめ**

・横塚晃一『母よ！　殺すな』生活書院，2007.

第4節 障害者権利条約と障害者基本法

学習のポイント

- 国連障害者政策の歴史と障害者権利条約の基本を学ぶ
- 障害者基本法の改正のポイントを理解する

1 国連憲章から障害者権利宣言まで

第二次世界大戦時におけるユダヤ人への迫害をはじめとする人権侵害、人権抑圧は、きわめて深刻なものであった。その反省から、人権問題は国際社会全体にかかわる問題であり、人権の保障が世界平和の基礎であるという考え方が主流になってきた。そこで、1945 年に成立した国際連合憲章は、国際連合（以下、国連）の目的の一つとして、人権の尊重を掲げた。

そこでいう人権の具体的内容を定めるため、1948 年に**世界人権宣言**、1966 年に国際人権両規約（**経済的、社会的及び文化的権利に関する国際規約**と**市民的及び政治的権利に関する国際規約**）が国連総会で採択された。また、**あらゆる形態の人種差別の撤廃に関する国際条約**、**女子に対するあらゆる形態の差別の撤廃に関する条約**、**児童の権利に関する条約**なども誕生した。

このように、戦後、人権の国際化が着実に進められるなかにあって、障害者の人権はやや取り残された感がある。たとえば、1971 年に**知的障害者権利宣言**（精神遅滞者権利宣言）が国連総会で採択されたが、この宣言には大きな難点があった。この宣言は、たとえば「知的障害者の権利の一部又は全部を制限し又は否定することが必要になる場合」（第７条）という、権利否定条項を含んでいたのである。

1975 年には、国連史上初めて、すべての障害者を対象にその権利を謳った**障害者権利宣言**が採択された。だが、この宣言も課題を残しており、上記の知的障害者権利宣言第７条の規定を精神障害者に援用する旨を定めていた。

2 国際障害者年から障害者権利条約へ

国連では、障害者の人権への意識が比較的に低調でありながらも、1980 年に入る頃から注目すべき新たな展開がみられるようになった。**国際障害者年**（1981 年）と題する総会決議が、1976 年から 1981 年まで毎年採択され、しかもこの決議は、その内容が年を経るごとに改善された結果、三つの重要な内容を盛り込んだのである。

第一に、国際障害者年が、当初の決議の「障害者のための国際年」（International Year for Disabled Persons）から、「障害者の国際年」（International Year of Disabled Persons）に修正された。「ための」（for）が「の」（of）となり、障害者の**主体性**を重視するものとなったのだ。第二に、国際障害者年のテーマが当初の「完全参加」から「**完全参加と平等**」となった。第三に、「**障害を個人と環境との関係として捉えるべきだ**」という表現が決議に含まれることになった。

国際障害者年のテーマを達成するための長期計画として、1982 年に**障害者に関する世界行動計画**が採択された。また、これを実施するための時限的枠組みとして、**国連障害者の十年**（1983 年～ 1992 年）が設けられた。この 10 年の間に障害者権利条約（障害者差別撤廃条約）の作成が 2 回試みられた（1987 年、1989 年）が、その試みは失敗に終わり、その代わりに、法的拘束力のない（条約ではない）国際文書として、1993 年に**障害者の機会均等化に関する標準規則**が採択された。

それから 10 数年が経ち、障害者運動の国際化が進み、また国連では障害問題は人権問題であるという認識がさらに大きく高まり、2006 年に、法的拘束力のある包括的な障害者の人権文書、すなわち**障害者の権利に関する条約**（以下、障害者権利条約）が成立した。その交渉過程では、「**われらを抜きにわれらのことを決めてはならない**」という標語の下で、かつてなかったほど多くの障害当事者が積極的に参画した。

3 障害者権利条約の概要

障害者権利条約は、前文と本文 50 か条からなる。選択議定書は、障害者権利条約の締約国が、自由な選択で締結できる別個の条約（前文と本文 18 か条）である。どちらも 2007 年 3 月 30 日に署名に開放され、

2008年5月3日に発効した。

1 障害者権利条約の目的と障害者の概念

障害者権利条約第1条は、「この条約は、全ての障害者によるあらゆる人権及び基本的自由の完全かつ平等な享有」の促進・保護・確保を目的とする、と定める。本条では、一部の障害者を排除しないようにするため、「全ての障害者」という文言が用いられている。

また、ここでいう人権は、世界人権宣言や国際人権両規約等に定める**既存の人権**を意味する。障害者権利条約は**新しい人権**を創設するものではない。障害者権利条約は、既存の人権を障害者に等しく保障することにより、**保護の客体**から**人権の主体**への障害者観の転換を図っているのである。

加えて、障害者権利条約第1条は、「**障害者**（**persons with disabilities**）には、長期的な身体的、精神的、知的又は感覚的な機能障害（impairments）であって、様々な障壁との相互作用により他の者との平等を基礎として社会に完全かつ効果的に参加することを妨げ得るものを有する者を含む」と定める。本条は、障害者権利条約前文(e)に定める障害の概念もそうであるように、「様々な障壁との相互作用」という文言を採用している。この文言は障害の**社会モデル**ないし**国際生活機能分類**（ICF）を反映しているといわれる。

2 障害者権利条約の一般原則

障害者権利条約の基本的な理念を定め、その解釈に際して常に参照されるべき基本的な指針にもなっているのが、第3条(一般原則)である。第3条は計八つの原則を定める。そのいくつかをここで見ておきたい。

まず、最も重要な原則は**尊厳**（ディグニティ）である。尊厳は、すべての人間が有している、かけがえのない価値を意味する。そのような価値は、社会的・経済的に役に立つという理由からではなく、無条件に承認される。尊厳と対立するのが**優生思想**である。

次は、**自立**（インデペンデンス）と**自律**（オートノミー）である。自立は「独立」の意味もあるが、自律と同様に、自己決定・自己選択の自由を意味することがある。自立・自律と対立する概念は、**パターナリズム**（他者が、本人の利益のために、本人に代わって決めてしまおうという考え方）である。

無差別は、差別がなされないことを意味する。差別には、嫌悪、偏見、ステレオタイプにより、障害者であることを理由に障害者を排除し区別しようとすること（**直接差別**）のみならず、個々の障害者が人権を等しく行使できるように、過重な負担を伴わない範囲で行う、必要かつ適切な変更・調整（**合理的配慮**）の否定なども含まれる。

社会包容（ソーシャルインクルージョン、社会的包摂）とは、差異への尊重・配慮を伴いつつ、社会が障害者を包容することをいう。社会包容は、**社会参加**（障害者が社会に参加すること）の原則と重なり合う。

アクセシビリティ（施設およびサービス等の利用の容易さ）の義務は、合理的配慮の義務と対照をなすものだと理解されている。前者の義務は集団的・事前的な性格を、後者の義務は個別的・事後的な性格をそれぞれ有する（障害者権利委員会の一般的意見第２号等）。

3 さまざまな国家の義務

障害者権利条約は第４条以下で、さまざまな障害者の権利および国家の義務を定めている。たとえば第５条は差別禁止と合理的配慮の義務を定め、第12条は法的人格・法的能力の平等を定める。第19条は「平等の選択の機会をもって地域社会で生活する平等の権利」を定め、第24条は障害者を包容する（インクルーシブ）教育制度の確保を義務づける。

4 国連障害者権利委員会

他の人権条約がそうであるように、障害者権利条約は、その義務の遵守を国家にただ委ねるのではなく、国家の義務履行を国際的に監視し、促進し、保護するための制度を用意している。そうした制度として、報告制度★、個人通報制度★、調査制度★がある。報告制度は障害者権利条約に、個人通報制度および調査制度は選択議定書に、それぞれ定められている。

これらの制度の担い手が、国連に設置される**障害者の権利に関する委員会**（以下、委員会）である（第34条第１項）。委員会を構成する委員の数は、当初は12人であったが、その後、18人となった（同条第２項）。

Active Learning

日本政府は障害者権利条約を批准しましたが、それぞれの条文の内容と日本の現状との間でまだ懸隔があるのが実情です。どの条文でどのような乖離があるかを考察し、その解消のために何が考えられるかグループで討議してみましょう。

★報告制度
報告制度の下で、締約国は、障害者権利条約の実施状況に関する報告を委員会に提出し、委員会は、締約国との建設的対話を通じて報告を検討し、総括所見（最終見解）を採択する権限を有する。

★個人通報制度
個人通報制度の下では、委員会は、障害者権利条約の規定が侵害されたと主張する個人や集団などから通報を受理し、検討し、見解を採択する権限などを有する。

★調査制度
調査制度は、締約国が障害者権利条約について重大な侵害を行った場合や組織的（系統的）な侵害を行った場合に、そのような侵害を調査する権限を委員会に与える。

4 障害者権利条約の批准と障害者基本法の改正

1 障害者権利条約の批准と国内法整備

日本政府は、2007（平成 19）年 9 月 28 日に障害者権利条約に署名し、2014（平成 26）年 1 月 20 日に批准した。この批准にあたり、大規模な国内法整備がなされた。

だが、当初は、そのような大規模な法整備は予定されておらず、2009（平成 21）年に、障害者基本法のみを改正して障害者権利条約を批准しようとする動きがあった。だが、障害者団体などが、そのような拙速な批准に反対した。

結果的に、批准は見送られ、その年に政権も交代し、障害者制度全般を改革する方向に大きく舵が切られた。2009（平成 21）年 9 月 16 日に鳩山連立内閣が発足し、同 12 月 8 日の閣議決定により、**障がい者制度改革推進本部**が設置されたのである。

推進本部の目的は、日本の法制度を障害者権利条約に沿って改革し、障害者の日常生活および社会生活の向上に資するようにすることであった。推進本部は、その改革を実現するため、**障がい者制度改革推進会議**★（以下、推進会議）を設けた。推進会議は 26 人で構成され、その過半数は障害者とその家族であった。また、推進会議の下に**総合福祉部会**と**差別禁止部会**が設けられた。

★障がい者制度改革推進会議
「障がい者制度改革推進会議の廃止について」（平成 24 年 7 月 23 日）により、廃止された。

推進会議と両部会での議論を踏まえ、2011（平成 23）年に障害者基本法が改正され、2012（平成 24）年に障害者の日常生活及び社会生活を総合的に支援するための法律（障害者総合支援法）が成立し、2013（平成 25）年に障害を理由とする差別の解消の推進に関する法律（障害者差別解消法）が成立した。また、障害者虐待の防止、障害者の養護者に対する支援等に関する法律（障害者虐待防止法）（2011（平成 23）年）、国等による障害者就労施設等からの物品等の調達の推進等に関する法律（障害者優先調達推進法）（2012（平成 24）年）、改正障害者の雇用の促進等に関する法律（障害者雇用促進法）（2013（平成 25）年）、成年被後見人の選挙権の回復等のための公職選挙法の一部を改正する法律（2013（平成 25）年）、学校教育法施行令の一部改正政令（2013（平成 25）年）を含む、大規模な国内法整備が行われた。

このような法整備を済ませた後に、日本政府は障害者権利条約を批准し、2014(平成 26)年 2 月 19 日に同条約は日本について効力を生じた。

2 障害者基本法の改正

上記のいくつもの国内法整備のうち、ここでは障害者基本法の改正に焦点を合わせて述べる。

そもそも、障害者基本法は、当初は**心身障害者対策基本法**（昭和45年法律第84号）という名称で、1970（昭和45）年に制定された。同法は、1993（平成５）年に、障害者基本法という題名に改められ、障害者の自立と参加を促進するために大幅に改正された。

2004（平成16）年の改正では、「何人も、障害者に対して、障害を理由として、差別することその他の権利利益を侵害する行為をしてはならない」という規定などが加わった。

この改正から５年後の2009（平成21）年に、障害者基本法は（障害者権利条約の批准とセットで）改正される予定になっていたのだが、それは前述のとおり見送られた。その後、推進会議が、2010（平成22）年12月17日に「**障害者制度改革の推進のための第二次意見**」をとりまとめた。そして、2011（平成23）年３月11日に開催された推進本部で、この第二次意見を踏まえた改正障害者基本法案が決定された。この法案は、同４月22日に閣議決定され、国会に提出された。国会の審議で、防災・防犯や消費者保護が追加されるなど、一部修正されて衆参両議院で可決・成立した（同８月５日に公布・施行（一部を除く））。

障害者基本法の主な改正点をいくつか指摘すれば、以下のとおりである。第一に、法の目的（第１条）のなかに、「全ての国民が、障害の有無にかかわらず、等しく基本的人権を享有するかけがえのない個人として尊重されるものであるとの理念にのっとり、全ての国民が、障害の有無によって分け隔てられることなく、相互に人格と個性を尊重し合いながら**共生する社会**を実現するため」という文言等が新たに加わった。この新たな文言は、障害者が人権の主体として、尊厳をもち、差別を受けず、自らの決定に基づき、他の者と平等に社会に参加する、という障害者権利条約の目的や一般原則を反映したものとなっている。

第二に、障害者の定義（第２条）に含まれる障害者の生活制限は、改正前は、機能障害のみに起因するものとして捉えられていたが、改正後は、障害者権利条約の障害（者）の概念を反映し、**機能障害**と**社会的障壁**（社会のバリア、社会の壁）によって生ずるものとされた。社会的障壁は、「障害がある者にとって日常生活又は社会生活を営む上で障壁となるような社会における事物、制度、慣行、観念その他一切のものをいう」と定義された。

また、障害者の定義に含まれる「障害」という言葉が、改正により、「身体障害、知的障害、精神障害（発達障害を含む。）その他の心身の機能の障害」を意味するようになった。ここでは、精神障害のなかに**発達障害**が新たに明記された。また、**難病等に起因する障害**は「その他の心身の機能の障害」に解釈上明確に含まれることになった。このことは、社会的障壁の問題性を強調し、谷間の障害をなくし、障害者の範囲を広くしようとする障害の社会モデルないし障害者権利条約の趣旨を反映している。

第三に、法が目的に掲げる共生社会を実現するための規準として、三つの基本原則が設けられた（第３条～第５条）。これらの基本原則は、以下のように、改正前の第３条（基本的理念）の規定内容を受け継ぐとともに、新たな内容を含むものとなった。

一つめの基本原則は「地域社会における共生等」（第３条）である。本条は、改正前と同様、障害者はあらゆる分野の活動に参加する機会が確保される（第３条第１号）と定める。と同時に、本条には新たに二つの規定が加わった。

まず、自立生活と社会包容の条項である障害者権利条約第 19 条(a)を踏まえた規定であり、「全て障害者は、可能な限り、**どこで誰と生活するかについての選択の機会**が確保され、地域社会において他の人々と共生することを妨げられないこと」と定める第３条第２号である。次は、「あらゆる形態の意思疎通であって自ら選択するもの」に言及する障害者権利条約第21条などを反映した規定であり、「意思疎通のための手段」の選択の機会について定めた第３条第３号である。ちなみに、本号は、「意思疎通のための手段」の例示として**「言語（手話を含む。）」**に言及した。これにより、国内法で初めて手話が言語として明記された。このことは、障害者権利条約の「言語」の定義（第２条）に手話が入っていることを反映している。

二つめの基本原則は差別禁止（第４条）である。第４条第１項は、改正前と同じく障害差別の禁止を規定するが、さらに同条第２項は、障害者権利条約の求める**合理的配慮義務**★を新たに設けた。また、同条第３項は、国は差別禁止に係る啓発と知識の普及を図るために、情報の収集、整理および提供を行うものとする、と定めた。

三つめの基本原則は国際的協調（第５条）である。本条は、「(共生) 社会の実現は、そのための施策が国際社会における取組と密接な関係を有していることに鑑み、国際的協調の下に図られなければならない」と

★合理的配慮義務
障害者基本法第４条第２項は、合理的配慮義務として、社会的障壁のために制限を受けている障害者が現実に存在して、その障壁をなくすための負担が大きすぎないときは、差別とならないように、その障壁をなくすために必要かつ合理的な配慮がなされなければならない、と定めた。

定める。

第四は、障害者施策の基本方針（第 10 条）である。まず、従来の規定に**「性別」**と**「生活の実態」**が新たに加わり、障害者施策は「障害者の性別、年齢、障害の状態及び生活の実態に応じて」策定・実施されなければならない、とされた（同条第 1 項）。また、国および地方公共団体が障害者施策を講ずるにあたっては、「**障害者その他の関係者の意見を聴き、その意見を尊重するよう努めなければならない**」という規定が新たに設けられた（同条第 2 項）。この規定は、障害当事者の関与や参加を定める障害者権利条約第 4 条第 3 項および第 33 条第 3 項と関係する。

第五に、医療・介護等（第 14 条）や教育（第 16 条）などの従来の規定が改められた。たとえば第 16 条に関しては、障害者権利条約第 24 条に定めるインクルーシブ教育（障害者を包容する教育制度）の原則を踏まえ、改正により、「可能な限り障害者である児童及び生徒が**障害者でない児童及び生徒と共に教育を受けられるよう配慮しつつ**」という文言が新たに加わった。

第六に、障害者権利条約第 33 条第 2 項に定める「条約の実施を……監視するための枠組み」として、**障害者政策委員会**（中央障害者施策推進協議会の発展的改組）が新たに内閣府に置かれた（第 32 条第 1 項）。障害者権利条約が求める国内実施状況の監視は、この条約の趣旨に沿って障害者基本計画が実施されているかを同委員会が監視することにより行われることになる。

第七に、新設の規定として、**療育**（第 17 条）、**防災および防犯**（第 26 条）、**消費者としての障害者の保護**（第 27 条）、**選挙等における配慮**（第 28 条）、**司法手続における配慮等**（第 29 条）なども設けられた。たとえば、第 26 条は、東日本大震災を踏まえ、衆議院における修正により新設されたものであり、障害者権利条約第 11 条（危険な状況及び人道上の緊急事態）と関係する。また、第 28 条と第 29 条は、それぞれ障害者権利条約第 29 条（政治的及び公的活動への参加）と第 13 条（司法手続の利用の機会）を踏まえたものである。

◇参考文献

・菊池馨実・中川純・川島聡編『障害法』成文堂，2015.
・川島聡「障害者権利条約の国内的実施と障害者政策委員会」『インクルーシブ社会研究』第11号，立命館大学人間科学研究所，pp.5-38, 2016.
・DPI 日本会議編『最初の一歩だ！　改正障害者基本法――地域から変えていこう』解放出版社，2012.
・内閣府『平成24年版 障害者白書』2012.
・東俊裕「障害者権利条約と国内法整備」『インクルーシブ社会研究』第 5 号，立命館大学人間科学研究所，pp.63-86, 2015.
・松井亮輔・川島聡編『概説 障害者権利条約』法律文化社，2010.
・長瀬修・東俊裕・川島聡編『（増補改訂）障害者の権利条約と日本――概要と展望』生活書院，2012.
・長瀬修・川島聡編『障害者権利条約の実施――批准後の日本の課題』信山社，2018.

第4章

障害者の生活実態とこれを取り巻く社会環境と課題

本章では、障害者およびその家族の生活実態と、彼らを取り巻く社会環境の現状を取り上げる。第１節では、障害者を取り巻く状況および暮らしの現状を通じて、障害者の生活における生活問題と支援ニーズについて学んでいく。第２節では、障害者家族を取り巻く状況および暮らしの現状を通じて、障害児・者の親やきょうだいの生活における生活問題および支援ニーズを学んでいく。第３節では、障害者を取り巻く社会環境がどのような現状にあるかを、バリアフリーや地域コンフリクト、障害者虐待、貧困、テクノロジーの発展に着目し学んでいく。これらを通して、障害者とその家族が尊重され、包摂される社会のありようを考えていく。

第1節 障害者の生活実態

学習のポイント

- 障害者を取り巻く情勢と暮らしの現状について理解する
- 障害者の生活における生活問題と支援ニーズについて理解する

1 インクルーシブな社会

現在、障害者を取り巻く政策状況はめまぐるしく変化している。国際連合（以下、国連）において2006年に採択された**障害者の権利に関する条約**（障害者権利条約）（日本は2014（平成26）年に批准）では、障害者のあらゆる分野への「他の者との平等を基礎とした」参加と、障害を含むあらゆる多様性を尊重した社会の実現が目指されている。

本章では、日本の現状において、「他のものとの平等を基礎とした」障害者の社会参加がどの程度実現しているのかということを、暮らしの場、成人期の日中活動、就労という側面から検討していく。

2 暮らしの場
――入所施設から地域生活へ

障害者権利条約第19条は、「自立した生活及び地域社会への包容」について定めており、そのための具体的な施策として、生活する場所と相手を選択する機会の保障や地域社会での孤立防止、必要なサービスの保障などが明記されている。

日本においては、2000（平成12）年に厚生労働省が入所施設の新規建設への国庫補助を行わないという基本方針を示し、2002（平成14）年11月に当時の浅野史郎宮城県知事による「みやぎ知的障害者施設解体宣言」が後押ししたこともあり、入所施設から地域生活への移行が全国各地で促進されることとなった。その後、同年12月に内閣府によって発表された障害者基本計画（2003（平成15）年度～2012（平成24）年度）において、「入所施設は、地域の実情を踏まえて、真に必要なものに限定する」という文言が明記された。

表4-1は、18歳以上の障害者が施設と地域のどちらで生活しているかという割合を示したものであるが、これをみると施設入所者の割合は、年々低くなっている。最も施設入所者の割合が高い知的障害者の場合でみると、2006（平成18）年には29.3%であったのが、2016（平成28）年現在ではその半数以下の13.4%まで下がってきている。しかしながら、入所施設の在所者数は、2013（平成25）年に13万8635人であったのに対し、2018（平成30）年は15万7373人と増加傾向にある（厚生労働省社会福祉施設等調査）。この背景には、単身やグループホームなど地域生活を支える制度が十分でないなかで、障害者の重度化や高齢化が進展し、入所施設に対するニーズが一定割合保持されていることが考えられる。この間、障害者の暮らしの場をめぐっては、「地域での生活」が追求されてはきているものの、実際にどのような暮らしぶりを展開するのか、それに見合う社会資源があるのかという点において、今後さらなる検討が必要であろう。

また、地域で暮らす障害者の年齢構成は、身体障害者、知的障害者、精神障害者それぞれが**図4-1**、**図4-2**、**図4-3**で示したようになっている。特徴的なのは、いずれにおいても「65歳以上」の高齢者の占め

Active Learning

グループホームとはどのような暮らしの場か、障害者の「地域での生活」の推進に向けてどのようなことが期待されているか調べてみましょう。

表4-1　18歳以上の障害者の施設と地域生活の割合　（単位：万人）

		総数	在宅者	施設入所者	施設入所割合
身体障害者	2016（平成28）年	419.4	412.5	6.9	**1.6%**
	2011（平成23）年	383.4	376.6	6.8	**1.8%**
	2006（平成18）年	356.4	348.3	8.1	**2.3%**
知的障害者	2016（平成28）年	84.2	72.9	11.3	**13.4%**
	2011（平成23）年	57.8	46.6	11.2	**19.4%**
	2006（平成18）年	41.0	29.0	12.0	**29.3%**
精神障害者	2016（平成28）年	391.6	361.8	29.8	**7.6%**
	2011（平成23）年	365.5	334.6	30.9	**8.5%**
	2006（平成18）年	305.4	272.5	32.9	**10.8%**

注：「身体障害者」
・在宅者：厚生労働省「身体障害児・者実態調査」（2006）、「生活のしづらさなどに関する調査」（2011、2016年）
・施設入所者：厚生労働省「社会福祉施設等調査」（2006、2009、2015年）
「知的障害者」
・在宅者:厚生労働省「知的障害児（者）基礎調査」（2005）、生活のしづらさなどに関する調査」（2011、2016年）
・施設入所者：厚生労働省「社会福祉施設等調査」（2005、2011、2015年）
「精神障害者」
・外来患者：厚生労働省「患者調査」（2008、2014、2017年）
・入院患者：厚生労働省「患者調査」（2008、2014、2017年）
出典：内閣府『障害者白書』2006年分は平成24年版、2011年分は平成28年版、2016年分は令和元年版

★老障介護
高齢の親が障害のある子どものケアを行うこと。2016（平成28）年に厚生労働省が実施した「生活のしづらさなどに関する調査」でも65歳以上の障害者のうち、身体障害者手帳所持者の2.7%、療育手帳所持者の10.2%、精神保健福祉手帳所持者の11.0%が「親と同居している」と回答している。親自身が要介護状態になっても、子どものケアをし続けることに伴うさまざまな生活問題が生じている。

る割合が高くなっていることである。直近の約20年の変化をみても、高齢者の占める割合は、身体障害者の場合で、52.7%→72.6%（1996（平成8）年→2016（平成28）年）、知的障害者の場合で2.6%→15.5%（1995（平成7）年→2016（平成28）年）、精神障害者の場合で28.6%→37.2%（2005（平成17）→2017（平成29）年）と大幅に増加している。身体障害の場合は、加齢に伴う疾患により障害を発症する者も多いと考えられるが、全体として医療の進展などの影響も受け、障害者の長命化が実現しているといえよう。しかしながら、現在、地域で暮らす65歳未満の療育手帳を所持する知的障害者のうち、74.5%が「親と」暮らしている。地域での生活を支えている主なキーパーソンが家族である状況は長年不変であり、老障介護★に伴う生活問題も地域では散見され、その解決は喫緊の課題である。

また、この間、入所施設に対する新たなニーズとして、障害者の（早

図4-1　年齢階層別障害者数の推移（身体障害児・者（在宅））

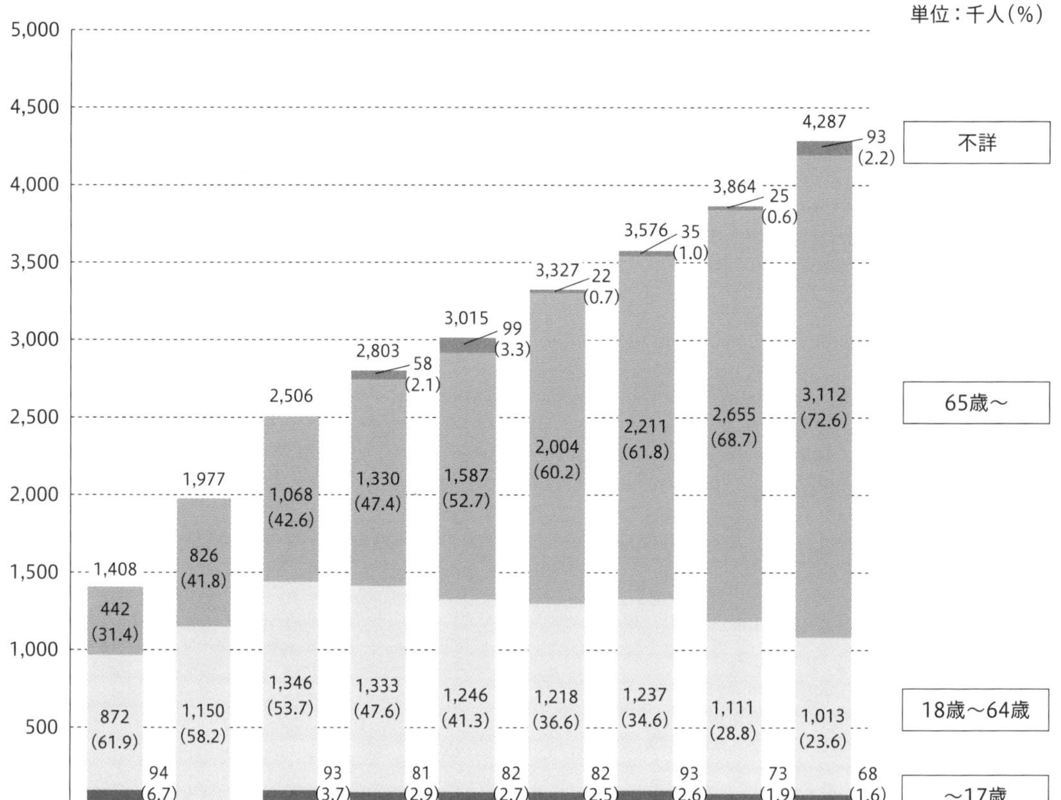

注1：1980年は身体障害児（0〜17歳）に係る調査を行っていない。
注2：四捨五入で人数を出しているため、合計が一致しない場合がある。
資料：厚生労働省「身体障害児・者実態調査」（〜2006年）、厚生労働省「生活のしづらさなどに関する調査」（2011・2016年）
出典：内閣府『令和2年版 障害者白書』p.243, 2020.

図4-2　年齢階層別障害者数の推移（知的障害児・者（在宅））

単位：千人（%）

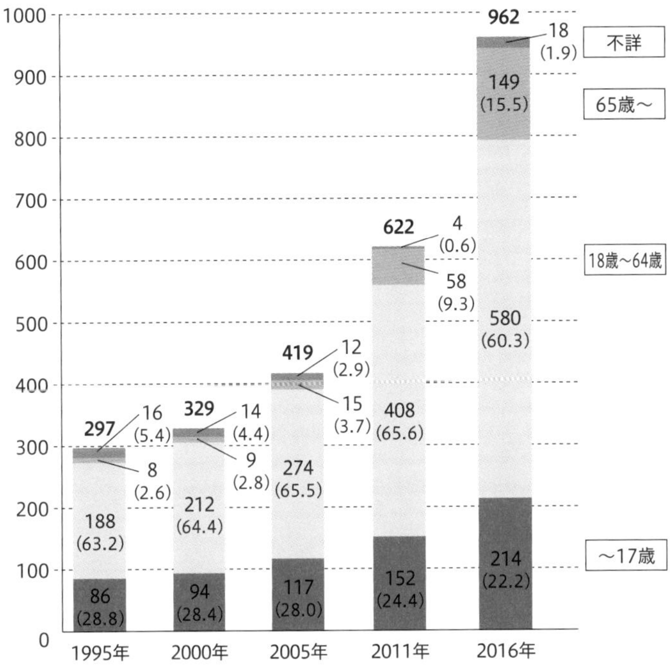

注：四捨五入で人数を出しているため、合計が一致しない場合がある。
資料：厚生労働省「知的障害児（者）基礎調査」（～2005年）、厚生労働省「生活のしづらさなどに関する調査」（2011・2016年）
出典：内閣府『令和２年版 障害者白書』p.243, 2020.

図4-3　年齢階層別障害者数の推移（精神障害者・外来）

（単位：万人）

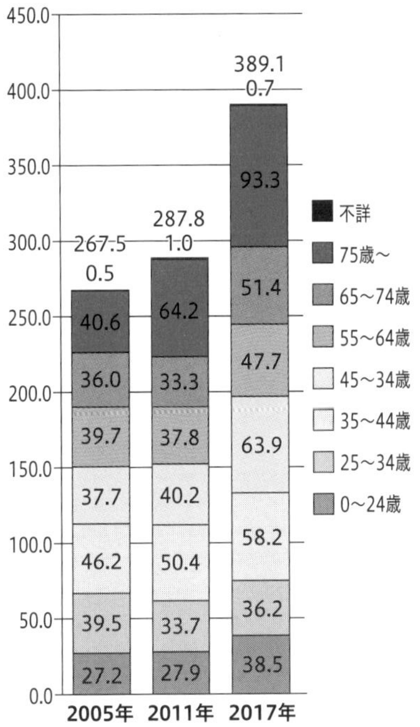

注１：2011年の調査では宮城県の一部と福島県を除いている。
　２：四捨五入で人数を出しているため、合計が一致しない場合がある。
資料：厚生労働省「患者調査」（2017年）より厚生労働省社会・援護局障害保健福祉部で作成
出典：内閣府『令和２年版 障害者白書』p.244, 2020.

期からみられる）加齢現象、強度行動障害、触法障害などに伴う生活問題が顕在化していることもあり、それぞれの支援に特化した機能を有する施設も設立されるようになってきた。障害者の「暮らす権利」を基底に据えて、「どこで暮らすか」だけではなく「どのように暮らすか」ということについても重要な検討課題である。

3 日中活動の場 ――多様な選択肢の展開

表 4-2 は、特別支援学校高等部（本科）卒業生のここ数年の進路を示したものである。詳しくは第５章第 11 節でみていくが、近年、法定雇用率の引き上げや企業の障害者雇用促進に向けての多様な取り組みが

表4-2　特別支援学校高等部（本科）卒業後の進路　（単位：%（人））

		卒業者	進学者	教育訓練機関等	就職者	社会福祉施設等入所・通所者	その他
肢体不自由	2018年	100.0(1,841)	2.3(43)	2.6(47)	6.0(111)	85.6(1,575)	3.5(65)
	2013年	100.0(1,772)	2.4(42)	2.8(49)	7.1(126)	82.7(1,465)	5.1(90)
	2008年	100.0(2,223)	1.7(38)	3.5(77)	11.8(262)	74.2(1,649)	8.9(197)
知的障害	2018年	100.0(18,668)	0.4(76)	1.3(241)	34.0(6,338)	60.4(11,267)	746(4.0)
	2013年	100.0(16,387)	0.5(83)	1.8(302)	30.2(4,952)	64.3(10,543)	5.1(507)
	2008年	100.0(10,631)	0.8(82)	3.2(468)	27.1(2,886)	64.5(6,885)	4.7(500)

資料：文部科学省の各年の特別教育資料より筆者作成

なされ、成果を上げている。しかし、特別支援学校高等部卒業時に限ってみると、「就職者」は、肢体不自由の場合では、2008（平成 20）年から 2018（平成 30）年の 10 年間で 11.8%から 6.0%へと減少しており、知的障害の場合は、27.1%から 34.0%へと上昇している。一方で、肢体不自由の場合で約 8 割、知的障害で約 6 割が卒業後に福祉施設を利用している状況には、ここ 10 年大きな変化はみられない。

従前の制度においては、障害者の福祉施設については「授産」と「更生」を目的にしたものが中心であった。すなわち、障害者の多くは、18 歳で高等部を卒業すると、その後は長い期間にわたって、施設を変わることなく、労働やリハビリテーションを中心とした活動に従事していたのである。

しかし、現在、福祉施設においても非常に多様な取り組みが展開されるようになった。現在の障害者の日常生活及び社会生活を総合的に支援するための法律（障害者総合支援法）のもとでは、第 5 章第 7 節で詳述するように、障害の軽減や働くことを目的とする以外にも、一般就労を目指すための就労移行支援や自立訓練事業など多様な事業が提供されるようになった。たとえば、「学ぶ作業所★」ともいわれる自立訓練事業は、「地域生活を営むうえで、生活能力の維持・向上等」を図ることを目的として、実際には、教育から成人期へのトランジット（移行）の役割を果たしている。本事業は、2018（平成 30）年 10 月 1 日現在で、全国で 1341 か所（厚生労働省社会福祉施設等調査調べ）と、2006（平成 18）年の制度創設以降、全国で急速な広がりをみせている。内容についても、たとえば、社会に出る準備としてパソコンや英会話などのスキルの習得、人生の広がりや趣味の拡大として絵画や写真など、そして

★学ぶ作業所
高等教育機関への進学率が全体的に高まるなか、障害者にも 18 歳以降の教育の機会を保障するために主に自立訓練事業を活用して行われている。従来の働くことを目的とした福祉事業所とは区別するために「学ぶ作業所」と呼ばれることがある。

Active Learning
成人期へのトランジット（移行）とはどのような意味か、また、障害のある若者の成人期へのトランジットを支援する国内の先進的な事例について調べてみましょう。

成人期に求められる他者や社会とつながる力を高めるために仲間とともに外出したり、意見表明する経験を積み重ねるなどプログラムを提供する事業所もある。各事業所において非常に多彩なプログラムが展開されている。これらのプログラムを利用した後に就職したり他の事業所を利用するなど、障害のある人たちの18歳以降の進路のあり方が変容しつつある。

このほかにも18歳以降の学びの場としては、特別支援学校の専攻科や高等教育機関である大学においてオープンカレッジを開講するなど、広がってきている。

ほかにも、海外で発展してきたアール・ブリュット★（自由で自発的な芸術表現）などの影響を受けて、日本においても障害者の芸術活動への評価が高まってきており、アーティストとして社会的に認知されるようになってきた者もいる。

以上のような状況のなかで、18歳以降はいわゆる仕事や作業を中心とした「長い成人期」を送ってきた障害のある人たちが、さまざまな「成人期教育」の機会の保障によって、人生行路を模索することが可能になったり、潜在化していた可能性を開花させたりなど、個別性を尊重した活動が展開されるようになってきつつある。

★アール・ブリュット
フランスの画家デュビュッフェ（Dubuffet, J. P. A.）によって提唱された。アウトサイダー・アートなどとあわせて、いわゆる専門的な美術教育を受けていない者たちの芸術活動を指すことが多く、障害者の芸術活動も含まれるとされる。

4 就労——経済的自立を目指して

障害者の就労については、企業での就労を行う一般就労と、福祉施設での生産活動を行う福祉的就労と大きく二つに分けられる。いずれにおいても、経済的自立は必須の課題であり、一般就労における法定雇用率の改正や福祉的就労における工賃を向上させる取り組みなどさまざまな施策が展開されている。

まず、福祉的就労の現状から確認する。厚生労働省の発表によると、2018（平成30）年においては、全国に、基本的に最低賃金が適用される就労継続支援A型事業所は3554か所、それ以外の就労継続支援B型事業所は1万1750か所が存在する。それぞれの平均工賃をみてみると、2018（平成30）年は、就労継続支援A型7万6887円、就労継続支援B型1万6118円と、毎年徐々に向上してきているものの、福祉施設を利用する者の多くが受給している障害基礎年金と合わせても最低生活費に満たない者が多くいる。

一方、一般就労の状況をみてみると**図 4-4** は、2013（平成 25）年と 2018（平成 30）年の知的障害者と一般就労者の年齢別割合を示したものである。２時点の比較において一般就労者には、大きな変化はみられないが、知的障害者では、全般的に若年層、特に 20 ～ 24 歳の割合が増加していることが確認できる。つまり、高等部卒業直後の就労率は高まっているものの、年齢が上昇するに伴い就労が困難になっている様子がみてとれる。2013（平成 25）年、2018（平成 30）年の厚生労働省の「障害者雇用実態調査」の結果に基づき、そのほかの状況も併せて確認していく（以下、文中矢印の前が 2013（平成 25）年、後ろが 2018（平成 30）年の値）。

Active Learning

近年の各障害の雇用者数の推移を調べ、精神障害者の正社員割合、賃金等の低下の原因や課題について考えてみましょう。

まず、就労形態が「無期契約の正社員」の割合は、身体障害で 48.1％→ 49.3％、知的障害で 16.9％→ 18.4％と微増しているが、精神障害では 32.0％→ 25.0％と大きく下がっている。平均賃金は、身体障害が 22.3 万円→ 21.5 万円、知的障害が 10.8 万円→ 11.7 万円と大きくは変わらないものの、精神障害では、15.9 万円→ 12.5 万円と下がっている。賃金の支払い形態については、月給制の割合が、身体障害では、58.8％→ 58.6％とほとんど変わらないものの、知的障害では 28.3％→ 19.9％、精神障害では 44.0％→ 28.6％と大きく下がっている。平均勤続年数は、身体障害は 10 年→ 10 年２か月、知的障害は７年９か月→７年５か月、精神障害は４年３か月→３年２か月となっている。

以上のことから、障害者の就労環境は、行政機関や企業がさまざまな工夫や取り組みを行っているものの、全体的状況として経済的自立に向

図4-4　一般就労者と知的障害者の就労者数の年齢別割合

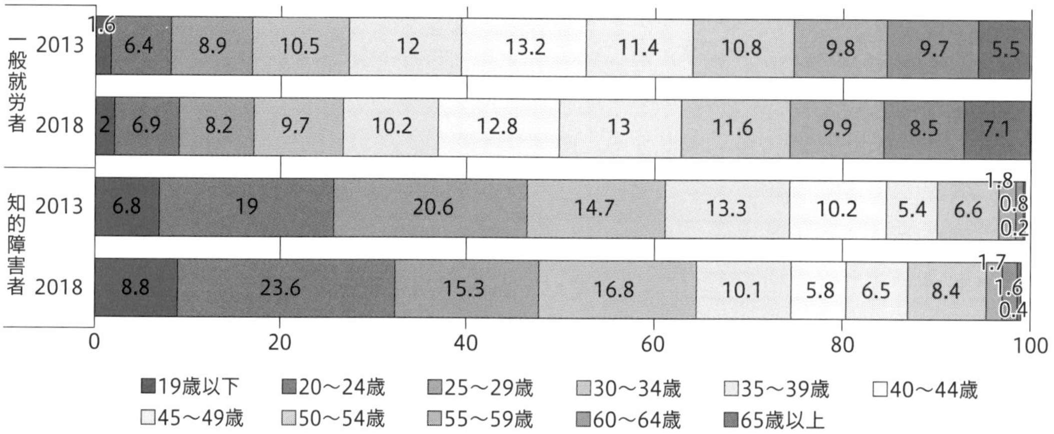

資料：知的障害者については、各年の厚生労働省「障害者雇用実態調査」、一般就労者については、各年の総務省「労働力調査」における「就業者」の「全数」をもとに作成

かって改善しているとは言い難い状況にある。当然のことながら、個人の有する経済力は、生活の見通しやそれに必要な社会資源をどのように組み立てていくかということに関して基盤となる条件である。障害者がその能力を最大限活用し、やりがいをもって働くとともに、生活についても長期的な展望が見通せるような、安定的な収入を得られることができる就労環境の整備が必須の課題である。

5 障害者の自立とソーシャルインクルージョン

障害者が活用できる社会資源は広がりをみせ、それぞれの人生も多様になってきつつある。また、障害者権利条約の前文においても、「障害者が地域社会における全般的な福祉及び多様性に対して既に貴重な貢献をしており、又は貴重な貢献をし得る」と明記されているように、障害の有無にかかわらず地域社会の構成員として参画することでインクルーシブな社会を構想することは、あらゆる多様性を包摂することへとつながり、社会全体の発展においても非常に重要な起点である。

詳しくは次節で詳述するが、一方で、それらの社会資源の広がりに対して、障害者の生活を家族に依存しがちな状況の改善は、喫緊の課題である。家族との関係においても相互に自立的な関係を構築できるための社会的条件の整備が急がれるところである。

◇**参考文献**
- 岡本正・河南勝・渡部昭男編『福祉事業型「専攻科」エコール KOBE の挑戦』クリエイツかもがわ，2013.
- 障害者生活支援システム研究会編、鈴木勉・塩見洋介著『ノーマライゼーションと日本の「脱施設」』かもがわ出版，2003.
- 鈴木良『知的障害者の地域移行と地域生活――自己と相互作用秩序の障害学』現代書館，2010.
- 田中智子『知的障害者家族の貧困――家族に依存するケア』法律文化社，2020.

第2節 障害者と家族

学習のポイント

- 障害児・者の家族の現状と背景について理解する
- 障害児・者の親やきょうだい、子育てする障害者のニーズと支援について学ぶ
- 障害児・者の家族支援のあり方について学ぶ

1 障害児・者のいる家族

1 障害児・者と家族の現状

障害児・者のいる家庭の状況は多様だが、障害者は障害のない人たちに比べて親との同居率が高く[1)]（**表4-3**）、親、特に母親が障害者にとって主な介護者になっている[i][2)]。子どもの頃から障害があると、母親は通常の子育てに加えて障害に伴う医療・介護・福祉などのニーズに対応する。成人した障害者においても、家族が介護や日常生活支援を中心的に担うことが多い。地域生活支援が進められるなかでも在宅サービスや支援体制は不十分であり、家族に身体的・心理的・経済的な負担が生じている。家族が負担に耐え切れなくなり、虐待、ネグレクト、殺害、心中などの

表4-3　65歳未満の障害者手帳所持者の同居者の状況

			障害者手帳所持者		
			身体障害者手帳	療育手帳	精神障害者保健福祉手帳
同居者あり		80.6%	84.1%	81.0%	75.0%
複数回答	配偶者	32.8%	52.1%	4.3%	27.1%
	親	65.6%	48.6%	92.0%	67.8%
	子	19.0%	29.9%	3.1%	15.5%
	兄弟姉妹	23.1%	13.3%	40.3%	19.5%
	その他	5.0%	2.6%	8.6%	4.8%
一人暮らし		11.4%	12.2%	3.0%	18.6%

資料：「平成28年生活のしづらさなどに関する調査」結果をもとに筆者が作成

i　「きょうされん」の調査によれば、在宅障害者の主な介護者は、母親（64.2%）、父親（25.4%）、きょうだい（4.5%）などとなっていた。

深刻な事態に至ることもある。

2 親（母親）によるケアへの依存

障害児・者のケアを親、特に母親に依存している現状の背景には、いくつかの要因が考えられる。まず、障害を「不幸なこと」「生産性が低い」とみなすスティグマである。子どもの障害がわかると、親は社会からの否定的なまなざしを感じ、「申し訳ない」「私がこの子を守らなければ」と考えてケアを抱え込みやすい。子どもの発達促進や障害軽減のために、親が専門職の指導のもと家庭で療育に励むことも多い。「育児や介護は女性の仕事」とする性別役割分業や、「家族は愛情によって強く結ばれる」という家族観から、母親が一人で障害者のケアを引き受けることになる。社会も「障害者の世話は家族が愛情をもって行う」と捉える傾向があり、家族によるケアを前提に不足分をサービスで補う仕組みになっている。特に、障害福祉サービスが未整備だった時代に障害児を育てた今の高齢の親たちには、「人に頼らず自分でみる」と考える人が多い。そのため、障害児・者の地域生活を支える母親への支援と、母親に依存しなくても成り立つ障害児・者の地域生活の実現が必要である。

★性別役割分業
性別によって役割や責務を分けること。現代日本社会では「男性が仕事、女性は家事・育児」という意識が残っており、家庭、職場、地域においても、「男性の役割」「女性の役割」という分け方がされることが多い。

3 「親亡き後」問題（8050問題）

障害者と親の同居が続くと、いずれ親の高齢化に伴う病気や機能低下によって障害者のケアが困難になる。しかし、多くの親は介護者としての責任感から、自身に介護が必要になってもサービスや支援を受けずに頑張ろうとする。いわゆる**「老障介護」**である。障害者の施設や相談機関では、利用者の様子に異変を感じて家庭訪問すると、親が病気や認知症のためにケア力が低下して親子の生活が行き詰まっているのを発見することがある。高齢者福祉分野では、高齢者の支援に入ることで、就労も通所もしていない障害のある成人の子の存在を知るという事例も報告されている。近年、中高年のひきこもりとして注目されている「8050問題」のなかには、高齢の親と中高年障害者の同居家族も含まれるだろう。親は「自分が死んだらこの子はどうなるか」という**「親亡き後」**に不安を抱いているが、解決の方法がわからず、周囲も困難な状況に気づかず、孤立したまま年月が過ぎてしまう事例が多い。障害者福祉分野と高齢者福祉分野の連携と親子への一体的支援が求められる。

★8050問題
80代の親と仕事に就かない50代の子が同居し、生活困窮や孤立の状態に陥っている問題。支援が届かないままに子のひきこもりが長期化して中年期を迎えると、親の高齢化と相まって、親子の生活が行き詰まってしまう。

ただし、将来への不安は、親亡き後の住まいやサービスを用意すれば解消するとは限らない。特に知的障害者などの場合は、親が担ってきた

「本人の身近なところで生活全体を把握し、生育歴や性格傾向も理解したうえで日常的な助言や見守りを提供し、人生の節目の大きな決断を支える司令塔の役割をどういう人たちが担ってくれるのか」という不安が大きい。「親亡き後」ではなく「親が元気なうち」から、障害者が親（母親）に依存しなくても安心・安全に暮らすための準備や、障害者と家族を見守り支える仕組みや地域とのつながりの強化が望まれる。

2 障害児・者の親への支援

1 障害児・者の親の体験や思い

子どもの障害がわかると親はショックを受け、現実をすぐに受け止められない。障害の原因を探し、健康な子に生んでやれず申し訳ないと自分を責める。親族や知人から心ない言葉をかけられ、「頑張って育てなさい」と叱咤激励されると、ショックや悲しみを理解されず失望し、孤立感を抱く。親が子どもの障害を受け止めていく過程としては、「ショック→否認→悲しみと怒り→適応→再起」という感情の変化を経て障害受容に至るというドローター（Drotar, D.）の「段階的モデル説」や、親は慢性的な悲哀を経験するとするオーシャンスキー（Olshansky, S.）の「慢性的悲哀説」が有名である。そして中田は、「障害の認識と受容の過程で家族は紆余曲折しながらも、螺旋の階段を登るように少しずつ適応へと進む[3]」と述べ、親が子の障害を受け容れようとする歩みを信じて支えることが重要だとしている。親は信頼できる専門職や周囲の人たちとの出会いを通して、障害のあるわが子に対して肯定的な感情をもち、困難な状況に立ち向かうことができる。このような過程を経て「人間として成長できた」「人生観や障害観が変わった」と、障害のある子をもったことを肯定的に捉える親も多い。専門職には、親の気持ちに寄り添い、親とともに障害児・者の生活を支え見守る姿勢が求められる。

2 親のニーズ

親の困難やニーズは多岐にわたり、障害児・者や親自身のライフステージによっても変化する。子どもの障害がわかると共働きを諦め、収入減と障害に伴う支出のために経済的困難が生じるかもしれない。幼児期には幼稚園・保育園に行くか児童発達支援センター★を利用するか、就学時には地域の学校か特別支援学校かの決断で悩むであろう。子どもの

★児童発達支援センター
障害児通所支援として、日常生活における基本動作の指導、知識技術の付与、集団生活への適応訓練等を提供する児童福祉施設。障害児支援の地域拠点として、障害児・家族の相談や保育所等への訪問支援なども行う。

発達を促すために、専門職から助言や指導を受けながら家庭で療育に取り組むことが期待される。学齢期には親が通学の送迎や行事の付き添いを求められることもあり、わが子が適切な教育や支援が受けられているかどうかを見守り、学校と協働しなければならない。一般的に思春期から青年期の子どもは徐々に親離れしていくが、介護や日常生活支援を親に依存する障害児・者は親と一緒に過ごす時間が長く、**親離れ・子離れ**の機会が得られにくい。卒業・成人後も子どもの就労先や通所先から「保護者」「介護者」とみなされ、わが子を支える役割が続く。また子どもが精神疾患を発症すると、親は「育て方が悪かったのでは」と自分を責め、本人への対応に苦慮することが多い。専門職の援助やサービスを受けたとしても、子どもや自身のライフステージを通して、親には身体的・心理的・経済的な負担が続く。「親亡き後」問題は、その延長線上にある。

3 親への支援

ミクロレベルの親への支援では、まず親の気持ちを受け止めることが大切である。親が抱く否定的な感情を受容し、揺れ動く感情に寄り添い心理的に支えることで、親は孤立することなく安心感を得て課題解決に取り組める。障害や疾病について正しく理解できるよう、ときには医師からの説明への同席や補足説明なども必要となる。障害特性を踏まえたケアや対応の仕方について知識やスキルを伝授し、サービスや制度について情報提供し、適切なサービスの利用につなぎ調整することも、本人と親の円滑な日常生活には不可欠である。また、将来的に本人も親もそれぞれに自分らしい生活が送れるよう「親が若いうちから」の準備が重要である。移動支援（ガイドヘルプ）や短期入所（ショートステイ）などのサービスの利用、趣味や地域活動への参加などを通して、親子が離れて過ごす時間をつくることが、親にとってのレスパイトになり子どもにとっての自立への準備になる。親によるケアから地域の資源を活用した**社会的ケア**への移行を促す働きかけである。また、親は身近な理解者が得られにくく孤立しがちなので、親の会や家族会★などにつなぎ、親同士の交流や相互支援が得られるようにすることも有効である。メゾレベルの支援としては、障害児・者や親にかかわる専門職や諸機関による連携を促進し、本人・親と支援者の間の関係を調整し、本人と親を支えるチーム体制を構築していく。マクロレベルでは、地域の行事などを通して障害児・者や親と住民との橋渡しや啓発を行うことも重要である。また、親や家族の会は、行政に対して制度・サービスの創設を訴えかけ、

★家族会
精神障害者の家族の会には、「全国精神保健福祉会連合会」という全国組織や地域ごとや病院単位の家族会もある。

Active Learning

親の会や家族会には、どのような団体があるか、また、各団体がどのようなサポートを提供しているか調べてみましょう。

自分たちで作業所を作るなど、障害児・者のアドボカシーを担ってきた歴史がある。障害児・者も親も暮らしやすい社会への変革に向けて、親とともに**ソーシャルアクション**に取り組むことも望まれる。

3 障害児・者のきょうだいのニーズと支援

きょうだいも多くの困難を体験する。親が障害のある子のケアに多くの時間を費やすと、きょうだいにかかわる時間が少なくなる。きょうだいが障害のある兄弟姉妹の世話や家事を手伝ったり、家族での旅行や外出の機会が制限されたりすると、きょうだいは我慢を強いられ、学業や友人関係に影響が及ぶ可能性もある。いじめに遭ったり「可哀想」と言われたりして、孤独を感じるかもしれない。思春期・青年期になると、「障害のある子の世話を引き継いでほしい」という親の期待を感じ、自分の就職や結婚への影響を心配したりする。実際、親亡き後は、きょうだいが障害のある兄弟姉妹のキーパーソンとなることが多い。

一方で、きょうだいは障害のある兄弟姉妹と一緒に育つことで、思いやりの気持ちが育ち、肯定的な障害観が培われ、人間的に成長できるともいわれる。しかしそのためには、きょうだいが自分の存在を尊重してもらい、安心して自分の気持ちを表現・共有できる場や自分の時間をもつことが必要であり、「きょうだいの会★」が有効な資源の一つとなる。きょうだいがヤングケアラー★の役割を担っている場合は、学業との両立や負担軽減のために、家族や学校との調整やサービスの導入なども求められる。きょうだいをも支援の対象ととらえ、「障害のある兄弟姉妹とよい関係を維持しながらも、適切な距離を置いて自分らしく生きていってよい」というメッセージを伝えることが大切である。

★きょうだいの会
障害児・者のきょうだいの会として「全国障害者とともに歩む兄弟姉妹の会」があり、各地で支部や地域の活動が行われている。

★ヤングケアラー
高齢者や障害のある家族の介護や家事を担っている子ども。介護や家事のために学業、日常生活、友人関係に支障が生じ、就職・進学にも影響が及ぶこともある。日本ではヤングケアラーへの支援がまだ十分ではない。

4 障害者の子育てのニーズと支援

障害者が結婚や子育てを望んでも、「身辺自立や経済的自立ができていないのに、家族を養えるのか、家事や育児ができるのか」と言われて周囲から理解が得られないことがある。しかし、**障害者の権利に関する条約（障害者権利条約）**第 23 条（家庭及び家族の尊重）には、障害者が結婚して家庭を築き子どもをもつことについて自分で決める権利が認められると書かれている。とはいえ、子育て自体が難しい今日、親に障害があればより多くの支援が必要になる。障害の種別や程度によって子育てに伴う困難は多様であり、子どもの成長に従って求められる支援も変化する。肢体不自由があれば子どもの身の回りの世話に支援が必要かもしれないし、視覚障害や聴覚障害の場合は子どもの見守りや意思疎通に困難を生じるかもしれない。知的障害者であれば、子どもの状態や周囲の状況を判断して適切なケアを提供し、子どもに関する重大な決断をすることに不安や困難を経験する可能性がある。子どもの学校との連絡調整や地域とのやりとりをに苦労するかもしれない。精神障害のために体調や気分が不安定であれば、子どもの養育にエネルギーを注ぐことが難しいだろう。

このようなニーズに対しては、障害者の日常生活及び社会生活を総合的に支援するための法律（障害者総合支援法）に規定する「居宅介護」「重度訪問介護」のなかに**「育児支援」**があり、障害者が家庭内で行う養育を代替するものとして、乳幼児の世話、発達支援、保育所や学校との連絡援助、通院や通園の送迎、子どもの分の家事などが提供される。しかし、子育てする障害者からは、支援内容や時間数が不十分との指摘もある。子どもと親の状態や生活環境などを考慮し、ニーズを個別的・具体的に把握したうえで、「育児支援」や周囲からのサポートを柔軟に活用し、「親の子育て」と「子どもの成長発達」を保障する必要がある。

5 障害児・者福祉における家族支援

障害児・者の親やきょうだいへの支援のあり方は、障害の種別・程度、障害をもつに至った時期や経緯、家族状況、生活環境、地域性、社会的・時代的背景などによって大きく異なる。したがって、本人や家族の生活実態を把握し、個別的かつ包括的なアセスメントに基づいて、一人ひとりの家族メンバーの思いやニーズを理解することが大切である。そのうえで、家族メンバー間の人間関係や、家族と地域の関係なども視野に入れながら、システムの視点をもって家族全体を支援することが求められる。

ミクロレベルでは、家族の一人ひとりと向き合い、気持ちに寄り添う姿勢が前提となる。そして、家族が障害を正しく認識・理解し、障害児・者や自分自身のニーズにも気づいて、それぞれに必要な支援が受けられるよう丁寧にかかわっていく。メゾレベルでは、フォーマルなサービスとインフォーマルなサポートを柔軟かつ効果的に活用できるよう、本人と家族を取り巻く支援ネットワークを形成し、連携・協力体制を維持・強化する（横のネットワーク）。そして、そのネットワークを本人・家族のライフステージに沿って過去・現在・未来へと切れ目なくつないでいく（縦のネットワーク）。マクロレベルでは、障害児・者や家族が地域の住民として安心して暮らしていけるよう、地域社会への啓発や福祉制度の充実のために、当事者団体や家族会と協働して社会に向けて発信することも必要である。

ソーシャルワークにおいては、人と環境とその交互作用に焦点を当てたエコロジカルな視点が重要である。加えて、障害児・者と家族へのソーシャルワークでは、障害児・者や家族が直面する問題を社会の問題として捉える「**障害の社会モデル**」の視点も求められる。身近な生活環境だけでなく、障害児・者や家族の生きづらさをもたらしている社会背景や、今日以上に障害児・者や家族に対して冷たいまなざしが向けられていた時代の歴史的背景にも目を向ける必要がある。障害児・者がいることで家族が特別な苦労や生きづらさを経験したりケアを強要されたりすることなく、障害児・者との良好な関係を維持しながら、親もきょうだいもそれぞれが自分の望む人生を歩んでいけるようにする。それは家族のノーマライゼーションである。障害児・者とともに困難を乗り越えてきた家族ストレングスやレジリエンス★を信じ、「障害児・者の幸せを願う」気持ちを家族と共有し、家族から学ぶ姿勢をもち、障害児・者も家族も自分らしく生きていける社会を目指すという働きが、ソーシャルワーカーに期待されている。

★レジリエンス
心身の健康や発達に影響を与えるような危機的状況にあっても、困難を跳ね返して適応していく弾力性や回復力。個人の資質に加えて、ソーシャルサポートなどの環境要因がレジリエンスを促進すると考えられている。

◇引用文献
1）厚生労働省社会・援護局障害保健福祉部「平成28年生活のしづらさなどに関する調査（全国在宅障害児者等実態調査）結果」p.19, 2018.
2）きょうされん『家族の介護状況と負担についての緊急調査の結果』p.4, 2010.
3）中田洋二郎『発達障害と家族支援――家族にとっての障害とはなにか』学研教育出版，p.42, 2012.

◇参考文献
・伊藤智佳子編，徳田茂著『障害者福祉シリーズ⑧障害をもつ人の家族の心理』一橋出版，2003.
・植戸貴子『知的障害児・者の社会的ケアへ――「脱親」のためのソーシャルワーク』関西学院大学出版会，2019.
・柘植雅義・井上雅彦編著『発達障害の子を育てる家族への支援』金子書房，2007.
・土屋葉『障害者家族を生きる』勁草書房，2002.
・早樫一男・団士郎・岡田隆介編著『知的発達障害の家族援助』金剛出版，2002.

● おすすめ
・全国障害者とともに歩む兄弟姉妹の会『きょうだいだって愛されたい――障害のある人が兄弟姉妹にいるということ』2006.
・安積遊歩・尾濱由里子編著『障害のある私たちの地域で出産、地域で子育て――11の家族の物語』生活書院，2017.

第3節 障害者を取り巻く社会環境と課題

学習のポイント

- 障害児・者の日常生活を取り巻く社会環境の現状と課題について考える
- バリアフリー、コンフリクト、障害者虐待、貧困、テクノロジーに注目して考える

1 バリアフリー

1 バリアフリー環境の現状

バリアとは「障壁」という意味で、バリアフリーは、生活のなかで不便を感じること、さまざまな活動をしようとするときに障壁を除去する（フリーにする）ことである。障害のない多くの人々にとって、障害者を含むマイノリティーが日々直面するバリアに気づくことは難しく、バリアフリー環境に向けた歩みは遅い。しかし、地域共生社会を実現するためには、多様な人々の声に耳を傾け自分ごととしてバリアフリーを考えていく必要がある。

除去すべきバリアについて考えるうえで、物理的バリア、制度のバリア、文化・情報のバリア、こころ / 意識のバリアに分けて考えてみよう。

❶物理的バリア

物理的バリアとは、トイレ、駐車スペース、店舗、電車、バス、タクシー等、建築物や公共交通機関、商品等にみられるバリアのことである。障害者は、外出する際、段差はないだろうか、トイレは使えるだろうか、身体障害者用駐車スペースはあるだろうか、バスやタクシーは利用できるだろうか、視覚障害者にわかりやすい案内はあるだろうか、聴覚障害者に対する情報保障はあるだろうか等と悩む。旅行や出張で初めての場所に行く際はさらに不安が大きくなる。

Active Learning

あなたの暮らす町やキャンパス内のどこにバリアがあるか、どこでバリアフリーの対応がなされているか調べてみましょう。

高齢者、障害者等の移動等の円滑化の促進に関する法律（バリアフリー法）は、公共交通施設や建築物等のバリアフリー化を推進するにあたり、ハード・ソフト両面の一体的な取り組みを進めている。職員研修を通したソフト面の向上と合わせて物理的バリアを除去することを目指している。地域における重点的・一体的なバリアフリー化も推進してお

り、包括的な取り組みが期待される。

❷制度のバリア

制度のバリアとは、社会のルール、習慣、制度によって、能力以前の段階で機会の均等を奪うバリアのことである。たとえば、国家資格に関連する法律にみられる**欠格条項**は、障害者は能力に欠けているという先入観を前提として定められたものであり、障害者を排除することで資格等に対する信頼性を確保したり、関係者の権利や利益を保護したりする発想が読み取れる。

★欠格条項
欠格条項には「絶対的欠格」と「相対的欠格」の２種類がある。

ほかにも、障害を理由に資格試験を受けることができない、契約の段階にまで至っていた物件が、統合失調症であることを理由に破棄された、盲導犬と一緒にレストランに入ろうとしたら断られた、という先入観や前例から生じる事例がある。障害者団体は運動や政策提言を繰り返しながらバリアとなる制度や慣習、観念をなくそうとしているが、このような動向に関心をもつことが重要であろう。

❸文化・情報のバリア

文化・情報のバリアとは、芸術文化に親しんだり、視覚や音声等から得る情報を得たりする機会が制約されることである。たとえば、聴覚障害者の場合、ろう者、難聴者、中途失聴者によって情報を入手する方法[i]はさまざまだが、個々に適した情報保障が講演会や授業、美術館や映画館で提供されているかというとまだまだ課題が多い。

❹こころ / 意識のバリア

こころ / 意識のバリアとは、障害者に対する心の壁、無関心、偏見や先入観のことである。言葉による暴力や態度は、障害者の生きづらさを強めている。相模原障害者施設殺傷事件をめぐる社会の反応をみると、こころ / 意識のバリアを除去する難しさを痛感する。

★相模原障害者施設殺傷事件
2016（平成28）年７月26日未明、神奈川県立知的障害者福祉施設「津久井やまゆり園」にて発生した大量殺人事件。利用者19人が殺害され、26人が重軽傷を負った。

こころ / 意識のバリアは、語る人によって一方的な同情になったり、ヘイト問題（人権侵害）になったりするが、障害理解教育にみられるように**障害の社会モデル**に基づいた教育が注目されている。障害の有無にかかわらず、参加者が社会変革の担い手として偏見や差別のない新しい社会づくりを目指している。

★障害理解教育：Disability Equality Training
社会構造や習慣が「障害」を生み出しているという障害の社会モデルを具体的に考える方法で、国際的な広がりがある。

---

i　手話通訳（手話は日本語対応手話、日本手話、外国語の手話（アメリカ手話等）など多様）、要約筆記通訳 / 文字通訳、筆談といった通訳者を介した方法がある。また、UD トーク、電話リレーサービス、スマートフォンのアプリ、インターネットのオンラインサービス等、技術を生かした方法もある。

2 バリアフリーの課題

昨今、障害者に係る欠格条項が撤廃される動きがあるなど、変化も見受けられる。しかし、依然として残る上記のバリアを除去し、バリアフリー環境を実現するためにはどのような課題があるだろうか。内閣府「バリアフリー・ユニバーサルデザイン推進要綱」では、バリアフリーとともに、**ユニバーサルデザイン**が必要であるとし[ii]、この両方に基づく取り組みを進めている。ユニバーサルデザインはすべての人が使える製品、環境、計画、サービスであるが、最近では製品、制度、社会環境を作るプロセスに障害当事者が参画するケースが増えている。また、**合理的配慮**も不可欠である。障害の経験は多種多様であり、外見からはわからない障害もある。一人ひとりに対する合理的配慮がバリアフリーの実現につながるのではないだろうか。

Active Learning

相模原障害者施設殺傷事件をめぐる社会の反応について、SNSから探して分析してみましょう。そして、意識のバリアをなくしていくためにはどうしたらいいか考えてみましょう。

2 コンフリクト

1 障害者福祉サービスにみられるコンフリクト

コンフリクトとは、一般的には意見や利害の衝突、対立、葛藤、緊張、紛争という意味である。対立や紛争はないほうがよいが、相互理解や成長につながるチャンスと捉えて、避けるより積極的に解決する（マネジメントする）ことに注目する議論が多い。

社会福祉分野でもコンフリクトはみられる。例として、福祉施設を建設したりサービスを始めたりする際に地域住民の反対運動があって中断、停滞するケースがある（施設コンフリクト）。野村恭代は、施設コンフリクトについて、「住民と地域、もしくは施設と地域との間で生じ」、施設とその周辺住民との間で発生し、施設とその周辺住民との目標に相違があり、それが表出していることにより、当事者がその状況を知覚している状態と定義している[1)]。障害者福祉分野でも、施設や病院で過ごしていた障害者の地域移行が各地で実現して久しいが、残念ながら今も多

---

ii 「障害者、高齢者、妊婦や子ども連れの人などに主な焦点を当て、そうした方々が社会生活をしていく上でバリアとなるものを除去するとともに、新しいバリアを作らないことが必要である。すなわち、物理的な障壁のみならず、社会的、制度的、心理的なすべての障壁に対処するという考え方（「バリアフリー」）とともに、施設や製品等については新しいバリアが生じないよう誰にとっても利用しやすくデザインするという考え方（「ユニバーサルデザイン」）が必要であり、この両方に基づく取組を併せて推進することが求められている」（I　基本的な考え方―1．基本認識(4)）。

くのコンフリクトが生まれている。施設コンフリクトにおいて、反対する側からは、住民を無視して建築を始めようとした、障害者は何をするかわからないので不安、これまでの暮らしが維持できなくなる等々の主張が届く。一方、設置主体である福祉事業者や利用者は、地域で安心して暮らせる拠点がほしい、地域住民と交流を深めたいと願っている。

2 障害者福祉サービスのコンフリクトマネジメントの課題

コンフリクトマネジメントとは、対立する双方が互いに理解しあいコンフリクトの解消を目指すことである。マネジメントによって新たな関係が地域に生まれるきっかけにもなる。ソーシャルワーカーには、その地域の実情を理解すること、コンフリクトマネジメントの知識を身につけること、行政や関係機関と連携しながら丁寧に関係を構築することが期待される。利害の衝突や対立を解消して、よりよい関係、生活環境を実現し、インクルーシブな地域の実現に近づくのではないだろうか。

3 障害者虐待

1 障害者虐待の実態とこれを取り巻く社会環境

障害者虐待は、**表 4-4** からわかるように、養護者、障害者福祉施設従事者等いずれにおいても年々増加している。

虐待のリスクが高まる背景には、障害者が日々の生活のなかで加害者からの介助や支援に依存しなければならない現状がある。身体的制約や環境面での制約、スティグマ、差別が障害者の社会的排除や孤立を増幅していることから、虐待もより深刻になる。なお、障害者虐待の防止、障害者の養護者に対する支援等に関する法律（障害者虐待防止法）については、第５章第８節を参照。

Active Learning

障害者が虐待の被害にあったときに安心して声を上げるためには、どのような方法があるでしょうか。先進事例を調べてみましょう。

2 障害者虐待をなくすための課題

厚生労働省「市町村・都道府県における障害者虐待防止と対応の手引き」(2018（平成 30）年６月）によると、未然予防と早期発見を重視している。具体的には以下の取り組みが求められる。

❶ 虐待を未然に防ぐための積極的なアプローチ

❷ 虐待の早期発見・早期対応

❸ 障害者の安全確保を最優先する

表4-4　障害者虐待事例への対応状況等

		2012年度	2013年度	2014年度	2015年度	2016年度	2017年度	2018年度
養護者による障害者虐待	相談・通報件数(件)	3,260	4,635	4,458	4,450	4,606	4,649	5,331
	虐待判断件数(件)	1,311	1,764	1,666	1,593	1,538	1,557	1,612
	被虐待者数（人）	1,329	1,811	1,695	1,615	1,554	1,570	1,626
障害者福祉施設従事者等による障害者虐待	相談・通報件数(件)	939	1,860	1,746	2,160	2,115	2,374	2,605
	虐待判断件数(件)	80	263	311	339	401	464	592
	被虐待者数（人）	176	455	525	569	672	666	777
使用者による障害者虐待	相談・通報件数(件)	303	628	664	848	745	691	641
	虐待判断件数(件)	133	265	364	591	581	597	541
	被虐待者数（人）	194	405	589	1123	972	1308	900

注１：2012年度のデータは下半期のみのデ タ
　２：「使用者による障害者虐待」の「虐待判断件数」は「虐待が認められた事業所数」と同義
資料：厚生労働省「都道府県・市区町村における障害者虐待事例への対応状況等（調査結果）」（各年版）をもとに作成

❹　障害者の自己決定の支援と養護者の支援[iii]

❺　関係機関の連携・協力による対応と体制

ほかにも、情報格差の是正を促進し、サービスの情報を障害者本人にわかりやすく提供する、障害当事者が利用しやすくなるようにサービスを見直す、学校教育や自助グループ等で虐待について繰り返し学ぶことが考えられるだろう。

4　貧困

1　障害者の貧困問題

障害者の貧困問題について、障害当事者の貧困問題、家族の貧困問題、複合的差別による貧困の深刻化に焦点を当てて考えてみよう。

「平成28年生活のしづらさなどに関する調査」によると、18歳以上～65歳未満の障害者手帳保持者、および65歳以上の障害者手帳所持者の１か月の収入は、いずれも「６万円以上９万円未満」が最も多かっ

iii　虐待を行っている養護者も何らかの支援が必要な状態にあると考えて対応することが必要である。障害者に重度の障害があったり、養護者に障害に関する介護の知識がないために介護疲れによって虐待が起きる場合や、家族間の人間関係の強弱、養護者自身が支援を要する障害の状態にある等、障害者虐待はさまざまな要因が絡み合って生じており、障害者に対する虐待を予防するためには、これらの要因を一つひとつ分析し、虐待を行っている養護者を含む家族全体に対して、適切な支援を行うことが重要である。

た。賃金の低さに加えて障害年金など公的給付の水準の低さも要因の一つだと推測される。また、障害のない男女と比較すると収入に大きな差があるのが現状であり、安定した収入が得られない障害者は家族に経済的に依存しなければならない。障害者の貧困の解決と障害のない者との間の実質的な平等は我が国の長年の課題であるが、さらなる取り組みが求められる。

Active Learning

障害基礎年金１級のみで生活していくとして、何がどれだけ不足するかを自分たちの生活費からある程度計算して、お金がないがゆえにどのような社会的排除が起こるのか、あるいは貧困ゆえに自尊心や尊厳にどのような影響を受けるのかを話し合ってみましょう。

次に、家族の側の貧困問題に注目してみる。日本の福祉サービスは家族（主に母親）の介護への専従化に依存した制度設計になっている。そのため、母親は就労を諦めてしまい、経済的に厳しい状況に陥りやすい。また、過疎地や島嶼地域のようにサービスの選択肢が少ない地域に住む家族は、たとえば母親と障害児がほかの家族を残してサービスの選択肢の多い都心部に移住するといったケースがあり、地元と移住先の二つの世帯を維持していかなくてはならず、経済的負担が大きい。

Active Learning

DPI 女性ネットワークの『障害のある女性の複合差別 共通テキスト資料集』を読み、女性障害者の貧困は女性の生活にどのような影響を及ぼすか考えてみましょう。

ほかにも、障害と女性、障害と途上国での暮らし、障害と国籍、障害とマイノリティといったように、複合差別に直面するために貧困に陥る実態についても考える必要がある。

「DPI 女性障害者ネットワーク」によると、単身世帯の比較として、男性全体の年収を 100 とすると、女性全体は 66、障害男性は 44、そして障害女性は 22 という低さである。

2 障害者の貧困の課題

家族に経済的に依存している障害者にとって、所得保障は長年取り残されてきた課題である。経済的自立を保障するためにも、あらためて障害者の貧困の実態を把握すること、高齢者、ひとり親世帯、生活保護受給世帯、ひきこもり、非正規雇用者などと合わせて所得保障政策の抜本的な見直しをすることが求められるのではないだろうか。また、途上国を含め海外の障害者の貧困解決に向けた取り組みから学ぶことも有効であろう[iv]。

---

iv　JICA は、途上国の障害者の貧困解決のための取り組みとして、社会のあらゆる場面における障害者の“メインストリーミング”と、リーダーシップトレーニングや障害当事者団体の支援などを通した“エンパワメント”を促進している（Twin-track Approach）。障害者の社会参画を実現するための基盤整備と貧困解決のプログラムを並行して進めている。

5 テクノロジー

1 障害者の暮らしとテクノロジーの環境

IoT（Internet of Things）、ロボット、人工知能（AI）、ビッグデータなどの社会のあり方に影響を及ぼす新たな技術は進歩している。

テクノロジーの発展は障害者の暮らしにも大きな影響を与えており、障害者が直面している移動、情報、コミュニケーション等の制約を解決し、障害者の生活を豊かにすると注目されている。たとえば、分身ロボットが移動の制約がある障害者の就労や社会参画を実現したり、AIが障害者個々の生活習慣を学びとり利用者が求めるサポートを実現したりする。また、過疎、島嶼地域に住む障害児・者はサービスの選択肢が少なく、また、人的支援や支援テクノロジーに限界があるのが現状だが、テクノロジーが心理的経済的負担を軽減する。成長を続ける科学技術は活用方法次第で人間のパートナーとなり得るのかもしれない。

2 テクノロジーの課題――ユーザー中心の技術開発、人的支援との併用

しかし、革新し続けるテクノロジーが“技術偏重”や“健常者に近づけるための”開発にならないよう注視することが求められる。日常生活で困難に直面している障害者は解決のエキスパートでもあることから、新技術を生み出す段階から障害者が参画することを促進することがユーザー中心の開発につながっていく[v]。また、テクノロジーだけで生活の制約が解決するわけではない。個人のライフスタイルに合わせて合理的配慮などの人的支援が不可欠であり、そうして初めて障害当事者の生活に寄り添ったテクノロジーとなり、課題解決につながる。また、テクノロジーの発展が効率優先に陥ったり、能力主義を助長したり、障害者文化を否定したりすることがないよう、丁寧な検証が求められる。

Active Learning

障害者の暮らしの制約を解決するテクノロジーにはどのようなものがあるか調べ、それが実用化されたとして、どのようなマイナスの影響があるか考えてみましょう。

例①：ITの進展により在宅勤務が可能となった場合、外出の機会が減ったり、リアルな社会での人的交流が損なわれる可能性がある。

例②：人工内耳の発達によって聞こえることが可能になった場合、手話やろう文化への影響が懸念される。

---

v インクルーシブイノベーション（inclusive innovation：排除しないイノベーション）といい、innovation for inclusionとは異なる。

◇引用文献

1）野村恭代『施設コンフリクト――対立から合意形成へのマネジメント』幻冬舎ルネッサンス新書, pp.22-23, 2018.

◇参考文献

・小林昌之「「障害と開発」研究――誰一人取り残さないために」 日本貿易振興機構アジア経済研究所編『アジ研ワールド・トレンド』第269巻，pp.68-69, 2018.
・森壮也編『障害と開発――途上国の障害当事者と社会』日本貿易振興機構アジア経済研究所, 2008.
・オリィ研究所；OriHime
・フィンガーブレイルコンバーター富士通総研
・DPI 女性障害者ネットワーク『障害のある女性の複合差別 共通テキスト資料集』2019.

第5章

障害者に対する法制度

障害児・者が関係する法律は、障害者施策の理念を掲げた障害者基本法、サービス給付に関する障害者総合支援法・児童福祉法と、各障害種別ごとに定義や手帳制度、実施機関等を規定する身体障害者福祉法、知的障害者福祉法、精神保健福祉法が主なものとなる。そのほか、社会福祉の基盤を整備するための社会福祉法をはじめ、年金・手当関係、雇用・労働関係、権利擁護関係、税制関係、教育関係、交通・建築関係、通信・放送関係の法律等、多岐に及ぶ。これは、障害児・者がさまざまなライフステージで、移動や教育、労働、コミュニケーション、施設利用、経済活動を行っていることの証でもある。障害の有無にかかわらず住み慣れた地域で暮らすことのできる共生社会の実現に向けて、さまざまな法律・制度を駆使していく必要がある。

第1節 法制度の全体像

学習のポイント

- 障害者に対する法律にはどのようなものがあるか理解する
- 障害者に関連する法制度の全体像を把握する

1 法制度の全体像

障害者に直接関係する法律は、障害者基本法や障害者の日常生活及び社会生活を総合的に支援するための法律（障害者総合支援法）など、名称に「障害者」がつく法律も多いが、税制や年金等に関する法律においても、障害者への施策が含まれたものになっている。そこで、ここでは、障害者に関連する法制度の全体像を押さえておきたい（**図 5-1**）。

図5-1　障害者に関係する法律の全体像

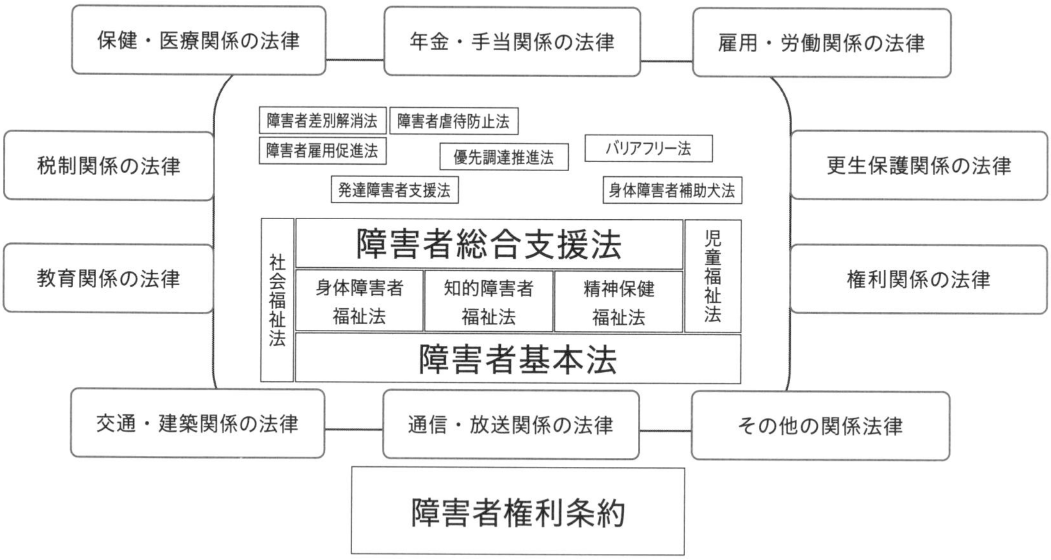

2 主な障害者関連法等

障害者に関連する主な法律等を、**表 5-1** にまとめた。

表5-1　主な障害者関連法等

領域	法律名等	内容
福祉関係	障害者基本法	詳細は第 3 章第 4 節を参照
	身体障害者福祉法	詳細は本章第 2 節を参照
	知的障害者福祉法	詳細は本章第 3 節を参照
	精神保健及び精神障害者福祉に関する法律（精神保健福祉法）	詳細は本章第 4 節を参照
	発達障害者支援法	詳細は本章第 6 節を参照
	障害者の日常生活及び社会生活を総合的に支援するための法律（障害者総合支援法）	詳細は本章第 7 節を参照
	社会福祉法	詳細は共通⑥『地域福祉と包括的支援体制』を参照
	児童福祉法（障害児関連）	詳細は本章第 5 節を参照
	生活保護法	詳細は社会専門④『貧困に対する支援』を参照
	介護保険法	詳細は社会専門②『高齢者福祉』を参照
保健・医療関係	難病の患者に対する医療等に関する法律（難病法）	2014（平成26）年 5 月23日に成立した法律である。「難病の患者に対する医療その他難病に関する施策に関し必要な事項を定めることにより、難病の患者に対する良質かつ適切な医療の確保及び難病の患者の療養生活の質の維持向上を図り、もって国民保健の向上を図ることを目的」としている（第 1 条）。❶厚生労働大臣による難病に係る医療や施策の総合的な推進のための基本方針の策定、❷医療費助成疾病の拡大など難病に係る新たな公平かつ安定的な医療費助成の制度の確立、❸難病の医療に関する調査及び研究の推進、❹難病相談支援センターの設置など療養生活環境整備事業の実施などが規定されている（2015（平成27）年 1 月 1 日に施行）。我が国の難病対策は、それまでは特定疾患治療研究事業として実施されてきたが、法律に基づかない予算事業であったため、法律として整備されたものである。なお、本法で、難病とは、「発病の機構が明らかでなく、かつ、治療方法が確立していない希少な疾病であって、当該疾病にかかることにより長期にわたり療養を必要とすることとなるもの」（第 1 条）と定義されている。
	母子保健法	本法は、「母性並びに乳児及び幼児の健康の保持及び増進を図るため、母子保健に関する原理を明らかにするとともに、母性並びに乳児及び幼児に対する保健指導、健康診査、医療その他の措置を講じ、もって国民保健の向上に寄与することを目的」としている（第 1 条）。また、障害児関係においては、「国は、乳児及び幼児の障害の予防のための研究その他母性並びに乳児及び幼児の健康の保持及び増進のため必要な調査研究の推進に努めなければならない」としており（第20条の 3 ）、乳幼児の障害の予防に関する研究を規定している。
	児童福祉法（小児慢性特定疾病医療費の支給）	2014（平成26）年 5 月に児童福祉法が改正され、❶良質かつ適切な小児慢性特定疾病医療支援の実施その他の疾病児童等の健全な育成に係る施策の推進を図るための基本的な方針を定める、❷小児慢性特定疾病に係る新たな公平かつ安定

領域	法律名等	内容
保健・医療関係		的な医療費助成の制度の確立、❸小児慢性特定疾病児童等自立支援事業の実施、❹小児慢性特定疾病の治療方法等に関する調査及び研究の推進などが規定された（2015（平成27）年１月１日施行）。それまでは、小児慢性特定疾患医療費助成として、児童福祉法に基づく医療費補助制度であったものが、同法による小児慢性特定疾病医療費として支給が義務化された。また、疾病の範囲も拡大された。なお、小児慢性特定疾病とは、「児童又は児童以外の満20歳に満たない者が当該疾病にかかっていることにより、長期にわたり療養を必要とし、及びその生命に危険が及ぶおそれがあるものであって、療養のために多額の費用を要するものとして厚生労働大臣が社会保障審議会の意見を聴いて定める疾病をいう」（第６条の２第１項）とされている。
	高齢者の医療の確保に関する法律（高齢者医療確保法）	本法の「後期高齢者医療制度」では、「後期高齢者医療広域連合」が保険者として、後期高齢者医療広域連合の区域内に住所を有する75歳以上の高齢者に、各種医療保険と同等の医療を提供しているが、後期高齢者医療広域連合が一定の障害があると認めた人には、65歳以上75歳未満でも医療が提供される（第50条第２号）。
	国民健康保険法	本法は、「国民健康保険事業の健全な運営を確保し、もって社会保障及び国民保健の向上に寄与することを目的」として（第１条）、療養の給付等の医療サービスを提供しており、障害者に対するサービスとしては、高額療養費の特例において、透析患者、血友病患者、抗ウイルス剤を投与している後天性免疫不全症候群の患者の自己負担限度額を１万円（70歳未満の上位所得者は２万円）としている（国民健康保険法施行令第29条の２第８項、第29条の３第９項）。障害を理由とする公費負担医療は、医療保険の自己負担分を対象とすることが多い。
	健康保険法 共済組合医療保険	本法は、「労働者又はその被扶養者の業務災害以外の疾病、負傷若しくは死亡又は出産に関して保険給付を行い、もって国民の生活の安定と福祉の向上に寄与することを目的」としている（第１条）。国民健康保険法と同じく、障害者に対するサービスとしては、高額療養費の特例において、透析患者、血友病患者、抗ウイルス剤を投与している後天性免疫不全症候群の患者の自己負担限度額を１万円（70歳未満の上位所得者は２万円）としている（健康保険法施行令第41条第９項、第42条第９項）。同様の制度として、国家公務員共済組合法、地方公務員等共済組合法や私立学校教職員共済法に基づく医療保険制度がある。
年金・手当関係	国民年金法	本法は、「国民年金制度は日本国憲法第25条第２項に規定する理念に基づき、老齢、障害又は死亡によって国民生活の安定が損なわれることを国民の共同連帯によって防止し、もって健全な国民生活の維持及び向上に寄与することを目的」としており（第１条）、その目的を実現する方法として、「国民の老齢、障害又は死亡に関して必要な給付を行うものとする」とある（第２条）。具体的には、保険料納付済期間が加入期間の３分の２以上あり、国民年金の加入期間中に受けた障害の程度が障害等級表の１、２級に該当している場合（ただし20歳未満の時点に初診日のあるものは保険料納付済期間の要件はない）は、障害基礎年金が給付される（第30条、第30条の４）。また、子がいる場合の各年金の加給年金について、通常の場合は18歳到達年度の末日までの子に加給年金が支給されるが、障害児の場合は20歳未満まで対象になるなどの配慮が行われている。
	厚生年金法 共済組合年金	本法は、「労働者の老齢、障害又は死亡について保険給付を行い、労働者及びその遺族の生活の安定と福祉の向上に寄与することを目的」としており（第１条）、その目的を達成する方法として、障害に関しては、保険給付として障害厚生年金障害等級（１、２、３級）及び障害手当金が定められている（第32条）。対象者は、一般企業被用者である。同様の制度として、国家公務員共済組合法、地方公務員等共済組合法や私立学校教職員共済法に基づく被用者年金制度がある。
	特定障害者に対する特別障害給付金の支給に関する法律	本法は、「国民年金制度の発展過程において生じた特別な事情にかんがみ、障害基礎年金等の受給権を有していない障害者に、特別障害給付金を支給することにより、その福祉の増進を図ることを目的」としており（第１条）、学生や主婦で、

領域	法律名等	内容
年金・手当関係		任意加入期間中に国民年金制度に加入していなかったために、無年金状態になった障害者を対象に、特別障害給付金が支給される。障害の程度は、政令で定められているが、国民年金の障害等級の障害程度に相当する障害がある場合に支給される。
	独立行政法人福祉医療機構法	本法に「心身障害者扶養共済制度」が規定されている。この制度は、心身障害者を扶養するものを加入者とし、加入者が死亡し又は重度の障害の状態になった時に、心身障害者に対して給付金が支給されるもので、地方自治体が制度を運用している。保護者の死亡後等に心身障害者の所得を確保することを目的としている（第12条第１項第10号）。
	特別児童扶養手当等の支給に関する法律	本法は、以下の三つの手当の支給について規定している。 ❶　特別児童扶養手当:精神または身体に障害を有する児童（20歳未満）を監護・養育する者を対象に支給 ❷　障害児福祉手当：精神または身体に重度の障害を有する児童（20歳未満）について支給 ❸　特別障害者手当：20歳以上の重度の障害者を対象に支給
	児童扶養手当法	本法は、「父又は母と生計を同じくしていない児童が育成される家庭の生活の安定と自立の促進に寄与するため、当該児童について児童扶養手当を支給し、もって児童の福祉の増進を図ることを目的」としている（第１条）。また、父親（または母親）が政令で定める程度の障害の状態にある場合には、その児童についても児童扶養手当が支給される。 ※ひとり親家庭（それに準ずる家庭）に支給
雇用・労働関係	障害者の雇用の促進等に関する法律（障害者雇用促進法）	詳細は本章第11節を参照
	国等による障害者就労施設等からの物品等の調達の推進等に関する法律（障害者優先調達法）	詳細は本章第12節を参照
	雇用保険法	本法では、労働者が失業した場合や職業に関する教育訓練を受けた場合に、失業等給付を支給したり、失業の予防などの雇用保険二事業を実施しているが、身体障害者、知的障害者、精神障害者が失業した場合には、就職困難者として失業等給付の基本手当の給付日数が一般受給者よりも有利に設定される。
	労働者災害補償保険法	本法では、労働者の業務上の事由による障害の場合は、「療養補償給付」「休業補償給付」「障害補償給付」「傷病補償年金」などの給付が行われる。また、社会復帰促進等事業として、療養に関する施設、リハビリテーションに関する施設の設置及び運営等が含まれる。同様の法律として国家公務員災害補償法、地方公務員災害補償法などがある。
	最低賃金法	本法には、最低賃金の減額の特例（精神または身体の障害により著しく労働能力の低いものについては最低賃金を減額できること）を規定している（第７条）。
	あん摩マツサージ指圧師はり師きゆう師等に関する法律	本法第２条には、高校卒業程度の資格がないと国家試験を受験できないことが規定されているが、視覚障害者の場合、文部科学大臣の認定した学校や厚生労働大臣の認定したあん摩マッサージ指圧師の養成施設又はあん摩マッサージ指圧師、はり師及びきゅう師の養成施設を修了した者においては、中学校卒業程度の資格でも受験できるように要件を緩和している（附則第18条の２）。また、視覚障害者であるあん摩マッサージ指圧師の生計の維持が著しく困難とならないようにするため、必要がある場合には、あん摩マッサージ指圧師にかかる学校又は養成施設における視覚障害者以外の者の定員等を制限することができるとし、視覚障害者の職業を保護する規定がある（附則第19条）。さらに、目が見えない者の

領域	法律名等	内容
		試験は点字によることができるとして、受験における特別な配慮を認めている（平成２年厚生省令第19号）。
税制関係	所得税法	本法により、「障害者」は、「その者のその年分の総所得金額、退職所得金額又は山林所得金額から27万円」が控除され、「特別障害者」である場合には「40万円」が控除され、障害者に対して所得税額の根拠となる総所得金額から一定額を控除することで税額を減額される（第79条第１項）。
	地方税法	本法に基づき、「障害者」は、前年の合計所得金額が125万円（2021年１月１日からは135万円）以下の場合は非課税とされ（第24条の５）、また、所得割課税については「障害者」の場合26万円、「特別障害者」の場合30万円が控除される（第34条第１項第６号）。また、第72条の２第10項第５号で、「あん摩、マッサージまたは指圧、はり、きゅう、柔道整復その他の医業に類する事業の場合、両眼の視力を喪失した者その他これに類する政令で定める視力障害のある者が行うもの」については事業税を免除される。
	相続税法	本法は、障害者に対する相続税の控除を規定している。心身障害者扶養共済制度の給付金を受ける権利は贈与税の非課税財産であるとしており（第21条の３第１項第５号）、また、特定障害者を受益者とする信託契約に基づき金銭等の財産が選択されたときは６千万円を限度として贈与税が非課税とされる（第21条の４）。
	関税定率法	本法は、関税の無条件免税の対象として、「身体障害者用に特に製作された器具その他これに類する物品で政令で定めるもの」を定めている（第14条第16号）。これらの物品については、「肢体不自由者用の義肢及び人工代用筋（これらの部分品及び附属品を含む）、車椅子並びに装着式尿集器」「盲人用の点字器（机上用のもの又はポケット型のものに限る）、タイプライター、時計、はかり、温度計および体温計」「身体障害者用に特に製作された器具その他の物品で財務省令で定めるもの」と定められている（関税定率法施行令第16条の２）。
交通・建築関係	高齢者、障害者等の移動等の円滑化の促進に関する法律（バリアフリー法）	詳細は本章第10節を参照
	道路交通法	本法では、「目が見えないもの（目が見えない者に準ずるものを含む）は、道路を通行するときは、政令で定めるつえを携え又は政令で定める盲導犬を連れていなければならない」としており（第14条第１項）、また、「目が見えない者以外の者（耳が聞こえない者及び政令で定める程度の身体の障害のある者を除く）は、政令で定めるつえを携え、又は政令で定める用具を付けた犬を連れて道路を通行してはならない」としている（第14条第２項）。政令で定める身体の障害の程度は、「道路の通行に著しい支障がある程度の肢体不自由、視覚障害、聴覚障害及び平衡機能障害とする」としており（道路交通法施行令第８条第４項）、白杖や補助犬の利用が可能であるとしている。また、身体障害者用の車椅子が通行しているときや、視覚障害者や聴覚障害者等が白杖等を携帯・使用して通行しているときは、「一時停止し又は徐行して、その通行又は歩行を妨げないようにする」ことが規定されている（第71条第２号）。
	身体障害者補助犬法	詳細は本章第２節２を参照
	自動車損害賠償保障法	本法は、「自動車の運行によって人の生命又は身体が害された場合における損害賠償を保障する制度を確立することにより、被害者の保護を図り、あわせて自動車運送の健全な発達に資することを目的」としており（第１条）、自動車事故による障害に対して保険金を支払う場合の障害の範囲を定めている。

領域	法律名等	内容
交通・建築関係	身体障害者旅客運賃割引規則 知的障害者旅客運賃割引規則	これらの規則は、各旅客鉄道株式会社の内規ではあるが、かつて、JR 各社が日本国有鉄道であった時代から、我が国の障害者運賃割引制度の雛形となっており、現在でも鉄道、バス、船舶等の各事業者が準拠している。 JR の例でいえば、障害者手帳（精神障害者保健福祉手帳を除く）の提示により、運賃割引がある。障害者手帳には障害程度に応じて第一種または第二種の記載がある。第一種の障害者は、距離に関係なく介護者とともにそれぞれ50% 割引になる（１人分の運賃で介護者と共に乗車できる）が、第二種の障害者は、乗車する区間の距離が100 km を超える場合に本人のみ50% 割引になる。
	公営住宅法	本法は、「国及び地方公共団体が協力して、健康で文化的な生活を営むに足りる住宅を整備し、これを住宅に困窮する低額所得者に対して低廉な家賃で賃貸し、又は転貸することにより、国民生活の安定と社会福祉の増進に寄与することを目的」としている（第１条）。そして、公営住宅の入居者資格として、入居者の心身の状況または世帯構成、区域内の住宅事情などを勘案し、特に居住の安定を図る必要がある場合や現に住宅に困窮していることが明らかな場合などが規定されている（第23条）。
通信・放送関係	身体障害者の利便の増進に資する通信・放送身体障害者利用円滑化事業の推進に関する法律	本法は、総務大臣が「通信・放送身体障害者利用円滑化事業の推進に関する基本的な方針」を定めなければならないことや国立研究開発法人情報通信研究機構の業務について定めている。そして、この基本方針においては、視覚障害者向けの副音声による解説番組や聴覚障害者向けの字幕番組等の放送時間数の拡大と放送地域の拡大に努めることなどが規定されている。
	放送法	本法では、視覚障害者に対する解説番組、聴覚障害者に対する字幕番組の拡大に対する放送事業者の努力義務について規定している（第４条第２項）。
教育関係	教育基本法	本法は、「教育は人格の完成を目指し平和で民主的な国家及び社会の形成者として必要な資質を備えた心身ともに健康な国民の育成を期して行わなければならない」として教育の目的を示している（第１条）。また、「国及び地方公共団体は、障害のある者が、その障害の状態に応じ、十分な教育を受けられるよう、教育上必要な支援を講じなければならない」として障害者に対する教育上の支援が規定されている（第４条第２項）。
	学校教育法	本法では「この法律で学校とは、幼稚園、小学校、中学校、義務教育学校、高等学校、中等教育学校、特別支援学校、大学及び高等専門学校とする」と規定している（第１条）。障害者関係では、特別支援学校の役割として、独自に障害児等に対する教育を行う以外に、普通学校に在籍する障害児等について教育上の助言等を行うことが求められている（第74条）。また、小学校、中学校、義務教育学校、高等学校および中等教育学校には、知的障害者、肢体不自由者、身体虚弱者、弱視者、難聴者等の児童および生徒のために、特別支援学級をおくことができるとしている（第81条第２項）。
権利関係	障害を理由とする差別の解消の推進に関する法律（障害者差別解消法）	詳細は本章第９節を参照
	障害者虐待の防止、障害者の養護者に対する支援等に関する法律（障害者虐待防止法）	詳細は本章第８節を参照
	著作権法	本法は、本来、著作者等の権利の保護を図ることを目的とする法律であるが、視覚障害や聴覚障害のある児・者の便宜を図るため、点字による複製、録音図書の作成、これらの自動公衆送信、教科書の拡大図書等による複製等、著作者等の権利を一部制限する規定がある。

領域	法律名等	内容
権利関係	障害のある児童及び生徒のための教科用特定図書等の普及の促進等に関する法律	本法は、「教育の機会均等の趣旨にのっとり、障害のある児童及び生徒のための教科用特定図書等の発行の促進を図るとともに、その使用の支援について必要な措置を講ずること等により、教科用特定図書等の普及の促進等を図り、もって障害その他の特性の有無に関わらず児童及び生徒が十分な教育を受けることができる学校教育の推進に資することを目的」としている（第１条）。教科用図書発行者による電磁的記録の提供や、教科用特定図書等の標準的な規格の策定等を定めている。
	公職選挙法	本法では、点字投票を認めている（第47条）。また、「心身の故障その他の事由」により自ら当該選挙の公職の候補者の氏名を記載することができない選挙人には代理投票も認めている（第48条）。さらに、政令で定める重度身体障害者の投票については、郵便等による不在者投票も認めている（第49条第２項）。なお、2013（平成25）年５月31日の法改正により、成年後見人に係る選挙権および被選挙権の欠格条項が削除され、認知症、知的障害、精神障害などのために成年被後見人となっている人の選挙権と被選挙権が回復され、これらの人々が参政権を行使できるようになった。（被保佐人、被補助人は以前から参政権の行使は可能であった。）
	民法	本法は、第１条で、私権および権利の行使や義務の履行などについて記述している。障害者に関しては、成年後見制度について記載しており、第７条では「精神上の障害により事理を弁識する能力を欠く常況にある者については、家庭裁判所は、本人、配偶者、四親等内の親族、未成年後見人、未成年後見監督人、保佐人、補佐監督人、補助人、補助監督人又は検察官の請求により、後見開始の審判をすることができる」としている。また、任意後見制度については、任意後見契約に関する法律に記載されている。
更生保護関係	更生保護法	法律の条文に障害者という用語はないが、一定の矯正施設入所者に障害者が含まれるため、厚生労働省は「地域生活定着支援センター」を設置し、更生保護法に基づく保護観察所と協働して矯正施設を退所した障害者等の地域生活の定着等に取り組んでいる。 詳細は共通⑩『刑事司法と福祉』を参照
	心神喪失等の状態で重大な他害行為を行った者の医療及び観察等に関する法律（医療観察法）	本法は、心神喪失または心神耗弱の状態で、重大な他害行為（殺人、放火、強盗、強制性交等、強制わいせつ、傷害）を行った者に対して、適切な医療を提供し、社会復帰を促進することを目的としている。検察官は、心神喪失又は心神耗弱の状態で重大な他害行為を行い、不起訴処分となるか無罪等が確定した人に対して、医療観察法による医療および観察を受けさせるべきかどうかを地方裁判所に申立てを行う。合議体による審判で、本制度による処遇の要否と内容が決定される。医療の決定を受けた者に対し、指定入院医療機関あるいは指定通院医療機関において、手厚い専門的な医療の提供が行われる。保護観察所に配置されている社会復帰調整官が、退院後の生活環境の調整等について中心的に関わる。
その他	予防接種法、公害健康被害の補償等に関する法律、独立行政法人医薬品医療機器総合機構法、戦傷病者戦没者遺族等援護法、戦傷病者特別援護法、恩給法、原子爆弾被爆者に対する援護に関する法律	
	災害弔慰金の支給等に関する法律、災害対策基本法、刑法、石油需給適正化法	

第2節

身体障害者福祉法

学習のポイント

- 身体障害者福祉法の概要について学ぶ
- 身体障害者補助犬法について理解する
- 手話言語条例をめぐる動向とその必要性について理解する

1 身体障害者福祉法の概要

1 法律制定の経緯

第二次世界大戦直後の障害のある人に対する対策は、生活困窮者、なかでも傷痍軍人を対象としたものであり、一般国民を対象とはしていなかった。しかし、日本国憲法は、法の下の平等および国民の生存権と国の保障義務を謳い、障害の有無にかかわらず、国民の基本的人権を尊重することについて国の責任を明確化した。こうした背景のもと、身体障害者福祉法は 1949（昭和 24）年に制定され、翌年４月１日に施行された。制定当初の本法は、職業的自立に向けた「更生への努力」が課される**更生法**とされ、対象の障害の種類の限定、18 歳以上を対象とし 18 歳未満は児童福祉法の対象とすることなどをその特徴とした。その後、身体障害者福祉法は幾度かの改正を経て、法の目的が「保護・更生」から「自立と社会経済活動への参加」へと変化してきている。

2 法律の目的

身体障害者福祉法の目的は、第 1 条において「障害者の日常生活及び社会生活を総合的に支援するための法律（平成 17 年法律第 123 号）と相まって、身体障害者の自立と社会経済活動への参加を促進するため、身体障害者を援助し、及び必要に応じて保護し、もって身体障害者の福祉の増進を図ることを目的とする」と規定されている。

第２条第２項において「すべて身体障害者は、社会を構成する一員として社会、経済、文化その他あらゆる分野の活動に参加する機会を与えられるものとする」と規定されているように、現在は、経済的自立だけでなく多様な機会を通して社会参加することをその目的としている。

3 法律の対象

Active Learning

障害等級表について、そこで取り上げられている障害種別や等級の根拠が何なのかについて考え、その是非や、「非」であればどう改善していけばよいかをグループで討議してみましょう。

身体障害者福祉法の対象である身体障害者は、第４条に「この法律において、『身体障害者』とは、別表に掲げる身体上の障害がある18歳以上の者であって、都道府県知事から**身体障害者手帳**の交付を受けたものをいう」と規定されている（別表については第１章**表 1-2**（p.4）参照）。

近年の障害の定義における「医学モデル」から「**社会モデル**」へと障害の概念が変化してきていることを踏まえると、身体障害者福祉法における「身体障害」は医学的診断に基づく機能障害に偏った障害認定といえる。しかし、身体障害の範囲が内部障害に拡大し、たとえば、ヒト免疫不全ウイルスによる免疫機能の障害で生じるような日常生活活動上の制限（生鮮食料品の摂取禁止、軽作業を越える作業の回避）を、身体障害認定の基準項目とする動きもみられる。

4 身体障害者手帳

身体障害者手帳については、法第15条「身体に障害のある者は、都道府県知事の定める医師の診断書を添えて、その居住地（居住地を有しないときは、その現在地）の都道府県知事に身体障害者手帳の交付を申請することができる」と規定されている。ただし、本人が15歳に満たないときは、その保護者が代わって申請するものとされる。障害等級は障害種別に障害の最も重い１級から７級まであり、身体障害者手帳に記載されるのは６級までである[i]。

5 実施機関等

身体障害者福祉法に基づく援護は、市町村を中心に実施されている。第９条第１項にあるように「身体障害者又はその介護を行う者に対する援護は、その身体障害者の居住地の市町村（特別区を含む。）が行うものとする。ただし、身体障害者が居住地を有しないか、又は明らかでない者であるときは、その身体障害者の現在地の市町村が行うものとする」と規定されている。

---

i 身体障害者手帳は、肢体不自由については等級表のなかで最軽度とされる７級がある。７級の障害は、一つのみでは法の対象とならないが、７級の障害が二つ以上重複する場合または７級の障害が６級以上の障害と重複する場合は、法の対象となる。

❶援護の実施者

市町村は、法の施行に関し、次に掲げる業務を行わなければならない(第9条第5項第1号～第3号)。

> 一　身体に障害のあるものを発見して、又はその相談に応じて、その福祉の増進を図るために必要な指導を行うこと。
> 二　身体障害者の福祉に関し、必要な情報の提供を行うこと。
> 三　身体障害者の相談に応じ、その生活の実情、環境等を調査し、更生援護の必要の有無及びその種類を判断し、本人に対して、直接に、又は間接に、社会的更生の方途を指導すること並びにこれに付随する業務を行うこと。

❷連絡調整等の実施者

都道府県は、法の施行に関し、次に掲げる業務を行わなければならない（第10条第1項第1号・第2号)。

> 一　市町村の援護の実施に関し、市町村相互間の連絡調整、市町村に対する情報の提供その他必要な援助を行うこと及びこれらに付随する業務を行うこと。
> 二　身体障害者の福祉に関し、主として次に掲げる業務を行うこと。
> 　イ　各市町村の区域を超えた広域的な見地から、実情の把握に努めること。
> 　ロ　身体障害者に関する相談及び指導のうち、専門的な知識及び技術を必要とするものを行うこと。
> 　ハ　身体障害者の医学的、心理学的及び職能的判定を行うこと。
> 　ニ　必要に応じ、障害者の日常生活及び社会生活を総合的に支援するための法律第5条第25項に規定する補装具の処方及び適合判定を行うこと。

❸身体障害者更生相談所

身体障害者更生相談所は、専門的相談支援機関として都道府県に設置が義務づけられ（第11条第1項)、医学的、心理学的、職能的な専門的判定のほか、市町村の援護の実施に関し、市町村に対する情報の提供、市町村や事業所への技術的援助・助言などを行う（同条第2項)。また、都道府県は、その設置する身体障害者更生相談所に**身体障害者福祉司**を置かなければならない（第11条の2第1項)。

6 身体障害者福祉法に基づく措置

市町村は、障害者の日常生活及び社会生活を総合的に支援するための法律（障害者総合支援法）に規定する障害福祉サービスを必要とする身体障害者が、やむを得ない事由により介護給付費等（療養介護と施設入所支援に係るものを除く）の支給を受けることが著しく困難であると認めるときは、その身体障害者につき、政令で定める基準に従い、障害福祉サービスを提供し、又は当該市町村以外の者に提供を委託することができる（第18条第1項）。また、市町村は、障害者支援施設等への入所を必要とする身体障害者が、やむを得ない事由により介護給付費等（療養介護と施設入所支援に係るものに限る）の支給を受けることが著しく困難であると認めるときは、その身体障害者を当該市町村の設置する障害者支援施設等に入所させ、または国、都道府県、他の市町村、社会福祉法人の設置する障害者支援施設等、指定医療機関にその身体障害者の入所もしくは入院を委託しなければならない（同条第2項）。

2 身体障害者補助犬法

2002（平成14）年5月に成立した身体障害者補助犬法は、第1条にこの法律の目的を掲げている。

> （目的）
>
> 第1条　この法律は、身体障害者補助犬を訓練する事業を行う者及び身体障害者補助犬を使用する身体障害者の義務等を定めるとともに、身体障害者が国等が管理する施設、公共交通機関等を利用する場合において身体障害者補助犬を同伴することができるようにするための措置を講ずること等により、身体障害者補助犬の育成及びこれを使用する身体障害者の施設等の利用の円滑化を図り、もって身体障害者の自立及び社会参加の促進に寄与することを目的とする。

国や自治体等が管理する施設のほか、公共交通機関、不特定かつ多数の者が利用する施設（たとえば、ホテル、病院等）は補助犬の同伴を拒んではならず、一定規模を有する事業主は、その事業所または事務所に勤務する身体障害者が補助犬を使用することを拒んではならない（第7条～第10条）。

身体障害者補助犬法では、身体障害者補助犬を盲導犬、介助犬及び聴導犬をいうと規定され（第2条第1項）、いずれも第16条第1項により、身体障害者補助犬とするために育成された犬であり、身体障害者がこれを同伴して不特定多数の者が利用する施設等を利用する場合において他人に迷惑を及ぼさないこと、その他適切な行動をとる能力の認定を受けているものをいう（同条第2項～第4項）。

3 手話言語条例

2006年に国連で採択された「**障害者の権利に関する条約（障害者権利条約）**」では、第2条の定義において「意思疎通」とは「言語、文字の表示、点字、触覚を使った意思疎通、拡大文字、利用しやすいマルチメディア並びに筆記、音声、平易な言葉、朗読その他の補助的及び代替的な意思疎通の形態、手段及び様式（利用しやすい情報通信機器を含む。）をいう」としている。また「言語」については、「音声言語及び手話その他の形態の非音声言語をいう」と規定している。つまり、手話は言語であり、意思疎通に不可欠なものである。手話は、障害者権利条約第21条「表現及び意見の自由並びに情報の利用の機会」、第24条「教育」、第30条「文化的な生活、レクリエーション、余暇及びスポーツへの参加」とも関連する。第30条第4項では、「障害者は、他の者との平等を基礎として、その独自の文化的及び言語的な同一性（手話及び聾文化を含む。）の承認及び支持を受ける権利を有する」と規定され、手話は意思疎通における**合理的配慮**の一つにとどまらず、文化・言語的権利の対象として位置づけられている。

障害者基本法では、「全て障害者は、可能な限り、言語（手話を含む。）その他の意思疎通のための手段についての選択の機会が確保されるとともに、情報の取得又は利用のための手段についての選択の機会の拡大が図られること」（第3条第3項）と規定されている。手話は、同法第22条（情報の利用におけるバリアフリー化等）、第29条（司法手続における配慮等）とも関連し、意思疎通のための手段の選択の機会の確保は、今後、関連する国内法を整備する必要がある。各自治体では、具体的な実施に向け「手話言語条例」や手話に限らない形態の意思疎通支援策の実施、提供について条例制定を進めている。

◇参考文献

・全日本ろうあ連盟『手話言語法（仮称）制定推進事業報告書』2012.

第3節 知的障害者福祉法

学習のポイント

- 児童福祉法と知的障害者福祉法とのつながりについて学ぶ
- 他の障害（身体障害、精神障害）に関する法律との相違点を把握する
- 知的障害のある人がサービス利用のために申請する手帳を「療育手帳」と呼ぶのはなぜかを理解する

1 知的障害者福祉法の概要

1 法律制定の経緯

第二次世界大戦後、最も深刻な課題としてあげられたことの一つは戦災孤児の問題であったが、主としてこれに対処するため、1947（昭和22）年に児童福祉法が制定された。この児童福祉法のなかには、戦災孤児への対策とは別個の政策課題として、精神薄弱児（現在の知的障害児）に対する援護・保護・指導が含まれていた。その対策の中心は当初、精神薄弱児施設（知的障害のある子どもの入所施設）であった。その後1957（昭和32）年には精神薄弱児通園施設（知的障害のある子どもが家から通う施設）が制度化され、家族と同居している子どもに対するサービスも開始された。

しかしその後、児童福祉法の対象は18歳までであるにもかかわらず、これらのサービスを利用している対象者が18歳を超えてサービスを受け続けている事例（加齢児問題）が生じた。その解決のため、18歳以上の知的障害のある人を対象とした**精神薄弱者福祉法**（現・**知的障害者福祉法**）が1960（昭和35）年に制定された。その対策の中心は、精神薄弱児施設に入所していた子どもをそのまま当該施設に継続して入所させ、施設名を精神薄弱者援護施設に変更させるというものであった。その後、1980年代までこのような**入所型施設**が数多く造られ、規模も大きくなっていった。同時期には北欧や北米では**ノーマライゼーション**という考え方（入所施設で生活することはふつうの生活ではないという考え方）が提起され、脱施設化★の動きが生じていたが、そのような動きとのずれが生じる結果となった。

★脱施設化
施設を小規模化したり、入所していた人たちを退所させ地域生活に移行させること。

その後、1980年代後半になり日本にもノーマライゼーションの考え方が徐々に紹介されるにつれ、入所施設がもつ収容・隔離という側面に対する批判がみられるようになった。その結果、1989（平成元）年には精神薄弱者地域生活援助事業によって**グループホーム**★が制度化され、施設から地域へと生活の場を移行する人もでてきた。そのような人たちからは「もう施設には帰らない」という声が上げられた。また1990（平成2）年の福祉関係八法の改正によって**在宅福祉サービス**も制度化され、ホームヘルプサービス★、デイサービス★、ショートステイ★等のサービスを受けられるようになった。家族介護が前提になっているが、小さい頃から生活してきた地域で、支援を受けながら住み続けることができるようになってきた。このように少しずつ入所施設中心の福祉から地域福祉への展開をみせている。しかし、2017（平成29）年現在も、12万人を超える人が入所施設での生活を余儀なくされているという現実がある。なお、1999（平成11）年には、名称が差別的であるとして、精神薄弱者福祉法から知的障害者福祉法への名称変更がなされた。

2000（平成12）年の社会福祉基礎構造改革では、個人の自立を基本とし、その選択を重視することを具体的方向の一つとして掲げているが、知的障害者福祉の分野でも、2003（平成15）年度から、それまでの措置制度★から利用契約制度★（支援費制度）になった。その後、2005（平成17）年に制定された障害者自立支援法（現・**障害者の日常生活及び社会生活を総合的に支援するための法律（障害者総合支援法）**）では、身体障害、精神障害、知的障害のサービスが一本化され、知的障害者福祉法の役割は大幅に縮小した。

★グループホーム
数名の知的障害のある人が支援を受けながら地域内の戸建て住宅で生活する。

★ホームヘルプサービス
ホームヘルパーが家を訪問し、入浴・排泄などの介護、料理や掃除などの家事、生活に関する相談を行う。

★デイサービス
日中だけデイサービスセンターなどに通って活動する。

★ショートステイ
家族介護者が外泊するなど必要なときに、施設などに短期間、入所する。

★措置制度
行政が行政処分によりサービス内容を決定する制度。

★利用契約制度
利用者が事業者との対等な関係に基づきサービスを選択する制度。

2 法律の対象

法律の制定の経緯のところでも示したように、この法律の対象は、**18歳以上の知的障害のある人**である。しかし、本書第1章第1節でも述べたように、知的障害者福祉法にはこの法律の対象となる「知的障害者」の定義がない。この点に関しては「身体障害者」「精神障害者」が身体障害者福祉法、精神保健及び精神障害者福祉に関する法律（精神保健福祉法）でそれぞれ定義されているのと異なる。また精神保健福祉法第5条で、「精神障害者」は「統合失調症、精神作用物質による急性中毒又はその依存症、知的障害、精神病質その他の精神疾患を有する者をいう」と定義され、そのなかには知的障害が含まれている。この点に関しては、精神薄弱者福祉法（現・知的障害者福祉法）制定当時からどの

Active Learning
知的障害者の定義が法的にないことの理由、定義がないことの利点と問題点を考えてみましょう。

ように整理するのかの議論があり、精神保健福祉法は医学的見地からみた知的障害者、知的障害者福祉法は福祉の観点からみた知的障害者を、各々援助し保護することを目的とすると整理された経緯がある。なお、実質的に用いられている定義については本書第１章第１節を参照されたい。

3 法律の目的と内容

「第１章　総則」では、法の目的について、障害者総合支援法と相まって、「知的障害者の自立と社会経済活動への参加を促進するため、知的障害者を援助するとともに必要な保護を行い、もって知的障害者の福祉を図ることを目的とする」としている（第１条）。また国、地方公共団体はこれらを促進するための援助と必要な保護（更生援護）の実施に努め（第２条第１項）、国民も協力するよう努めなければならない（同条第２項）といった責務を明らかにしている。また国、地方公共団体の職員は、更生援護が児童から成人まで関連性をもって行われるように相互に協力しなければならないとしている（第３条）。

「第２章　実施機関及び更生援護」の「第１節　実施機関等」によれば、更生援護の実施者は知的障害者の居住地の市町村が行う（第９条第１項）。市町村は必要な実情の把握に努め、情報を提供し、相談に応じる等の業務を行わなければならない（同条第５項）。市町村が設置する**福祉事務所**が、これらの業務を行う（第10条第１項）。そして都道府県は、市町村相互間の連絡および調整、市町村に対する情報の提供等を行う（第11条第１項）。都道府県は**知的障害者更生相談所**を設置しなければならず（第12条第１項）、知的障害者福祉司を置かなければならない[i]（第13条第１項）。知的障害者更生相談所の業務は、知的障害者に関する相談・指導のうち、専門的な知識および技術を必要とするもの、18歳以上の知的障害者の医学的、心理学的、職能的判定等となっている（第13条第３項）。その他民生委員の協力（第15条）、知的障害者相談員に関する記載（第15条の２）がある。

第２章の「第２節　障害福祉サービス、障害者支援施設等への入所等の措置」については次の項で詳述する。

その他「第３章　費用」「第４章　雑則」「第５章　罰則」の規定がある。

---

i　市町村は、その設置する福祉事務所に、知的障害者福祉司を置くことができる。

4 知的障害者福祉法に基づく措置

市町村は、障害者総合支援法に規定する障害福祉サービスを必要とする知的障害者が、やむを得ない事由により介護給付費等（療養介護と施設入所支援に係るものを除く）の支給を受けることが著しく困難であると認めるときは、その知的障害者につき、政令で定める基準に従い、障害福祉サービスを提供し、または当該市町村以外の者に提供を委託することができる（第15条の4）。また、市町村は、障害者支援施設等への入所を必要とする知的障害者が、やむを得ない事由により介護給付費等（療養介護と施設入所支援に係るものに限る）の支給を受けることが著しく困難であると認めるときは、その知的障害者を当該市町村の設置する障害者支援施設等に入所させ、その更生援護を行い、または都道府県もしくは他の市町村もしくは社会福祉法人の設置する障害者支援施設等もしくはのぞみの園に入所させてその更生援護を行うことを委託すること（第16条第1項第2号）となっている。そのほか、知的障害者の更生援護を職親（知的障害者を自己の下に預かり指導訓練を行う者）に委託するときも措置制度を採択している（同項第3号）。

何が**「やむを得ない事由」**であるのかは、各市町村が要綱で定めている。たとえば神奈川県横須賀市は❶障害福祉サービスに係る給付を受けることができる者が、事業者と契約し、または契約の前提となる支給申請をすることが著しく困難であると認められる場合、❷家族等の養護者から虐待を受け、当該養護者による虐待から保護する必要があると認められる場合、❸ ❶、❷に掲げる場合のほか、福祉事務所長がやむを得ない事由があると認める場合の三つを挙げている[1)]。つまり契約や支給申請が困難なほど障害が重度な場合や、家族等の養護者から虐待を受けている場合などが考えられるであろう。多くの市町村は「やむを得ない事由」にこれら3点を挙げている。

2 療育手帳

身体障害、精神障害についての手帳制度はそれぞれの法律で規定されている。しかし知的障害のある人のための「療育手帳」は、知的障害者福祉法には定めがなく、以下の厚生省からの二つの「通知」によって規定されているのみである。その二つの通知とは、厚生事務次官通知「療育手帳制度について」（昭和48年9月27日厚生省発児第156号）と厚生省児童家庭局長通知「療育手帳制度の実施について」（昭和 48 年 9 月 27 日厚生省児発第 725 号）である。「通知」は一定の拘束力をもつが、罰則規定がない。程度の判定も重度の場合は「A」、その他の場合は「B」と表示するとだけ決められている（ただし、中度等の他の区分を設けることは差し支えないとしている）。二つの通知は、厚生省が各都道府県知事・各指定都市市長に宛てたものであるため、各自治体の裁量の幅が大きく、**手帳の交付基準**に差がみられる。READ[ii]が 2011（平成 23）年に行った調査によると、全国の手帳の障害の程度の区分は 2 区分の場合から 7 区分の場合まであり、複雑でわかりにくい。また、他の自治体に移転した場合、非該当になったり、サービスなどに差異が生じるなどの問題もある[2]。

また名称も「療育手帳」「愛の手帳」「緑の手帳」など自治体によって**さまざまな名称**で交付されている。身体障害、精神障害に対する手帳はそれぞれ「身体障害者手帳」「精神障害者保健福祉手帳」と呼ばれ、その障害名が入っているが、知的障害を対象とする手帳には「知的障害」という言葉が入っているものはみられない。ここに「知的障害」あるいは「知的障害のある人」への深い偏見の反映があるのではないだろうか。さまざまな意見があるかと思われるが、今後判定区分や手帳の名称を統一していくとともに、本人にとってもわかりやすい手帳の名称が考案されていく必要があるだろう。

◇引用文献

1）神奈川県横須賀市「障害福祉サービスに係るやむを得ない事由による措置実施要綱」（平成29年 4 月 1 日）
2）松井彰彦研究代表『READ 統計調査 療育手帳について』

◇参考文献

・佐藤久夫・小澤温『障害者福祉の世界 第 5 版』有斐閣アルマ，2016.
・杉本敏夫監修・編著、柿木志津江編著『障害者福祉論』ミネルヴァ書房，2016.
・社会福祉士養成講座編集委員会編『新・社会福祉士養成講座⑭ 障害者に対する支援と障害者自立支援制度 第 6 版』中央法規出版，2019.
・「10万人のためのグループホームを！」実行委員会編『もう施設には帰らない――知的障害のある21人の声』中央法規出版，2002.
・「10万人のためのグループホームを！」実行委員会編『もう施設には帰らない 2 ――知的障害のある15人、家族、コーディネーターの声』中央法規出版，2003.
・日本発達障害連盟編『発達障害白書 2020年版』明石書店，2019.
・ミネルヴァ書房編集部編『社会福祉小六法 2019』ミネルヴァ書房，2019.

ii　Research on Economy And Disability（「総合社会科学としての社会・経済における障害の研究」）。2007（平成 19）年 4 月、日本学術振興会により学術創成研究に採択された（期間 5 年）。

第4節

精神保健及び精神障害者福祉に関する法律（精神保健福祉法）

学習のポイント

- 精神障害者に係る法律の変遷と現行法の概要を理解する
- 精神障害者福祉の基盤となる精神障害者保健福祉手帳の概要を理解する
- 精神科病院における入院形態と処遇の概要を理解する

1 精神保健福祉法の概要

1 法律制定の経緯

1950（昭和25）年、**精神衛生法**が制定され、戦前の**精神病者監護法**と**精神病院法**は廃止された。法の目的に、国民の精神的健康の向上が謳われているが、医療および保護を要する精神障害者を、精神科病院に隔離収容するための強制入院手続き法として制定された。

1964（昭和39）年の**ライシャワー事件**の影響もあり（第3章第2節p.61参照）、1965（昭和40）年、精神衛生法が一部改正され、事件の再発防止の観点から、通院治療中断患者に対する状況把握と受診指導、警察官の通報範囲の拡大等、公安的色彩が強化された。

1984（昭和59）年、**宇都宮病院事件**が発覚し、日本の精神科医療は海外から大きく批判を浴びることとなった。1987（昭和62）年、精神衛生法が改正され、**精神保健法**が制定された。精神障害者の人権擁護、適正な医療と保護の確保および社会復帰の促進が掲げられ、患者本人の同意に基づく**任意入院**制度が新設された。入院時等の書面による権利等の告知制度が設けられ、患者からの退院請求や処遇改善請求を審査する**精神医療審査会**制度が設けられた。

1993（平成5）年、精神保健法が一部改正され、グループホームが法定化され社会復帰促進が打ち出された。同年に**障害者基本法**が成立し、精神障害者も他障害と同様に初めて障害者福祉の対象とされたことを受けて、1995（平成7）年には、精神保健法は**精神保健及び精神障害者福祉に関する法律（精神保健福祉法）**に改正された。これにより、法律の目的に「自立と社会経済活動への参加の促進のために必要な援助」という福祉の要素が加わり、**精神障害者保健福祉手帳**制度が創設された。

1999（平成 11）年の一部改正では、都道府県知事が精神障害者を病院に移送する制度が創設される一方で、精神障害者地域生活支援センターやホームヘルプサービス（精神障害者居宅介護等事業）とショートステイ（精神障害者短期入所事業）が追加され、市町村が相談・助言等を行うこととされた（それ以前は市町村ではなく、保健所長）。これにより、精神障害者が地域で居宅生活を送ることへの支援が、初めて制度化された。

2005（平成 17）年には、**障害者自立支援法**（現・**障害者の日常生活及び社会生活を総合的に支援するための法律**（**障害者総合支援法**））が制定されたことにより、精神保健福祉法は一部改正され、精神障害者福祉にかかわる事柄の多くは切り離され、障害者総合支援法に基づく障害福祉サービスとして他障害と同様の扱いになった。

2013（平成 25）年の一部改正では、家族に過重な負担を強いていた**保護者制度**が廃止されるとともに、**医療保護入院制度**の要件が見直され、**退院後生活環境相談員**や**退院支援委員会**の設置、地域援助事業者との連携が、精神科病院管理者に義務づけられた。

2 法の目的

精神保健福祉法の第 1 条には、❶精神障害者の医療および保護を行い、❷障害者総合支援法と相まって、❸その社会復帰の促進およびその自立と社会経済活動への参加の促進のために必要な援助を行い、❹ならびにその発生の予防その他国民の精神的健康の保持及び増進に努めることによって、❺精神障害者の福祉の増進及び国民の精神保健の向上を図ることを目的とする、とされている。

3 精神障害者の定義

第 5 条では、「この法律で『**精神障害者**』とは、統合失調症、精神作用物質による急性中毒又はその依存症、**知的障害者**、精神病質その他の精神疾患を有する者をいう」と対象を定義している。精神疾患の医学的診断名を有する者を「精神障害者」としていることや、精神科病院への入院が可能になるように「知的障害者」も包摂しているのが特徴である。

2 精神障害者保健福祉手帳

精神保健福祉法第45条に規定されている精神障害者保健福祉手帳は、1995（平成７）年制定の精神保健福祉法で創設された。他障害同様の福祉サービス提供を目指して、一定の障害状態にあることを証明する手段として設けられた。２年ごとに精神障害の状態について認定するもので、精神障害の状態でなくなった者は手帳を返還することとされ、手帳の譲渡・貸与を禁じ、返還命令も設けられた（第45条の２）。申請と交付窓口は市町村の障害者福祉担当課で、診断書（初診から６か月経過後のもの）が必要である。**障害年金**・特別障害給付金を受給している場合には判定を要せず、年金証書の写しでも可とされているが、**自立支援医療**の支給認定と同時申請を行う際には診断書の提出が必要となる。本人による申請が前提であるが、提出代行することは可能とされている。

精神障害者保健福祉手帳のメリットとしては、❶障害者福祉サービス利用の証明になる、❷自立支援医療の新規申請（再開申請を含む）の際に診断書の提出が不要となる（ただし、診断書に基づき交付された手帳であって、残りの有効期間が１年以上あること）、❸１級・２級の場合には、**生活保護**の**障害加算**を受けられる、❹所得税、住民税、法人税、相続税、贈与税、自動車税等の（特別）障害者控除等が受けられる、❺公共交通機関（公営交通等）の割引を受けられる（自治体により異なる）、❻公共施設利用料減免や休養ホーム等の利用補助、携帯電話の割引等を受けられる、などがある。

3 精神保健福祉法による入院形態

精神保健福祉法では、他の疾病による一般的な入院形態と異なる入院制度が規定されている。精神障害者の特性として、病識の欠如により入院を拒否することがあり得ることや、**自傷他害のおそれ**★がある場合に行政措置による強制入院を発動することがあるからである[i]。

i　なお、心神喪失等の状態で重大な他害行為を行った者の医療及び観察等に関する法律（医療観察法）の規定に基づき、対象者を入院させて精神医学的診断と重症度、疾病との関連性、治療反応性、社会復帰阻害要因を判断し、入院・通院の必要性を判断する「鑑定入院」がある。

★自傷他害のおそれ
自傷行為（自殺企図等、自己の生命・身体を害する行為）もしくは他害行為（殺人、傷害、暴行、性的問題行動、侮辱、器物破損、強盗、恐喝、窃盗、詐欺、放火、弄火など、他の者の生命・身体・貞操・名誉・財産等または社会的法益等に害を及ぼす行為）のおそれがあることをさす。

1 任意入院（第 20 条・第 21 条）

「**任意入院**」とは、患者本人の同意に基づく入院で、本人の意思を尊重する、原則的な入院形態とされる。入院時に書面告知を行い、本人が署名することで入院が決まる（第 21 条第 1 項）。入院時と同様に、本人の申し出による退院手続きも可能であるが（同条第 2 項）、医療および保護のために入院継続が必要であると認めたときは、72 時間以内の退院制限がかかることもある（同条第 3 項）。精神科病院は、本人の意思では自由に外出できない**閉鎖病棟**が一般的となっているが、任意入院の場合には、**開放病棟**もしくは開放的処遇が原則とされている。本人自ら入院を受け入れ、本人の意思も尊重されることから、退院後の外来治療継続や病状再発時の再入院が必要な場合にも、好影響を与え治療にも効果的とされている。

2 措置入院（第 29 条・第 29 条の 2）

本人を入院させなければ自傷他害のおそれのある者に対して、都道府県知事（指定都市の長）の権限により行政措置としての強制入院をさせる制度である。精神保健指定医 2 名以上の「要措置入院」との判断の一致が原則であるが、自傷他害のおそれが著しく急を要する場合は、指定医 1 名の判断による「**緊急措置入院**」（72 時間に限る）もある（第 29 条の 2）。入院先は、国立・県立の精神科病院のほか、措置入院指定民間病院に限定され、措置要件が軽減した場合には解除し退院となるか、措置解除後に医療保護入院や任意入院に切り替えられることもある。

Active Learning

強制入院制度について、その是非は常に議論の対象でした。グループで強制入院制度の是非について考え、「非」であればどうすればよいかを検討してみましょう。

3 医療保護入院（第 33 条）

「**医療保護入院**」とは、患者本人は入院に同意していないが、医療および保護のため入院が必要であると**精神保健指定医**★が判断した場合に、家族等のうちのいずれかの者の同意を得て行われる強制入院である。対象は、任意入院が行われる状態にないと判定された者とされ、家族等の同意書により病院との入院契約が結ばれることとなる。「**家族等**」には、配偶者、親権者、扶養義務者、後見人または保佐人が含まれるが、同意権のない親族や友人では不可である。該当者がいない場合には、精神科病院からの連絡を受けて、本人の居住する市区町村長が同意する形をとることもある。医療保護入院で入院した本人が、その後に入院を受け入れて本人からの同意を得られれば、任意入院への切り替えが行われる。

★精神保健指定医
医療実務経験 5 年以上、精神科実務経験 3 年以上を有し、多様な精神疾患と入院形態の患者に診断・治療の実務を行ったレポートを 8 例以上提出し、所定の研修を受けて厚生労働大臣の登録を受けた医師。

4 応急入院（第33条の7）

患者本人の同意は得られず任意入院は不可であり、家族等の同意は不明で医療保護入院も不可であり、自傷他害のおそれはなく措置入院も不可の場合に限って、精神保健指定医の診察により入院が必要と認められた場合に、72時間に限って入院させることができるのが**「応急入院」**である。都道府県知事（指定都市の長）が指定した応急入院指定病院に限られて行われるものであり、入院時には直ちに都道府県知事宛に保健所を通して届け出ることが義務づけられている。住所不定、氏名不詳のホームレス状態にある者などが対象になっているが、72時間以内に他の入院形態への切り替えがなされる必要がある。

4 精神科病院における処遇

精神保健福祉法第36条・第37条には、精神科における入院患者への処遇が規定されている。精神科病院は、入院患者に対して、医療・保護を目的として必要な**行動制限**を行うことができるとされているが（第36条第1項）、入院患者の人権擁護の見地から一定の縛りを課している。任意入院は開放処遇を原則とし、開放処遇を制限する場合には制限開始後おおむね72時間以内に指定医の診察を要する[ii]。

患者の**隔離**・**身体的拘束**については、精神保健指定医の判断を必要とする。行動の制限は、精神医学上の判断において、患者の医療または保護に欠くことのできない範囲に限られ、行動制限の内容、年月日、時刻、症状、指定医氏名をカルテに記載することが義務づけられている。入院患者・保護者に対して、行動制限の内容・目的・理由等を告知・説明し、理解を得るよう努めなければならないとされ、過去の行動に対する制裁的・懲罰的制限は許されない。

精神科病棟内の**保護室**に入院患者を隔離し行動制限を加える際にも、本人・周囲の者に危険がある場合のみとされ、制裁や懲罰・見せしめのために行われてはならないとされている。12時間を超える隔離は指定医の診察を要する。身体的拘束は、衣類または綿入り帯等を使用して、患者の身体を拘束し運動の抑制を行うことを指し、手錠等の刑具類・紐・

ii 「精神保健及び精神障害者福祉に関する法律第37条第1項の規定に基づき厚生労働大臣が定める基準」（昭和63年厚生省告示第130号）の規定による。

縄等を用いてはならない。自殺企図・自傷行為が著しく切迫している、多動・不穏が顕著である場合に限る。

処遇の基準として、通信・面会は、原則として自由であることを周知することとされている。信書に、刃物・薬物等の異物が封入していると判断される場合には、職員立ち合いのもとで患者に開封させる。電話は、閉鎖病棟にも公衆電話を設置し、人権擁護担当部局の連絡先を掲示する。面会は、一定期間一律に面会を制限することなく、立ち会いなく面会できるようにする。精神科病院は、患者の信書の発受、都道府県、法務局その他の人権擁護にかかわる行政職員、患者の代理人である弁護士との面会・電話を制限してはならないとされている。

第5節 児童福祉法

学習のポイント

- 児童福祉法における障害児支援の変遷について把握する
- 児童福祉法における障害児支援の概要について学ぶ
- 障害のある子どもへの発達支援を理解する

1 児童福祉法における障害児支援の概要

1 児童福祉法における障害児支援の変遷

戦前から障害児に対する先駆的な援助実践はあったが、制度として施策が開始されたのは、1947（昭和22）年に制定された児童福祉法以降である。まず、精神薄弱児施設と療育施設が児童福祉法に位置づけられる。その後、障害児関係だけでも法改正が幾度もなされている。主なものとしては、1957（昭和32）年に、障害児が家から通うことのできる場所として精神薄弱児通園施設が設置された。1991（平成３）年には福祉関係八法改正が行われ、児童居宅生活支援事業★が開始される。2000（平成12）年には、社会福祉事業法等の一部改正（児童福祉法の一部改正）が行われ、障害児については、在宅サービスが利用契約制度（支援費制度）に基づき提供されることとなり、実施主体も市町村に移行することとなった。また、2010（平成22）年の改正では、障害種別に分かれていた障害児施設が、通所による支援を行う施設（児童発達支援センター）と、入所による支援を行う施設（障害児入所施設）にそれぞれ一元化された（2012（平成24）年４月１日施行）。2012（平成24）年には障害者自立支援法の題名が障害者の日常生活及び社会生活を総合的に支援するための法律（障害者総合支援法）に改められるなどの改正が行われ、その際の児童福祉法の改正では、障害児の定義に「難病等」が追加された（2013（平成25）年４月１日施行）。また、2015（平成27）年１月には、小児慢性特定疾病医療費支給制度★が開始されている。

2016（平成28）年の法改正では、重症心身障害児のように通所支援を受けるための外出が著しく困難な障害児を対象とした**居宅訪問型児童**

Active Learning

日本の障害者福祉制度の大きな特徴の一つに、年齢でもって支援対象を区別している点が挙げられます。18歳未満と18歳以上で法制度を変えることの意義と問題点をグループで討議してみましょう。

★児童居宅生活支援事業
児童居宅介護等事業、児童デイサービス事業、そして児童短期入所事業からなる事業。制定当時、第二種社会福祉事業として位置づけられ、実施主体は市町村であった。現在は廃止されている。

★小児慢性特定疾病医療費支給制度
児童福祉法に基づき、悪性新生物や慢性心疾患等の小児慢性特定疾病がある児童等の健全育成の観点から、患児家庭の医療費の負担軽減を図るため、その費用の自己負担分の一部を公費により助成する制度。

発達支援、障害児サービスの計画的構築を図るための障害児福祉計画（以上は2018（平成30）年４月１日施行）、そして、**医療的ケア児**への支援のための体制整備等を規定した（2016（平成28）年６月３日（改正法の公布日）施行）。また、同じ年の別の改正では、第１条で子どもが児童福祉を受ける権利者であることを明示している。従来、児童福祉法では、保護の対象として位置づけられていた児童が、国連の児童の権利に関する条約や障害者の権利に関する条約の影響もあり、児童福祉を受ける「権利主体」へと転換されている[1)]。

2 児童福祉法における障害児支援の概要

児童福祉法第４条第２項において、障害児は、「身体に障害のある児童、知的障害のある児童、精神に障害のある児童（発達障害児を含む。）又は治療方法が確立していない疾病その他の特殊の疾病であって（中略）障害の程度が（中略）厚生労働大臣が定める程度である児童をいう」と定義されている。

このように定義される障害児への支援について、障害児通所支援（第６条の２の２第１項）および障害児相談支援（同条第７項）、障害児入所支援（第７条第２項）、児童相談所（第12条）、療育の指導（第19条）、そして小児慢性特定疾病医療支援（第６条の２第２項）等が規定されている。児童福祉法では、障害児に対するサービスを、通所サービスである**障害児通所支援**、相談支援サービスである**障害児相談支援**、そして、入所サービスである**障害児入所支援**に分けて規定している。さらに、障害者総合支援法における**居宅介護**、**行動援護**、**同行援護**、**重度障害者等包括支援**、**短期入所**といった一部サービスについては、障害児も利用することができる（障害児に対するこれらのサービスの詳細については、第５章第７節参照）。

また、児童福祉行政の第一線機関である**児童相談所**において、児童やその保護者からの相談に応じ、必要な調査や判定を行うとともに、それに基づき、必要な助言、指導を行っている。比較的軽易なケースについては、福祉事務所に設置されている家庭児童相談室においても障害児の相談、指導が行われている。

近年、医学技術の進歩等を背景として、医療的ケア児の増加に伴い、2016（平成28）年の児童福祉法改正により、地方公共団体に対し、医療的ケア児が必要な支援を円滑に受けることができるよう、保健、医療、福祉等の各関連分野の支援を行う機関と連絡調整を行うための体制整備

★医療的ケア児
NICU（新生児集中治療室）等に長期間入院したあとも、引き続き人工呼吸器や胃ろう等を使用し、たんの吸引や経管栄養などの医療的ケアが必要な障害児。

★児童の権利に関する条約
子どもの基本的人権を国際的に保障するために定められた条約であり、1989（平成元）年に国連で採択され、翌年に発効している。日本は1994（平成６）年にこの条約に批准した。ただ、我が国に関しては「子どもの権利に対する理解が不十分である」という指摘もあり、2016（平成18）年に改正された児童福祉法では、「保護の対象」から「権利の主体」への転換といったこの条約の理念が組み込まれた。

に関する努力義務規定（第56条の6第2項）が設けられた。このような医療的ケア児については、児童福祉法に規定される小児慢性特定疾病支援や各種障害児への支給給付等による支援が実施されている。

3 障害児福祉計画の策定

2016（平成28）年の児童福祉法の改正により、2018（平成30）年度から、厚生労働大臣が定める基本指針（第33条の19第1項）に即して、市町村および都道府県に障害児福祉計画★を定めることが義務づけられた（第33条の20第1項および第33条の22第1項）。障害福祉サービスと同様に、都道府県および市町村において、障害児支援のニーズ等の把握・分析等を踏まえ、障害児支援に関するサービスの必要量の見込み等について定めることとされている。また、障害児支援サービスの提供体制を整備し、円滑な実施を確保するための国が定める基本的な指針（基本指針）は、障害者総合支援法に規定する基本指針と一体のものとして作成することができるとされ（第33条の19第3項）、同様に、市町村障害児福祉計画と都道府県障害児福祉計画についても障害者総合支援法に規定する障害福祉計画と一体のものとして作成することができると規定されている（第33条の20第6項および第33条の22第4項）。

★障害児福祉計画
現在進行中の障害児福祉計画は、第5期障害福祉計画と同時に策定されたもので、2018（平成30）年度から2020（令和2）年度末までを第1期として実施している。

2 障害のある子どもへの発達支援

1 発達支援と児童発達支援

❶発達支援とは

「発達支援」という概念そのものは古くからあったが、公式に「発達支援」概念と「発達支援センター」構想が提唱されたのは、2005（平成17）年の「障害児通園施設の機能統合に関する研究」（分担研究者：宮田広善）の報告である。この研究報告では、「療育」の概念をさらに発展および拡大させ、「発達支援」と定義した。

では、具体的に「発達支援」とはどういうものなのか。全国児童発達支援協議会によると、発達支援は、「障害のある子ども（またはその可能性のある子ども）が地域で育つ時に生じるさまざまな課題を解決していく努力のすべてで、子どもの自尊心や主体性を育てながら発達上の課題を達成させ、その結果として、成人期に豊かで充実した自分自身のための人生を送ることができる人の育成（狭義の発達支援）、障害のある子どもの育児や発達の基盤である家庭生活への支援（家族支援）、地域での健やかな育ちと成人期の豊かな生活を保障できる地域の変革（地域支援）を包含した概念」と定義している[2]。この定義にある「狭義の発達支援」「家族支援」「地域支援」、そして、児童福祉法を含めた「児童福祉制度」の関係のイメージを図式化すると**図 5–2** のようになる。

つまり、発達支援とは、リンゴに喩《たと》えられる障害のある子どもの「障害の軽減・改善」といった直接的な支援にとどまらない。それに加えて、障害の確定していない段階の子どもも対象とし、木の枝や葉に相当する家庭での育ちや暮らしへの支援、また、それらを支える木の幹としての保育所等の地域機関への地域支援も視野に入れた広い概念であるといえる。そして、地中に伸びた根としての児童福祉制度により、この樹木全体に必要な水や栄養を供給することができる。

❷児童発達支援ガイドライン

2010（平成 22）年の児童福祉法改正において、障害のある子どもが身近な地域で適切な支援が受けられるように、従来の障害種別に分かれていた施設体系が一元化された。その際、児童発達支援は、主に未就学の障害のある子どもを対象にする発達支援を提供するものとして位置づけられた。

その後、児童発達支援が提供すべき支援の内容を明確にし、その質を担保するための全国共通の枠組みを示すために、厚生労働省により

図5–2　発達支援の関係樹図

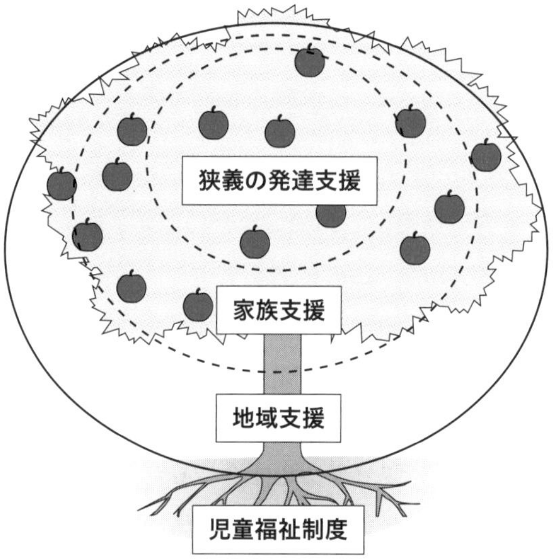

出典：加藤正仁「発達支援の意味と課題」全国児童発達支援協議会編『発達支援学：その理論と実践――育ちが気になる子の子育て支援体系』協同医書出版社，p.9，2011．をもとに作成

2017（平成29）年に「児童発達支援ガイドライン」が策定されている。そこでも、児童発達支援は、「発達支援（本人支援及び移行支援）」「家族支援」および「地域支援」からなるとしている。

また、本ガイドラインでは、障害のある子どもや保護者の生活全般におけるニーズとそれに基づいた総合的な支援計画を把握し、具体的な支援内容を検討し実施することが求められている。そのため、**障害児支援利用計画**と整合性のある**児童発達支援計画**を作成し、それに基づいた支援を実施することとされている。

2 発達支援

厚生労働省の「児童発達支援ガイドライン」において、「発達支援」は「本人支援」と「移行支援」に区分されている。ここでの「発達支援」は、先述した「狭義の発達支援」にあたる。まず、「本人支援」においては、障害のある子どもの発達の側面から、「健康・生活」「運動・感覚」「認知・行動」「言語・コミュニケーション」そして「人間関係・社会性」の５領域において、将来、日常生活や社会生活を円滑に営めるようにすることを目標として支援する。また、「移行支援」では、障害の有無にかかわらず、すべての子どもがともに成長できるよう、可能な限り、地域の保育や教育等の支援を受けられるようにし、かつ同年代の子どもとの仲間づくりを図っていくことが求められている。

本人支援において「できない部分」をできるようにして自信を育てていくことは重要であるが、この部分だけが最優先とされるところに、これまでの支援における課題があったとされる[3)]。発達支援における本人支援は、「マイナスをゼロにしようとする（できないことをできるようにする）」だけの支援に囚われず、子どものできる部分を伸ばし、それを認めながら「育つ意欲」と「暮らす楽しさ」を培い、成人期の豊かな生活につなげていく努力が求められる。

3 家族支援

子どもは家族のなかで育つ。また、人が生活する技術を身につけ、社会で生きていく自信をもち、幸せを実感する場面はまず家庭である。そのため、家庭の機能が保たれていることが発達支援の基盤として欠かせない。「児童発達支援ガイドライン」において、「家族支援」は、家族が安心して子育てを行うことができるよう、さまざまな家族の負担を軽減するための物理的および心理的支援等を行うことであるとされる。従来であれば、障害児本人、特にその「障害」に目がいきがちであった。しかし、障害児の育ちにはそのようなアプローチだけでは不十分であり、家族全体をトータルに支援することが必要となる。また、子どもと主たる養育者だけでなく、きょうだい、養育者の配偶者、祖父母を含む家族を常に視野に入れておく必要がある。

具体的な家族支援としては、障害受容のサポート、子どもの発達に関する情報提供、他の家族との出会いの場の提供等多岐にわたる。また、各種手帳の取得や特別児童扶養手当の申請についての情報提供や、福祉サービスの利用援助といった経済的支援も必要だろう。このようなさまざまな支援のもとで、家庭は、子どもが発達し健全に育つための環境となる。また、児童福祉法等における障害児に対するサービスも、直接的には障害児を対象とするが、間接的には家族の支援になる。たとえば、障害児の家族が日常的なケアから一時的に解放されるレスパイトケアは家族支援と考えられ、日中一時支援事業はその一形態といえるだろう。

★障害受容
障害のために変化した諸条件を、障害を受けた本人や周囲の人が心理的に受け入れること。家族の立場で捉えると、「わが子が障害をもつ」という現実に向き合い、その事実を受け入れること、またはそのプロセス。

★特別児童扶養手当
20歳未満で精神または身体に障害を有する児童の福祉の増進を図ることを目的として、これらの児童を家庭で養育している父母等に対して、特別児童扶養手当等の支給に関する法律に基づき支給される手当。

★日中一時支援事業
障害児の日中における活動の場を確保し、障害児の家族の就労支援および障害児を日常的に介護している家族の一時的な休息を図る事業。市町村の地域生活支援事業における任意事業の一つ。

4 地域支援

「児童発達支援ガイドライン」において、「地域支援」は、障害のある子どもが地域で適切な支援を受けられるよう、関係機関等と連携すること、また、地域の子育て支援力を高めるためのネットワークを構築することとされている。

障害をもつ子どもを通所・入所施設で支援することだけでなく、その子どもと家族が地域で当たり前の生活を営むことを支える視点をもつことが求められる。そのためには、障害のある子どもやその家族にとって、身近な地域で気軽にサービスが受けられるようにする必要がある。また、障害のある子どもとその家族が地域のなかで健やかな暮らしを営むためには、かれらが暮らす地域社会からの理解や協力が不可欠である。

◇引用文献

1）朝日雅也「障害者総合支援法と児童福祉法：近年の改正から」『肢体不自由教育』第240号, p.52, 2019.
2）全国児童発達支援協議会（CDS-Japan）『発達支援の指針（CDS-Japan 2016年改訂版）』全国児童発達支援協議会（CDS-Japan），pp.3-4, 2016.
3）山根希代子「児童発達支援の概要」宮田広善・光真坊浩史編著『障害児通所支援ハンドブック』エンパワメント研究所，p.20, 2015.

◇参考文献

・市川奈緒子・岡本仁美編著『発達が気になる子どもの療育・発達支援入門――目の前の子どもから学べる専門家を目指して』金子書房，2018.
・全国児童発達支援協議会編『発達支援学：その理論と実践――育ちが気になる子の子育て支援体系』協同医書出版社，2011.
・宮田広善・光真坊浩史編著『障害児通所支援ハンドブック』エンパワメント研究所，2015.
・厚生労働省社会・援護局障害保健福祉部「児童発達支援ガイドライン」2017.

第6節 発達障害者支援法

学習のポイント

- 発達障害者支援法の概要について理解する
- 各発達障害の特徴を理解する

1 発達障害者支援法の概要

1 発達障害者支援法の成立

「発達障害」という言葉が法律上規定されたのが、2005（平成17）年4月に施行された発達障害者支援法である。発達障害者支援法の目的は、第1条に「発達障害者の心理機能の適正な発達及び円滑な社会生活の促進のために発達障害の症状の発現後できるだけ早期に発達支援を行うとともに、切れ目なく発達障害者の支援を行うことが特に重要であることに鑑み、障害者基本法（昭和45年法律第84号）の基本的な理念にのっとり、発達障害者が基本的人権を享有する個人としての尊厳にふさわしい日常生活又は社会生活を営むことができるよう、発達障害を早期に発見し、発達支援を行うことに関する国及び地方公共団体の責務を明らかにするとともに、学校教育における発達障害者への支援、発達障害者の就労の支援、発達障害者支援センターの指定等について定めることにより、発達障害者の自立及び社会参加のためのその生活全般にわたる支援を図り、もって全ての国民が、障害の有無によって分け隔てられることなく、相互に人格と個性を尊重し合いながら共生する社会の実現に資することを目的とする」と定められている。

この法律の大切なことは、❶早期発見・早期療育、❷学校教育における支援、❸就労への支援、❹生活全般への支援を目的としている点である。この法律によって、発達障害者の支援は、個々の発達障害者の性別、年齢、障害の状態および生活の実態に応じて、かつ、医療、保健、福祉、教育、労働等に関する業務を行う関係機関および民間団体相互の緊密な連携の下に、その意思決定の支援に配慮しつつ、切れ目なく行われなければならない。とされている。

2 発達障害者支援法の改正

2005（平成 17）年の発達障害者支援法の施行以降、発達障害者に対する理解、療育活動の推進、就労への理解と支援等は徐々に進展してきた。2011（平成 23）年の障害者基本法の一部を改正する法律や 2013（平成 25）年の障害を理由とする差別の解消の推進に関する法律の施行（2016（平成 28）年 4 月）によって、共生社会の実現の推進、合理的配慮の義務規定、障害者雇用など発達障害者を取りまく環境も変化してきた。このような背景のもと、2016（平成 28）年 8 月に発達障害者の支援の一層の充実を図ることを目的として、発達障害者支援法の一部を改正する法律が施行された。

この改正では、❶ライフステージを通じた切れ目のない支援（医療、保健、福祉、教育、労働等の各分野の関係機関が相互に連携し、一人ひとりの発達障害者に、「切れ目のない」支援を実施すること）を目的規定に追加、❷家族なども含めた、きめ細かな支援（教育、就労の支援、司法手続における配慮、発達障害者の家族等への支援などの規定の改正を通じて、きめ細かな支援を推進）、❸地域の身近な場所で受けられる支援（地域の関係者が課題を共有して連携し、地域における支援体制を構築することを目指すとともに、可能な限り身近な場所で、必要な支援が受けられるように配慮）が整備された。

2 発達障害者支援センター

2002（平成 14）年度に「自閉症・発達障害者支援センター運営事業」が始まり、2005（平成 17）年度より、発達障害者支援法が施行され、発達障害者支援センターが法律に位置づけられた。**発達障害者支援センター**は、発達障害児・者への支援を総合的に行うことを目的とした専門的機関で、**都道府県・指定都市**が運営、または都道府県知事等が指定した社会福祉法人、特定非営利活動法人等が運営している。

業務内容は、発達障害者支援法第 14 条第 1 項第 1 号から第 5 号に規定されている。

❶ 発達障害の早期発見、早期の発達支援等に資するよう、発達障害者及びその家族その他の関係者に対し、専門的に、その相談に応じ、又は情報の提供若しくは助言を行うこと。

❷ 発達障害者に対し、専門的な発達支援及び就労の支援を行うこと。

表5-2　発達障害者支援センターのバックアップの役割

	市町村	事業所等	医療機関
求められるもの	全年代を対象とした支援体制の構築	困難事例の対応能力の向上	身近な地域で発達障害に関する適切な医療の提供
具体的取組み	❶アセスメントツールの導入 ❷個別支援ファイルの活用・普及	対応困難ケースを含めた支援を的確に実施	❶専門的な診断評価 ❷行動障害等の入院治療

❸　医療、保健、福祉、教育、労働等に関する業務を行う関係機関及び民間団体並びにこれに従事する者に対し発達障害についての情報の提供及び研修を行うこと。

❹　発達障害に関して、医療、保健、福祉、教育、労働等に関する業務を行う関係機関及び民間団体との連絡調整を行うこと。

❺　前各号に掲げる業務に附帯する業務

2014（平成26）年度より、市町村・事業所等支援、医療機関との連携や困難ケースへの対応等について、地域の中核である発達障害者支援センターの地域支援機能の強化が図られ、支援体制の整備が推進されることとなった。具体的には、都道府県および指定都市が地域の実情に応じた発達障害者の支援体制の整備について協議を行う**発達障害者支援地域協議会**の設置や**発達障害者地域支援マネジャー**が中心となって、地域を支援するマネジメントチームを設置して、市町村、事業所、医療機関をバックアップしていく仕組みを構築した（**表5-2**）。

発達障害者支援地域協議会の役割は、❶都道府県内の支援体制の現状を把握し、地域における発達障害者の支援体制に関する課題について情報共有をすること、❷医療、保健、福祉、教育、労働等の関係機関等と連携すること、❸支援体制に関する課題解決や関係者間の緊密な連携を図ることを含め、地域に合った体制整備を進めることである。

3　発達障害の定義

発達障害者支援法第２条では、「発達障害」を「自閉症、アスペルガー症候群その他の広汎性発達障害、学習障害、注意欠陥多動性障害その他これに類する脳機能の障害であってその症状が通常低年齢において発現するもの」としている（第１章第１節６（p.13）参照）。

Active Learning

発達障害児・者やその家族が過去にどのように扱われていたのか新聞記事データベースなどを使って調べ、そこに現れている社会の発達障害への「まなざし」を考察してみましょう。

4 各発達障害の特徴

1 自閉症スペクトラム障害

自閉症スペクトラム障害（autism spectrum disorder：ASD）の典型的な特徴として、❶相互的な対人関係の障害、❷コミュニケーションの障害、❸興味や行動の固執性（偏り）やパターン化した行動の三つがある。

自閉症スペクトラム障害の状態像は、個人差が非常に大きく、乳幼児期(生後 12 か月前後)から対人的特徴(目が合わない、人に関心がない、集団行動が苦手、パターン化した行動しかできないなど）がみられる。また、発語の遅れ、吃音がみられる。成長していく過程で、対人関係がうまくいかないことで教育的側面や就職場面などで支障をきたすことも多い。

自閉症スペクトラム障害の診断を受けた場合は、専門療育を受けることにより、コミュニケーション能力の発達を促し、多様な適応力、環境に対する柔軟的対応を伸ばすことが期待できる。言葉によるコミュニケーションのみならず、**視覚的なツール**（写真や絵など）を活用するなどの環境面の工夫をすれば、不安が減り、パニック、多動、動かなくなること等が少なくなることが期待できる。

2 注意欠如・多動性障害（ADHD）

注意欠如・多動性障害（attention deficit hyperactivity disorder：ADHD）の典型的な特徴として、７歳までに、多動性―衝動性、あるいは不注意、またはその両方の症状が現れる。状態によって多動性―衝動性優勢型、不注意優勢型、混合型に分類★される。

★ **ADHD の分類**
多動性―衝動性優勢型は、優先順位や順序が分からないことがあったり、落ち着いてじっとしていることができなかったり、衝動的な発語や行為をすることがある。不注意優勢型は、ケアレスミス、気が散りやすい、物事に集中できないなどの状態がみられる。混合型は、多動と衝動、不注意が混ざり合って出現する。

治療として、幼児期には薬物療法と専門療育による行動療法、生活環境の調整が行われることが多い。薬物療法としては、主にアトモキセチンや塩酸メチルフェニデートが用いられ、それらは脳内の神経伝達物質であるノルアドレナリンやドーパミンの不足を改善する働きがある。生活環境の調整では、生活による刺激を少なくして、集中できる環境づくりが重要である。ADHD に対しては、周囲の理解が最も重要で、ゆっくりと時間をかけて環境に順応していくこと、社会生活に自信をもち、モチベーションを高めていくことが大切である。

3 学習障害（LD）

1999（平成11）年、文部科学省は「学習障害とは、基本的には全般的な知的発達に遅れはないが、聞く、話す、読む、書く、計算する又は推論する能力のうち特定のものの習得と使用に著しい困難を示す様々な状態を指すものである」と定義づけている。

DSM-5では、限局性学習障害（Specific Learning Disorders：SLD）という名称が与えられ、その定義には「読みの障害（読字理解、速度、正確性における特定の問題）」「書字表出の障害（文法、文構成、文章作成における特定の問題）」「計算の障害（計算、数字、記号の模写、それらの理解における特定の問題）」に限定されている。また、学習障害には、自閉症スペクトラム障害やADHDなどの神経発達症が合併することもあることが指摘されている。

学習障害では、学びのつまずきによる苦手意識から学習を拒否してしまうこともある。学習に興味関心がもてるような環境の整備や学ぶ機会の提供、そして活動への参加の促し、学習への動機づけをしっかりと行う工夫が重要である。また、動作と読話の組み合わせや視覚的ツールによる補助など、個々の状態に合わせて環境を工夫していくことが大切である。文字を音声で聞く、読み上げることで内容を理解することが可能であれば、タブレットやスマートフォンの読み上げソフトなどの補助の電子機器などを活用していくのも環境整備の一つである。

◇参考文献

- 内山仁志「注意欠如・多動症概念の形成に関する一検討～ DSM・ICDの関連記述の変遷から～」『人間と文化』第1号，pp.227-231, 2017.
- 吉川正義『自閉症・学習障害を追いかけて――母の目、記者の眼』ぶどう社, 2002.
- 吉川徹「LDへの合理的配慮と医療機関での取り組み」『児童青年精神医学とその接近領域』第58巻第3号，pp.359-369, 2017.
- 大西博美・宇野彰・春原則子「発達性読み書き障害児の音読の正確性と流暢性における独立性」『音声言語医学』第58巻第3号，pp.246-252, 2017.
- 柘植雅義「LDの発見と支援」『臨床心理学』第16巻第2号，pp.169-174, 2016.
- 厚生労働省「発達障害者支援センター運営事業における新たな支援のあり方に関する調査」2017.
- 厚生労働省「発達障害者とは」2020.
- 厚生労働省「発達障害者の理解のために（リーフレット）」2020.
- 角本順次「学習障害児指導における心理一教育的立場～神経心理学的立場に対して～」Jap. J. of educ. Psychol, VOL. XXIII, No.3, pp.193-198, 1975.
- 片桐正善「自閉症の定義における「社会」概念の変遷について～スペクトラム概念の可能性に照準して～」『応用社会学研究』No.53, pp.171-186, 2011.

第7節 障害者総合支援法・児童福祉法

学習のポイント

- 障害者総合支援法の全体的体系を理解する
- 障害者総合支援法の個別サービスを理解する
- 相談支援事業や障害福祉計画に関連した類似用語の区別をつける

1 障害者総合支援法の概要

障害者の日常生活及び社会生活を総合的に支援するための法律（障害者総合支援法）は、障害福祉サービスが契約制度に移行した2003（平成15）年の支援費制度、2005（平成17）年の障害者自立支援法を経て、2013（平成25）年4月に施行された。

法律の第1条の2（基本理念）には「全ての障害者及び障害児が可能な限りその身近な場所において必要な日常生活又は社会生活を営むための支援を受けられることにより社会参加の機会が確保されること」「どこで誰と生活するかについての選択の機会が確保され、地域社会において他の人々と共生することを妨げられないこと」「障害者及び障害者にとって日常生活又は社会生活を営む上で障壁となるような社会における事物、制度、慣行、観念その他一切のものの除去に資すること」を旨とすることが謳われている。この条文は、「社会における参加」と「他の障害のない者との平等」が盛り込まれており、法の理念は「障害の社会モデル」をベースにしている。

障害者総合支援法の成立の経緯には、三つの文書が影響している。一つは**障害者自立支援法違憲訴訟**に対する原告団と国との和解についての「基本合意文書」、二つ目は世界各国のNGO関係者がつくりあげた国連の障害者の権利に関する条約（障害者権利条約）、三つ目は2009（平成21）年に内閣府に設置された「障がい者制度改革推進会議総合福祉部会」が策定したいわゆる「骨格提言★」文書である。これら三つの文書からは、今回の新法の制定が従来の行政主導の制度づくりとは明らかに「異質」であることがわかる。当事者運動が制度設計にかかわり、政治や官僚主義との粘り強い交渉によってたどり着いた一つの成果である。

★骨格提言
正式名称は「障害者総合福祉法の骨格に関する総合福祉部会の提言―新法の制定を目指して―」である。「障がい者制度改革推進会議総合福祉部会」は障害当事者、学識経験者、支援団体、事業所、家族会など多様なメンバーで構成された。現在でもこの会議の様子は動画でアーカイブされている（YouTubeで「総合福祉部会」の検索ワードで検索すると閲覧できる）。

法律の条文には、法の策定にかかわった多くの人々の熱量が込められている。この法律を使って、法の理念である「身近な場所において」「どこで誰と生活するかについての選択の機会」「社会参加の機会」を確保すること、ソーシャルワーカーには当事者と共同してそれを実現する責務が課せられている。

2 障害福祉サービスおよび相談支援

障害者総合支援法は、自立のために必要な現物給付サービスを体系的に提供するための法律である。その内容は「介護給付」「訓練等給付」「相談支援」「地域生活支援事業」の４本の柱で構成されている（**図 5-3**）。

1 介護給付

介護給付は、施設（入所・通所）での支援サービスと在宅での支援サービスで構成される。介護保険サービスと類似のサービスが含まれる。１か月に利用可能なサービス量は在宅サービスでは時間数、施設サービスでは日数で決定される（以下、＊は障害児も利用可能なサービスを示す）。

❶居宅介護＊

利用者の自宅等を訪問し、身体介護、家事援助、通院等介助を行う。いわゆるホームヘルプサービスと呼ばれる。30 分から２時間程度の短時間の利用が中心である。障害支援区分１以上、通院等介助（身体介護を伴う場合）のみ区分２以上、障害別区別なし。

❷重度訪問介護

利用者★とともに行動し、利用者について移動するヘルパー。自宅、移動・外出先のどこでも利用できるが、学校や職場では利用不可。障害支援区分４以上の居宅生活（自宅またはグループホーム等）を送る身体障害者と行動援護事業者等のアセスメントを受けた知的障害者、精神障害者が利用可能である。障害支援区分６の場合は、入院中もサービス利用が可能。介護給付のなかでは最も柔軟性が高く、８時間を超える長時間利用も可能である。

❸同行援護＊

視覚障害者が外出する際に同行するヘルパー。移動に伴う必要な情報や介助などを提供する。

★重度訪問介護の利用者
重度訪問介護は、2014（平成 26）年４月以前は身体障害者のみに利用が認められていたが、同年４月より見守り等が必要な知的障害者・精神障害者にもその対象が広げられた。この結果、アパート等で支援を受けて一人暮らしをする生活の可能性が知的障害・自閉傾向・精神障害者にも広げられた。自立生活と呼ばれる親元でも入所施設でもない生活が少しずつ広がりつつある。

図5-3　障害者総合支援法のサービスの全体図

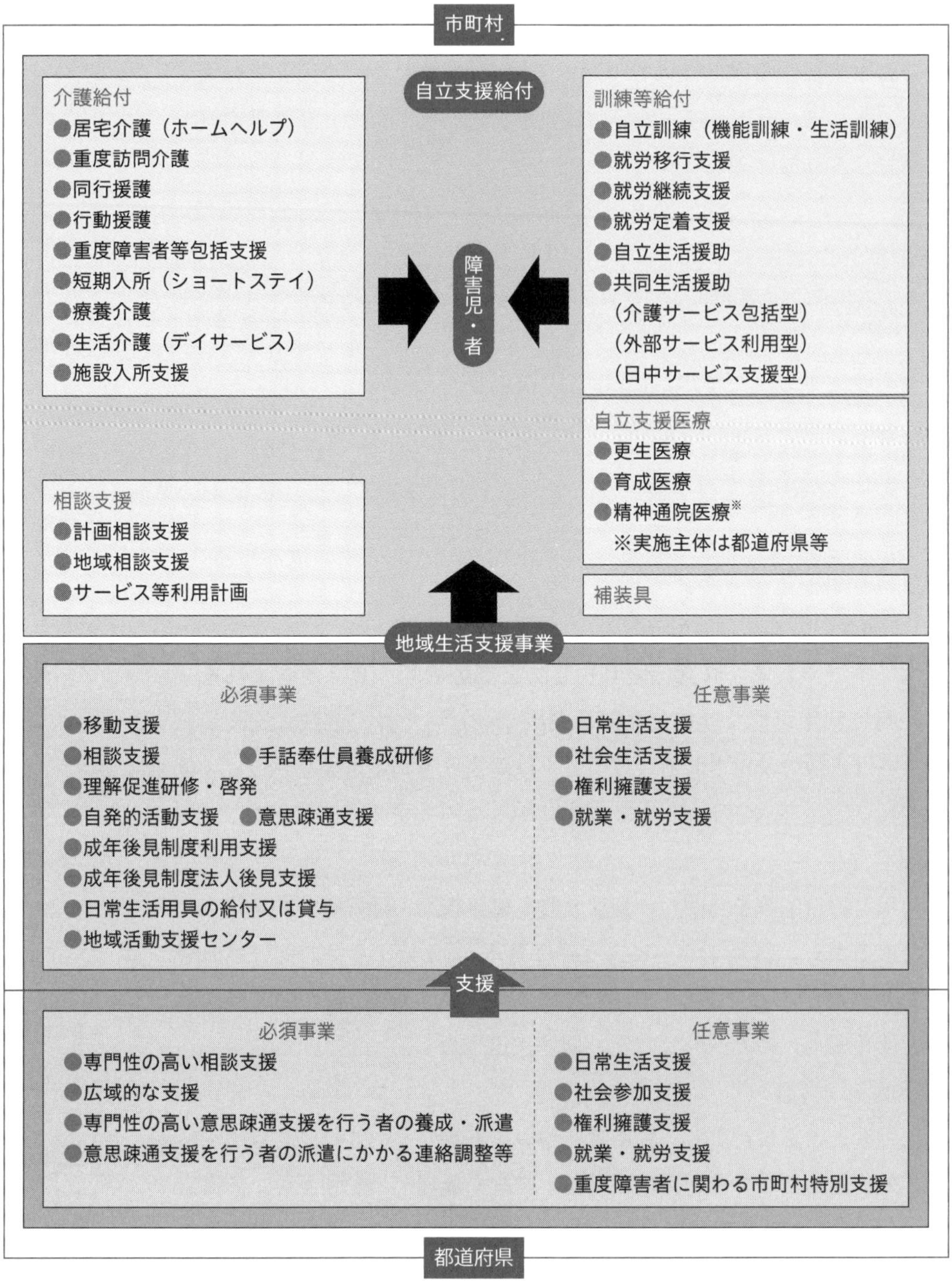

資料：厚生労働省資料をもとに作成

❹行動援護＊

知的障害児・者や精神障害者が主に外出先で利用する専門性の高いヘルパー。環境との関係で本人が自分や周囲の人・物を傷つけてしまうおそれがある場合などに利用する。

❺療養介護

日中、医療機関において機能訓練、療養上の管理等および食事、入浴、排泄などの日常的支援を提供する。

❻生活介護

日中、通所事業所や障害者支援施設等において、食事、入浴、排泄や創作活動などの機会を提供する。デイサービスと一般的に呼ばれており、通所での利用と施設入所支援と組み合わせた入所施設での利用がある。障害者総合支援法において最も利用者数が多い、日中活動の中心的サービスである。

❼短期入所＊

家族等の介護者の休息や疾病等で自宅での介護が難しい場合に、施設等において、短期間、食事、入浴、排泄などの日常的支援を提供する。主に夜間や週末などに利用される。

❽重度障害者等包括支援＊

多様なニーズに対応するために、居宅介護、重度訪問介護、同行援護、行動援護、生活介護、短期入所、共同生活援助等を包括的に提供できるサービスである★。

❾施設入所支援

日中に生活介護や療養介護などで支援を受けた利用者に対して、夜間に、食事、入浴、排泄などの支援を行うサービスである。生活介護や療養介護などと施設入所支援を組み合わせて提供することで、障害者支援施設（入所施設）が運営されている。

2 訓練等給付

訓練等給付は、リハビリテーション・生活訓練や就業継続、一般就労への移行を支援するなどの介護保険にはないサービスで構成されている。共同生活援助で入浴、排泄、食事等の介護を伴うものを除き、障害支援区分の認定がなくても利用ができ、区分による利用制限も存在しない。

❶自立訓練（機能訓練）

主に身体障害者に対して★、リハビリテーションを通所や訪問によって提供する。標準のサービス提供期間は、１年６か月である。

❷自立訓練（生活訓練）

主に知的障害者、精神障害者に対して★、地域での適応のための訓練や支援、相談を行う。施設でも在宅でも提供可能である。標準のサービス

★重度障害者等包括支援
2019（令和元）年8月現在、全国で32人しか利用者がいない。それぞれの個別サービスを提供するほうが報酬総額が多くなるため、事業所にとってのメリットが少ないのがその理由である。

★自立訓練（機能訓練）
2018（平成30）年4月1日より、障害種別限定が解除となり、身体、知的、精神等障害種別に関係なく自立訓練（機能訓練）を利用することができるようになった。

★自立訓練（生活訓練）
2018（平成30）年4月1日より、障害種別限定が解除となり、身体、知的、精神等障害種別に関係なく自立訓練（生活訓練）を利用することができるようになった。

提供期間は、２年間である。

❸就労移行支援

企業等への一般就労が可能と見込まれる障害者に対して、地域障害者職業センター、公共職業安定所（ハローワーク）、障害者就業・生活支援センターと連携して職場体験、職業訓練等を提供する。標準のサービス提供期間は24か月である。

❹就労継続支援（A型・B型）

企業等への一般就労が現状で困難とされる障害者に対して、生産活動、職業訓練、その他必要な支援を提供する。A型は原則、労働法の適用をうける（除外規定あり）。B型は非雇用型である。

❺就労定着支援

生活介護、自立訓練、就労移行支援または就労継続支援を利用して一般就労した障害者など、就労定着に向けた支援が必要な障害者に対し、一定の期間、労働施策等と連携して、就労定着に向けた支援（企業・家族との連絡調整や生活支援等）を集中的に提供するサービスである。

❻自立生活援助

入所施設や病院、グループホーム等に入居していた障害者が居宅における自立した日常生活を営むうえで必要となる支援や相談に、一定の期間にわたり、定期的な巡回訪問を行うサービスである。

❼共同生活援助

（介護サービス包括型・外部サービス利用型・日中サービス支援型）

主に夜間や週末に、共同生活を営む住居において集団で支援を受けるサービスであり、一般的にグループホームと呼ばれる。家賃、食費は自己負担だが、１万円の家賃補助（特定障害者特別給付費）が事業所に給付される。グループホーム内での支援を包括的に提供する「介護サービス包括型」と、居宅介護事業者等にサービスを委託する「外部サービス利用型」に分かれる。2018（平成30）年４月より、重度障害により通所が困難な利用者を念頭に置いた日中も夜間も終日グループホームで支援を行う「日中サービス支援型★」が制度化された。

★日中サービス支援型共同生活援助
大規模入所施設への批判が高まり、支援規模の小規模化を目指して始まったグループホームだが、重度の障害者の地域生活への移行が計画どおりに進まないことから、グループホームの入居規模を大きくして、支援を終日同じ場所で行わざるを得ない「小さな入所施設」にならないよう、支援者・事業者は心がける必要がある。

3 相談支援事業

相談支援事業は、❶一般的な相談支援、❷地域相談支援、❸計画相談支援の３区分からなる。

❶一般的な相談支援

福祉事務所の障害福祉課、身体障害者更生相談所または知的障害者更生相談所等で行っていた一般的な相談支援は、社会福祉法人等が運営する相談支援事業所に委託されることが一般的になっている。相談の内容は「よろず相談」であり、必要な関係機関と接続するのが役割である。市町村地域生活支援事業のなかの障害者相談支援事業として行われる。

❷地域相談支援

地域相談支援は、「地域移行支援」と「地域定着支援」からなる。地域移行支援は、入所施設にいる障害者や精神科病院等に入院している精神障害者等に対して、退所前から住居の確保や生活支援に関する相談などを行う。地域定着支援は、地域で生活する障害者が安心して地域生活を継続していくための連絡体制や支援体制を確保し、緊急時の駆けつけなどを行う。担当するのは指定一般相談支援事業者★である。

❸計画相談支援

計画相談支援は、「サービス利用支援」と「継続サービス利用支援」からなる。サービス利用支援では、支給決定を受ける前にサービス等利用計画案を作成し、支給決定後に**サービス等利用計画**を作成する。継続サービス利用支援では、サービス等利用計画の利用状況等を検証し、見直しを行う。担当するのは指定特定相談支援事業者★、指定障害児相談支援事業者である。

児童福祉法に基づく障害児向けのサービスに関する相談支援については、指定障害児相談支援事業者が「障害児相談支援」を行い、**障害児支援利用計画**を作成する。障害児が障害者総合支援法に基づく障害福祉サービスを利用する場合は、指定特定相談支援事業者がサービス等利用計画を作成する。サービス等利用計画は、障害者総合支援法のサービスだけではなく、医療資源、民間企業のサービス、地域のインフォーマルな組織、資源等の活用についても必要に応じて盛り込まれるというのが制度的な位置づけである。

★指定一般相談支援事業者
★指定特定相談支援事業者
両者ともに、地域相談や計画相談につながる前段階としての「基本相談支援」を行うことも業務に含まれる。詳細は第6章第2節図6-2(p.198)を参照。

Active Learning

国が目指している「重層的な障害者相談支援体制」とはどのようなものでしょうか。
- 基幹相談支援センター
- 一般的な相談支援
- 基本相談支援

などのキーワードをもとに考えてみましょう。

4 障害支援区分

障害支援区分とは、利用者の身体の状況、社会的な状況を勘案して総合的に決定される支援ニーズの大きさといえる。障害者手帳の等級や年金等級とは直接は連動しない。障害支援区分は、区分1～6まであり、1が支援の必要性が最も少なく、6が支援の必要性が最も多いとされる。介護保険制度との決定的な違いは、障害支援区分は個人のサービス利用量の月ごとの上限を決定するための基準ではないという点である。障害支援区分は国から市町村に対する国庫負担基準額の上限と連動しているが、国と市町村の間でのみ必要な予算配分の目安に過ぎない。個人の支給決定場面では、サービスごとに利用できる障害支援区分が決められているが、障害者個人の支給決定量を直接的に制限する仕組みにはなっていない。また事業所が介護報酬等を請求する際にも障害支援区分ごとに報酬が決められている。

障害支援区分の認定調査は、実施主体（市町村）が直接実施する場合と、社会福祉法人やNPOが運営する相談支援事業者などに委託される場合がある。一次判定の結果、市町村審査会（障害福祉に詳しい学識経験者等から構成される）にて、特記事項や医師意見書を加えた二次判定が行われ、障害支援区分が認定される。障害支援区分の認定と受給者証の発行は市町村が担当するが、認定された障害支援区分に利用者側に不服がある場合は、都道府県に設置されている障害者介護給付費等不服審査会に審査請求を行うことができる。

5 支給決定

支給決定★とは、利用者が障害者総合支援法を利用する際に行政が行う行政処分のことである。市町村は、利用者がどのサービスをどれだけ使うことができるかを、相談支援事業者が作成したサービス等利用計画案や市町村が認定した障害支援区分、障害者本人のサービス利用の意向や介護者の状況、その他勘案事項などを把握し、総合的に判断する。

★支給決定
行政内部には利用者の身体の状況、障害支援区分や家族構成などを反映した「支給決定基準」が定められており、財政規律を保持するために行政支給決定担当者はこの支給決定基準をベースに、相談支援事業者は利用者の生活ニーズをベースに、支給決定量を「交渉」する。支給決定量を巡っては、継続的に自治体を相手にしての訴訟が起こっている。

受給者証には、サービスの種別（居宅介護、生活介護等）、サービスの月ごとの支給決定量（月22日・月100時間等）、支給決定の有効期間、障害支援区分、利用料の負担上限月額などが記載される。

利用者負担は応能負担（本人および配偶者の負担能力をしん酌した額）となっているが、その額よりサービス利用に要した費用の1割のほうが低額の場合は1割負担としている。18歳以上の成人した障害者の場合は、親と同居していても別世帯と考える。減免制度があり、生活保護世帯、住民税非課税世帯には利用者負担が発生しない。2019（令和元）年11月現在、利用者の約9割で利用料の自己負担は発生していない（厚生労働省「障害福祉サービス等の利用状況について」による）。

Active Learning

介護保険制度が原則1割負担であることに対して、障害福祉サービスについては応能負担が原則になっています。その理由について考えてみましょう。

3 自立支援医療

自立支援医療は、18歳以上の身体障害者を対象とした更生医療と身

図5-4　自立支援医療の自己負担の概要

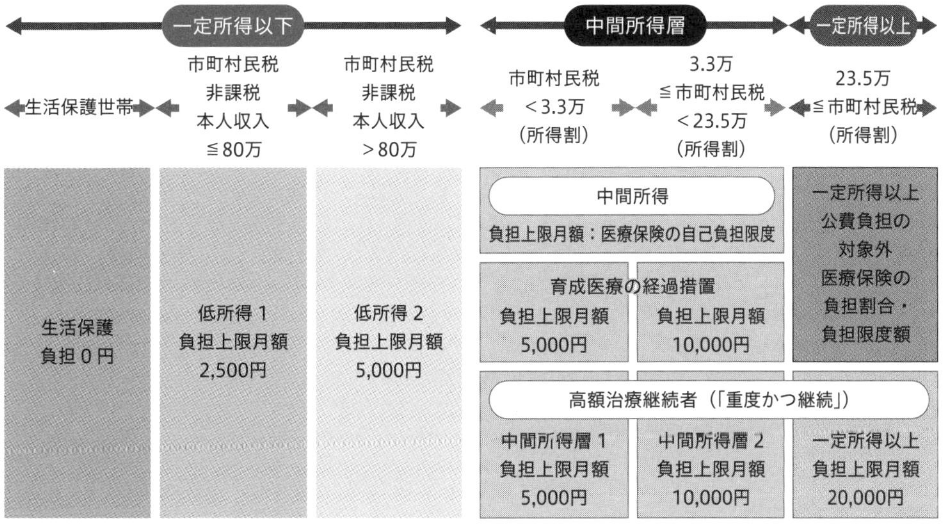

資料：厚生労働省資料

体に障害のある児童を対象とした育成医療（ともに実施主体は市町村）、18歳以上の精神障害者を対象とした精神通院医療（実施主体は都道府県・政令市、ただし窓口は市町村と政令市区役所）の三つの支援内容で構成されている。これらのサービスは、障害に起因して必要となった受診に関して、指定された医療機関で行えば、医療費の利用者負担額が所得に応じて減免される。所得に応じて自己負担額に上限が設定される（図5-4）。

4　補装具

利用する人の身体に合わせて調整が必要な福祉用具など（杖、義眼、補聴器、義手義足、車いす・電動車いす、重度障害者用意思伝達装置など）を所得に応じた負担上限月額か、1割負担額を比較して低い方の額で購入・修理・借受けできる。なお、一定所得以上の者は対象外となっている。

5　地域生活支援事業

地域生活支援事業とは、市町村や都道府県が地域の特性に合わせて独

表5-3　地域生活支援事業の一覧

	市町村地域生活支援事業	都道府県地域生活支援事業
必須事業	【理解促進研修・啓発事業】 【自発的活動支援事業】 【相談支援事業】 (1)　基幹相談支援センター等機能強化事業 (2)　住宅入居等支援事業（居住サポート事業） 【成年後見制度利用支援事業】 【成年後見制度法人後見支援事業】 【意思疎通支援事業】 【日常生活用具給付等事業】 【手話奉仕員養成研修事業】 【移動支援事業】 【地域活動支援センター機能強化事業】	【専門性の高い相談支援事業】 (1)　発達障害者支援センター運営事業 (2)　高次脳機能障害及びその関連障害に対する支援普及事業 (3)　障害者就業・生活支援センター事業 【専門性の高い意思疎通支援を行う者の養成研修事業】 (1)　手話通訳者・要約筆記者養成研修事業 (2)　盲ろう者向け通訳・介助員養成研修事業 【専門性の高い意思疎通支援を行う者の派遣事業】 【意思疎通支援を行う者の派遣に係る市町村相互間の連絡調整事業】 【広域な支援事業】 (1)　都道府県相談支援体制整備事業 (2)　精神障害者地域生活支援広域調整等事業
任意事業	【日常生活支援に関する事業】 (1)　福祉ホームの運営 (2)　訪問入浴サービス (3)　生活訓練等 (4)　日中一時支援 (5)　地域移行のための安心生活支援 (6)　巡回支援専門員整備 (7)　相談支援事業所等（地域援助事業者）における退院支援体制確保 (8)　協議会における地域資源の開発・利用促進等の支援 (9)　児童発達支援センターの機能強化 【社会参加支援に関する事業】 (1)　レクリエーション活動等支援 (2)　芸術文化活動振興 (3)　点字・声の広報等発行 (4)　奉仕員養成研修 (5)　複数市町村による意思疎通支援の共同実施促進 (6)　家庭・教育・福祉連携推進事業 【就業・就労支援に関する事業】 (1)　盲人ホームの運営 (2)　知的障害者職親委託 (3)　雇用施策との連携による重度障害者等就労支援特別事業	【日常生活支援に関する事業】 (1)　福祉ホームの運営 (2)　オストメイト（人工肛門、人工膀胱造設者）社会適応訓練 (3)　音声機能障害者発声訓練 (4)　発達障害者支援体制整備 (5)　児童発達支援センターの機能強化等 (6)　矯正施設等を退所した障害者の地域生活への移行促進 (7)　医療型短期入所事業所開設支援 (8)　障害者の地域生活の推進に向けた体制強化支援事業 【社会参加支援に関する事業】 (1)　手話通訳者設置 (2)　字幕入り映像ライブラリーの提供 (3)　点字・声の広報等発行 (4)　点字による即時情報ネットワーク (5)　都道府県障害者社会参加推進センター運営 (6)　奉仕員養成研修 (7)　レクリエーション活動等支援 (8)　芸術文化活動振興 (9)　サービス提供者情報提供等 (10)　障害者自立（いきいき）支援機器普及アンテナ事業 (11)　企業 CSR 連携促進 【就業・就労支援に関する事業】 (1)　盲人ホームの運営 (2)　重度障害者在宅就労促進（バーチャル工房支援） (3)　一般就労移行等促進 (4)　障害者就業・生活支援センター体制強化等 【重度障害者に係る市町村特別支援】 【障害福祉のしごと魅力発信事業】

自で実施する事業のことである。実施に要する費用に関しては国からの補助も受けることができる。市町村事業と都道府県事業があり、それぞれ必須事業と任意事業に分かれている（**表5-3**）。

6 障害福祉計画

障害福祉計画とは、障害者総合支援法に規定される障害福祉サービスの提供体制の確保等に関する計画のことである。都道府県、市町村それぞれに障害福祉計画の策定義務がある★（法第88条第1項および第89条第1項）。厚生労働大臣は、障害福祉計画の作成（または変更）にあたって即すべき事項について定めた「障害福祉サービス等及び相談支援並びに市町村及び都道府県の地域生活支援事業の提供体制を整備し、自立支援給付及び地域生活支援事業の円滑な実施を確保するための基本的な指針★」を定めることとされている（法第87条第1項）。計画の作成または変更時には市町村は市町村協議会、都道府県は都道府県協議会への意見聴取の努力義務がある（協議会を設置している場合）。

よく似たものとして、障害者基本法に基づいて策定される「障害者計画」がある。こちらも、都道府県、市町村それぞれに策定義務があり、政府は、障害者計画の基本となる計画、「障害者基本計画」を策定しなければならないとされている（障害者基本法第11条）。

★障害福祉計画の策定
児童福祉法によって策定が義務づけられている障害児福祉計画は、障害福祉計画と一体のものとして策定することができる規定となっており、多くの自治体で実際には「一体のものとして」策定されている。障害児福祉計画については、本章第5節p.135を参照のこと。

★基本的な指針
「障害福祉サービス等及び障害児通所支援等の円滑な実施を確保するための基本的な指針」（平成29年厚生労働省告示第116号）として告示されている。

7 児童福祉法に基づく障害児福祉サービス

障害児に向けた福祉サービスは、児童福祉法によって定められている。2010（平成22）年の児童福祉法の改正（2012（平成24）年4月施行）の政策目標は「相談支援の充実」と「障害児支援の強化」であり、これによって福祉（児童福祉法）と教育（学校教育法が所管する特別支援教育）との連携が目指されるようになった。現行の障害児向け福祉サービスの体系を紹介する。

1 障害児通所支援

❶児童発達支援

主に未就学の障害児を対象にした通所サービスであり、福祉型（主に知的障害児と発達障害児が対象）と医療型（主に肢体不自由児と重度重複障害児が対象）がある。障害児を児童発達支援センター等に通わせ、日常生活に必要な動作の指導、集団での生活に慣れることなどを目指した支援を行う。

❷居宅訪問型児童発達支援

重度の障害児向けに児童の自宅等を訪問してサービスを提供する。2018（平成30）年４月から制度化された。

❸放課後等デイサービス

学校（幼稚園と大学を除く）に就学している障害児を、放課後や休業日に児童発達支援センター等に通わせ、日中支援を行う通所サービスである。単に児童を預かり保育するだけでなく、生活に必要なスキルの獲得、地域との交流などを目指した支援を行う。

❹保育所等訪問支援

児童が利用する保育所に支援員が訪問し、集団生活への適応促進などを目指し、支援を行う。

2 障害児入所支援

主に肢体不自由、知的障害、発達障害のある障害児を対象とした「福祉型障害児入所施設」と、重症心身障害児などの医療的ケアを必要とする障害児を対象とした「医療型障害児入所施設★」がある。障害児に対して行われる保護、日常生活における指導や技能訓練、治療などを支援の内容とする。児童福祉法における障害児入所支援は都道府県が実施主体である。

★医療型障害児入所施設

児童の社会的養護において、児童養護施設から里親委託へという流れがあり、また、成人の障害者の生活を入所施設から地域へと移行する流れがある。この流れにおいて「入所施設」は批判され、居るべきではない場所とされる。しかし、入所施設でなければ生活・生存が維持できない重症児とその家族がいることも決して忘れてはならない。問題は、「入所施設でなくても生きていける人が入所施設に居ること」であり、「入所施設でなければ生きていけない人たちの入所施設をなくすこと」ではない。

3 障害者総合支援法に基づく障害児向けサービス

障害者総合支援法における障害福祉サービスのうち、居宅介護、同行援護、行動援護、短期入所等は障害者だけではなく障害児も利用できる。また、市町村地域生活支援事業のうち、日中一時支援事業、移動支援事業なども、障害児向けに提供されている。

●おすすめ

・岡部耕典編『パーソナルアシスタンス――障害者権利条約時代の新・支援システムへ』生活書院，2017.

・藤岡毅・長岡健太郎『障害者の介護保障訴訟とは何か！――支援を得て当たり前に生きるために』現代書館，2013.

・児玉真美『殺す親 殺させられる親――重い障害のある人の親の立場で考える尊厳死・意思決定・地域移行』生活書院，2019.

第8節 障害者虐待の防止、障害者の養護者に対する支援等に関する法律（障害者虐待防止法）

学習のポイント

- 障害者虐待防止法の仕組みを理解する
- 障害者虐待の現状について把握する
- 虐待の未然防止のために何が必要かについて考える

1 障害者虐待防止法の概要

1 目的と概要

2011（平成23）年に制定された障害者虐待の防止、障害者の養護者に対する支援等に関する法律（障害者虐待防止法）は、2012（平成24）年10月1日から施行された。法律の目的は、障害者の権利利益を擁護することにあるが、これは、「障害者に対する虐待が障害者の尊厳を害するものであり、障害者の自立及び社会参加にとって障害者に対する虐待を防止することが極めて重要である」（第1条）という認識に基づくものである。

上記の目的を実現するために、❶障害者に対する**虐待の禁止**、❷虐待の**予防**および**早期発見**などの障害者虐待の防止等に関する国等の責務、❸虐待を受けた障害者に対する保護および自立の支援のための措置、❹**養護者に対する支援**（養護者の負担の軽減を図ること等の養護者による虐待の防止に資する支援）のための措置等を、この法律では定めている。

2 対象者

対象者は障害者基本法第2条第1号に規定する障害者である。具体的には、身体障害者、知的障害者、精神障害者、発達障害者、難病等の者をいう。

3 障害者虐待の定義

障害者虐待とは、養護者による障害者虐待（以下、養護者による虐待）、障害者福祉施設従事者等による障害者虐待（以下、施設従事者等による虐待）、使用者による障害者虐待（以下、使用者による虐待）をいう。

養護者、障害者福祉施設従事者等、使用者の定義は**表 5-4** のとおりである（第２条第３項～第５項）。

4 虐待の区分ごとの内容

Active Learning

虐待の定義について、児童虐待防止法や高齢者虐待防止法との共通点と相違点について、その背景も含めて考えてみましょう。

障害者虐待は、大きく五つに区分される。それぞれの内容は**表 5-5** のとおりである（第２条第６項～第８項）。

5 虐待発生時の対応および未然防止のための措置

虐待を受けたと思われる障害者を発見した者は、速やかに市町村（使用者による虐待については市町村または都道府県）に通報しなければならない（第７条第１項、第16条第１項、第22条第１項）。虐待を受けた障害者本人もこれを市町村（使用者による虐待の場合は市町村または都道府県）に届け出ることができる（第16条第２項、第22条第２項）。

なお、施設従事者等または使用者による虐待を通報した者については、虚偽の通報である場合を除き、刑法等の守秘義務違反に問われ、ま

表5-4　養護者、障害者福祉施設従事者等、使用者の範囲

区分	用語の定義
養護者	障害者を現に養護する者であって障害者福祉施設従事者等および使用者以外の者
障害者福祉施設従事者等	障害者支援施設、のぞみの園が設置する障害者福祉施設、障害福祉サービス事業、一般相談支援事業、特定相談支援事業、移動支援事業、地域活動支援センターを経営する事業、福祉ホームを経営する事業、障害児通所支援事業、障害児相談支援事業に係る業務に従事する者
使用者	障害者を雇用する事業主、事業の経営担当者等（労働者派遣の役務の提供を受ける事業主を含み、国および地方公共団体を除く）

注：下線部の事業は厚生労働省令（障害者虐待防止法施行規則）で規定されている。

表5-5　虐待の区分ごとの内容

虐待の区分	虐待の定義	備考
❶身体的虐待	障害者の身体に外傷が生じ、もしくは生じるおそれのある暴行を加え、または正当な理由なく障害者の身体を拘束すること。	―
❷性的虐待	障害者にわいせつな行為をすることまたは障害者をしてわいせつな行為をさせること。	―
❸心理的虐待	障害者に対する著しい暴言または著しく拒絶的な対応その他の障害者に著しい心理的外傷を与える言動を行うこと。	障害者福祉施設従事者等・使用者による不当な差別的言動を含む。
❹放棄・放置	障害者を衰弱させるような著しい減食または長時間の放置、他の者（右記）による❶から❸の行為を放置することなど。	養護者による虐待：養護者以外の同居人 障害者福祉施設従事者等による虐待：施設入所者など他の障害者 使用者による虐待：他の労働者
❺経済的虐待	障害者の財産を不当に処分することその他障害者から不当に財産上の利益を得ること。	養護者以外の障害者の親族による虐待を含む。

表5-6　虐待対応および防止にかかる措置の概要

養護者による虐待	施設従事者等による虐待	使用者による虐待
虐待発見 →（通報）→ 市町村	虐待発見 →（通報）→ 市町村 →（報告）→ 都道府県	虐待発見 →（通報）→ 都道府県 →（報告）→ 労働局 虐待発見 →（通報）→ 市町村 →（通知）→ 都道府県
虐待発生に対する行政機関の対応		
市町村	市町村・都道府県	市町村・都道府県・国
・安全の確認・事実の確認・市町村障害者虐待対応協力者と協議 ・障害者支援施設等への緊急一時保護（措置権の行使） ・成年後見にかかる審判の請求（知的または精神障害者） ・立入調査 ・警察署長に対する援助要請等（必要がある場合） ・養護者の面会の制限	・都道府県への報告（市町村） ・事業等の適正運営の確保のための指導・監督権限等の行使（市町村・都道府県） ・従事者による虐待の状況、対応状況等の公表（都道府県知事）	・都道府県に通知（市町村） ・都道府県労働局への報告（都道府県） ・労働基準法ほかの適切な権限の行使（労働局ほか） ・使用者による虐待の状況、対応状況等の公表（厚生労働大臣）
虐待対応・未然防止に向けた各機関の措置		
（市町村） ・居室確保（被虐待障害者の緊急一時保護用） ・居室確保（養護者支援のための短期入所） ・養護者に対する相談・指導・助言（負担軽減）	（施設設置者等） ・従事者に対する虐待防止研修の実施 ・苦情処理体制の整備　など	（使用者） ・労働者に対する研修の実施 ・苦情処理体制の整備　など

資料：厚生労働省資料に一部加筆

た、解雇、降格、減給等の処分を受けることはない（第16条第4項、第22条第4項）。

虐待発見に対する各機関の対応および未然防止のために各機関が講ずべき措置は**表5-6**のとおりである。

Active Learning

行政機関の対応が、養護者による虐待・施設従事者等による虐待・使用者による虐待で違う理由について考えてみましょう。

6 学校、保育所等、医療機関における虐待の防止

学校、保育所、認定こども園、医療機関における虐待は、本法の通報義務等の対象とはならない。しかしながら、これらの機関の長・管理者には、❶関係者に対する障害および障害者に関する理解を深めるための研修の実施および普及啓発、❷虐待に関する相談に係る体制の整備、❸虐待に対処するための措置、などの虐待を防止するため必要な措置を講ずべき旨が規定されている（第29条～第31条）。

Active Learning

これらの機関では、なぜ通報義務が課されていないのか、虐待が発生した場合はどのように対応しているのかについて考えてみましょう。

表5-7　市町村障害者虐待防止センター・都道府県障害者権利擁護センターの業務

市町村障害者虐待防止センター	都道府県障害者権利擁護センター
1　虐待を受けたと思われる障害者を発見した者からの通報の受理、虐待を受けた障害者からの届出の受理 2　障害者および養護者に対する相談、指導、助言 3　障害者虐待の防止および養護者に対する支援に関する広報その他の啓発活動	1　使用者による虐待を受けたと思われる障害者を発見した者からの通報の受理、使用者による虐待を受けた障害者からの届出の受理 2　市町村相互間の連絡調整、市町村に対する情報の提供、助言など 3　障害者虐待を受けた障害者に関する各般の問題および養護者に対する支援に関する相談、相談を行う機関の紹介 4　障害者虐待を受けた障害者の支援および養護者に対する支援のための情報の提供、助言、関係機関との連絡調整など 5　障害者虐待の防止および養護者に対する支援に関する情報の収集、分析、提供 6　障害者虐待の防止および養護者に対する支援に関する広報その他の啓発活動 7　その他障害者に対する虐待の防止等のために必要な支援

7 市町村障害者虐待防止センター、都道府県障害者権利擁護センター

市町村および都道府県の関係部局は、それぞれ**市町村障害者虐待防止センター**および**都道府県障害者権利擁護センター**としての機能を果たすべき旨が規定されている（第32条第1項および第36条第1項）。それぞれのセンターが行う業務は**表5-7**に掲げるものであるが、これらは、市町村（都道府県）**障害者虐待対応協力者**のなかから、社会福祉法人などの適当と認められるものに委託することができる（**表5-7**中、都道府県障害者権利擁護センターの2の業務を除く。）。

2 他法との関係

障害児・者はその年齢の広がりからも児童虐待の防止等に関する法律（児童虐待防止法）や高齢者虐待の防止、高齢者の養護者に対する支援等に関する法律（高齢者虐待防止法）等との整理が必要であるが、それぞれの所管範囲等は**図5-5**のとおりである。

図5-5 虐待防止各法の所管範囲等

虐待発生場所	在宅	児童虐待防止法	障害者虐待防止法			障害者虐待防止法・高齢者虐待防止法
	企業	障害者虐待防止法				
	養介護施設				高齢者虐待防止法	
	障害福祉サービス	障害者虐待防止法				
	障害児入所所（注1）	（児童福祉法）				
	障害児通所所（注2）	障害者虐待防止法	（注3）			
			18歳	20歳	40歳	65歳

注1：里親、小規模住居型児童養育事業所、乳児院、児童養護施設、障害児入所施設、児童心理治療施設、児童自立支援施設、指定発達支援医療機関、児童相談所（一時保護）を含む。
2：障害児通所・障害児相談支援事業については厚生労働省令により障害者虐待防止法を適用
3：放課後等デイサービスのみ20歳まで適用
資料：厚生労働省資料を一部改変

3 早期発見および養護者支援

障害者虐待への対応状況については第４章第３節３（p.104）を参照。

障害者虐待防止法において、具体的な規定の多くは虐待発生時の対応についてのものであり、いわゆる虐待の「防止」については包括的な規定にとどまる。また、法の正式名称の後半にある「障害者の養護者に対する支援等」に係る規定についても同様である。

障害者に対する虐待を「防止」していくためには、虐待発生後の対応（事後対応）に終始するのではなく、**早期発見のための取り組み**（サービス未利用者へのアプローチなど）や、**養護者の疲労に対する手立て**を具体化していくことが必要であり、自治事務である虐待防止に係る市町村の姿勢が問われている。

Active Learning

未然防止のための具体的な取り組みや、養護者に対する具体的な支援にはどのようなものが望ましいかについて考えてみましょう。

◇**参考文献**
・厚生労働省「市町村・都道府県における障害者虐待防止と対応の手引き」2018.
・厚生労働省「都道府県・市区町村における障害者虐待事例への対応状況等（調査結果）」各年版

第9節 障害を理由とする差別の解消の推進に関する法律（障害者差別解消法）

学習のポイント

- 障害者差別解消法の沿革と概要について学ぶ
- 合理的配慮とは何かを理解し、建設的な対話の方法について可能性を探る
- 障害者差別の解消に向けた今後の課題を把握する

1 障害者差別解消法の概要

1 障害者差別解消法の概要

障害を理由とする差別の解消の推進に関する法律（障害者差別解消法）は2013（平成25）年6月に制定され、2016（平成28）年4月1日から施行された。この法律は、国連の「障害者の権利に関する条約」（障害者権利条約）の締結に向けた国内法整備の一環として制定された。障害者権利条約は、障害者が障害者でない者と等しく、基本的人権を享有する個人として尊厳が重んぜられ、その尊厳にふさわしい生活を保障される権利を有すること、締約国に対してこの権利を実現するために具体的な施策を行うよう求めるものである。

障害者差別解消法は、行政機関や事業者に対して、障害のある人に対する**不当な差別的取り扱い**を禁止するとともに、障害を理由とする差別を解消するための措置、すなわち**合理的な配慮**を求めている。同法における障害者とは、障害がある者であって、障害および社会的障壁により継続的に日常生活または社会生活に相当な制限を受ける状態にあるものと定義されているが、これは、障害者権利条約第2条に示されている障害の「社会モデル」の考え方が反映されたものである。

「不当な差別的取り扱い」と「合理的配慮」のそれぞれの内容を確認しておきたい。まず、**不当な差別的取り扱い**とは、障害者に対して、正当な理由なく障害を理由として財・サービスや各種機会の提供を拒否することや、提供にあたって場所・時間帯などを制限する、障害者でない者に対しては付さない条件を付けることなどにより、障害者の権利利益を侵害することを指す。**国や地方公共団体、独立行政法人等の公的行政機関と民間事業者**ともに**禁止**されている。行政機関等に関しては第7

条、事業者については第８条において、その事務または事業を行うにあたり、障害を理由として障害者でない者と不当な差別的取扱いをすることにより、障害者の権利利益を侵害してはならないと示されている。

2 障害を理由とする差別を解消するための措置（合理的な配慮）

次に**合理的配慮**についてみていきたい。障害者権利条約第２条において、合理的配慮とは次のように定義されている。

> 「合理的配慮」とは、障害者が他の者との平等を基礎として全ての人権及び基本的自由を享有し、又は行使することを確保するための必要かつ適当な変更及び調整であって、特定の場合において必要とされるものであり、かつ、均衡を失した又は過度の負担を課さないものをいう。

これを踏まえて障害者差別解消法は、公的な行政機関等および民間事業者に対して、その事務または事業を行うにあたり、「障害者から現に社会的障壁の除去を必要としている旨の意思の表明があった場合において、その実施に伴う負担が過重でないときは、障害者の権利利益を侵害することとならないよう、当該障害者の性別、年齢及び障害の状態に応じて、社会的障壁の除去の実施について必要かつ合理的な配慮」を行うことを求めている（第７条第２項、第８条第２項）。義務の内容には違いが存在し、公的な行政機関等に対しては第７条第２項において「必要かつ合理的な配慮をしなければならない」として法的義務が課せられている一方で、民間事業者に対しては第８条第２項において「必要かつ合理的な配慮をするように努めなければならない」として、努力義務が課せられているのみである。

★行政機関等
国の行政機関、独立行政法人等、地方公共団体（地方公営企業法第３章の規定の適用を受ける地方公共団体の経営する企業を除く）および地方独立行政法人をいう。

★事業者
商業その他の事業を行う者（国、独立行政法人等、地方公共団体および地方独立行政法人を除く）をいう。

第６条第１項では、政府に対して「障害を理由とする差別の解消の推進に関する基本方針（以下、基本方針）」を策定することが求められているが、この基本方針において合理的配慮の具体的な例としては次のようなものが示されている。

❶　物理的環境への配慮：車いす利用者のために段差に携帯スロープを渡す、高い所に陳列された商品を取って渡すなど。

❷　意思疎通の配慮：筆談、読み上げ、手話などによるコミュニケーション、知的障害や精神障害など、コミュニケーション上の困難がある人のためには、わかりやすい表現を使って説明を行うなど。

❸　ルール・慣行の柔軟な適用：働く場において、障害の特性に応じて

休憩時間や方法を調整するなど。

こうした合理的配慮の提供はすべてを一律的に行えばよいというものではなく、障害者の性別、年齢、状態等に応じて柔軟に変更するべきものである。また、どのような配慮が必要であり、提供可能であるのかについて、障害のある人と、行政機関や事業者といったそれぞれの主体との間で継続的に建設的対話が行われるなかで、検討されるべきである。

合理的配慮は、状況に応じて個別に実施される措置である。各場面における環境の整備の状況により、合理的配慮の内容は異なる。基礎となるのは、事前に行われる建築物のバリアフリー化、介助者等の人的支援、情報アクセシビリティの向上等の環境の整備である。

合理的配慮が行われるべき範囲については、一定の範囲が定められている。行政機関等および事業者の事務・事業の目的・内容・機能に照らし、必要とされる範囲で本来の業務に付随するものに限られる。さらに、障害者でない者との比較において同等の機会の提供を受けるためのものであること、事務・事業の目的・内容・機能の本質的な変更には及ばないことに留意する必要がある。

「過重な負担がないこと」については、過重であるかどうかの判断は個別のケースによって異なる。基準となるのは、❶事務・事業への影響の程度（事務・事業の目的・内容・機能を損なうか否か）、❷実現可能性の程度（物理的・技術的制約、人的・体制上の制約）、❸費用・負担の程度、❹事務・事業規模、❺財政・財務状況である。これらの要素を総合的・客観的に考慮したうえで、「過重な負担に当たる」と判断された場合には、行政機関等および事業者は障害者にその理由を説明し、理解を得るよう努めることが望ましいとされている。

なお、意思の表明にあたっては、具体的場面において、社会的障壁の除去に関する配慮を必要としている状況にあることを言語（手話を含む）のほか、点字、拡大文字、筆談、実物の提示や身振りサイン等による合図、触覚による意思伝達など、障害者が他人とコミュニケーションを図る際に必要な手段（通訳を介するものを含む）により伝えられるとされている。

ここで注目したいのは、**意思の表明**に対する支援が求められている点である。合理的配慮の提供にあたっては、本人からの意思の表明があることが前提とされているが、これが難しい人も存在する。意思の表明がないことが合理的配慮をしないこと（不提供）の理由とされてしまうことがあってはならない。つまり、意思の表明の段階における社会的障壁の除去が求められるのである。この点、基本方針においては、「障害者からの意思の表明のみでなく、知的障害や精神障害（発達障害を含む。）等により本人の意思の表明が困難な場合には、障害者の家族、支援者・介助者、法定代理人等、コミュニケーションを支援する者が本人を補佐して行う意思の表明[1]」も含むとされている。

本人だけでなく、本人をよく知る家族を含む支援者たちが、本人の代わりにではなく、あくまでも本人を手助けするかたちで意思の表明を行うことが推奨されているのである。

さらに、こうした支援者たちがいない場面での合理的配慮の必要性も示されている[2]。

> 意思の表明が困難な障害者が、家族、支援者・介助者等を伴っていないことなどにより、意思の表明がない場合であっても、当該障害者が社会的障壁の除去を必要としていることが明白であるときには、法の趣旨に鑑みれば、当該障害者に対して適切と思われる配慮を提供するために建設的対話を働きかけるなど、自主的に取り組むことが望まれます。

※下線は筆者による

このような自主的な取り組みが行われる下地となるのは、障害者の権利に対する深い理解と、障害のある人が直面する社会的障壁を解消する責務を有することに対する一人ひとりの自覚である。障害者差別解消法第４条には、障害を理由とする差別の解消の推進に寄与するよう努めることが、国民の責務として明言されている。この責務に関する意識啓発をどのように行っていくのかが、今後の課題である。

Active Learning

障害のあり方は個々人によって異なるものであり、必要な配慮も状況によって異なります。合理的配慮の実践に当たっては、障害のある人との「建設的対話」が鍵となってきます。どんな場面で、どんな話し合いが求められるのか、建設的対話について考えてみましょう。

2　施行３年後の見直し

障害者差別解消法附則第７条において、政府は、施行後３年を経過した場合において、事業者による合理的配慮のあり方その他この法律の施行状況について検討を加えるものとすると規定されている。これを受けて、障害者政策委員会★において、2019（平成31）年２月から見直しの方向性に関する検討が行われた。

扱われた主な論点は、差別の定義・概念、事業者による合理的配慮、障害のある女性への差別、相談・紛争解決体制、障害者差別解消支援地域協議会の設置促進・活性化などの項目である。ここでは特に、差別の

★障害者政策委員会
内閣総理大臣は、基本方針の案を作成しようとするときは、あらかじめ、障害者その他の関係者の意見を反映させるために必要な措置を講ずるとともに、障害者政策委員会の意見を聴かなければならない（法第６条第４項）。この規定は、基本方針の変更についても準用される（同条第６項）。

定義・概念のなかで提示された障害のある女性が経験する「複合差別」について注目しておきたい。

Active Learning

複合差別の問題は、障害のある女性以外にも、医療的ケアが必要な人や子どもなど、さまざまなケースが考えられます。どのようなケースが考えられるか、それぞれどのような支援が可能か、さまざまな差別の可能性とその解消方法について考えてみましょう。

障害女性の経験する複合差別は、障害者政策委員会（第48回）の資料としてDPI女性障害者ネットワークから提出された事例に詳しい。収入等の格差（交通事故の賠償額が男女で異なる）、役割の固定（女性だから料理は自分でするべきとして、家事ヘルパーの時間を減らされる）、二重の差別（雇用の場面で、障害者であることによって就職が難しいだけでなく、障害のある男性が選ばれる傾向にある）などが報告されている。また子どもをもつことや育てることに関しても、親族や医療専門職から否定的な反応を示されることや、「子育て支援」が一部認められているものの十分ではないことなどによって、子どもをもつこと自体をあきらめてしまった人もいる。より深刻なのは、性的被害の経験である。いまだ、異性による介助が強要されるケースも存在するとされる。障害のある女性は、障害のある男性や障害のない女性に比べて、より複合的な困難を抱えていることが指摘されている。このように、これまで存在していたものの、性にまつわる事柄は、当事者が声を上げづらく、問題として十分に捉えられてこなかった。こうした事柄についても、差別解消を進めるためには、これから取り組んでいく必要がある。

◇引用文献

1）厚生労働省「障害者差別解消法福祉事業者向けガイドライン～福祉分野における事業者が講ずべき障害を理由とする差別を解消するための措置に関する対応方針」p.11，2015.

2）同上

第10節

高齢者、障害者等の移動等の円滑化の促進に関する法律（バリアフリー法）

学習のポイント

- バリアフリー法の規定を理解する
- アクセシビリティにおける権利の考え方を理解する

1 バリアフリー法の概要

1 バリアフリー法制定までの経緯

高齢の人や障害のある人が社会に出ていこうとする際に、物理的な環境は重要な要素である。近年では「**障害の社会モデル**」への理解が進み、社会環境の整備が以前にも増して強く求められており、ここでカギとなるのが**アクセシビリティ**★である。

我が国でアクセシビリティ整備が本格化したのは、1990年代、近い将来の高齢化が国民に認識され始めてからである。その動きは、まず地方自治体による「福祉のまちづくり」として始まり、国は1994（平成６）年に建築物のアクセシビリティについて定めた高齢者、身体障害者等が円滑に利用できる特定建築物の建築の促進に関する法律（**ハートビル法**）を制定、2000（平成12）年に公共交通のアクセシビリティについて高齢者、身体障害者等の公共交通機関を利用した移動の円滑化の促進に関する法律（**交通バリアフリー法**）を制定した。そして2006（平成18）年にはこの両者を合体させ、旅客施設・車両、道路、路外駐車場、都市公園、建築物といった広い範囲をカバーする**高齢者、障害者等の移動等の円滑化の促進に関する法律（バリアフリー法）**が制定された。

★アクセシビリティ
我が国ではバリアフリーという言葉が普及しているが、世界的にはあまり使われていない。世界的な共通用語としては「アクセシビリティ（accessibility）」とか「アクセシブル（accessible）」あるいは「アクセス（access）」が一般的である。

2 バリアフリー法の規定

バリアフリー法の根幹は建築物と公共交通である。そこで、ここではその両者について、概要を述べることにする。

❶建築物に対する規定

建築物のアクセシビリティに関する最初の法律であるハートビル法は、建築主に整備の努力義務を求めただけのものだったので社会的影響力が弱かった。**努力義務**とは「整備するように努めなければならない」

という規定で、「努力したけどできませんでした」との言い訳によって実際の整備は進まなかったのである。そこで同法は 2002（平成 14）年に改正され、2000m^2以上の定められた建築物は整備が義務化された。一方で、2000m^2未満の建築物に対しては相変わらず努力義務のままなので、診療所、理美容店、商店など、生活に密着した小さな店舗等のアクセシビリティ整備は、新築であってもなかなか進んでいない。

さらに 2000m^2以上でも、学校[i]、共同住宅、事務所[ii]、工場、保育所、自動車教習所または学習塾等については、そもそも義務化対象の建築物に含まれていないので、生活の基盤である「住む」「学ぶ」「働く」場のアクセシビリティについて、きちんとカバーされていない。自動車教習所または学習塾という、仕事を得たり学びを深めたりして自分の可能性を開く手段も奪われているのである。

❷公共交通に対する規定

公共交通のアクセシビリティについては、2000（平成 12）年の交通バリアフリー法のときから、駅施設に対して新築と大改修時の整備が義務づけられており、これは規模にかかわらないため、小さな駅も対象となる。また既存の施設については努力義務となっており、この枠組みは 2006（平成 18）年にバリアフリー法になった以降も継続している。しかしながら、我が国の鉄道網はすでに成熟しており、これだけでは整備が進まないために、国は「移動等円滑化の促進に関する基本方針」で、具体的な整備目標を定めている。

基本方針は 2000（平成 12）年に交通バリアフリー法ができたときに、10 年後の 2010（平成 22）年までにという目標で作られたが、さらに高い目標を掲げてゴールを 2020（令和 2）年に再設定したものである。当初の目標と、現行の基本方針における目標を、鉄道と軌道（路面電車）を例にとって**表 5-8** に示す。

ここでいう鉄軌道駅（鉄道駅と軌道停留場）の「バリアフリー化」とは、❶エレベーターまたはスロープを設置することをはじめとした段差の解消、❷ホームドア（**写真 5-1**）、可動式ホーム柵（**写真 5-2**）、点状ブロックその他の視覚障害者の転落を防止するための設備の整備、❸視覚障害者誘導用ブロックの整備、❹便所がある場合には障害者対応型便所の設置を指す。なお❷に述べているホームドア、可動式ホーム柵につ

---

i　特別支援学校と公立の小中学校で 2000m^2以上のものは整備義務がある。

ii　保健所、税務署その他不特定かつ多数の者が利用する官公署で 2000m^2以上の場合は整備義務がある。

表5-8　新旧の基本方針

	旧目標（～ 2010年）	現目標（～ 2020年）
鉄軌道駅	・1日平均利用者数5,000人以上の鉄軌道駅を、原則として、すべてバリアフリー化（約2,800駅）	・1日平均利用者数3,000人以上の鉄軌道駅を原則としてすべてバリアフリー化（5,000人以上　約2,800駅、3,000人～5,000人　約650駅） ・ホームドア・可動式ホーム柵については、優先すべき駅を検討し、可能な限り整備
鉄軌道車両	・約50％の車両（約26,000両）をバリアフリー化	・約70％の車両（約36,400両）をバリアフリー化

写真5-1　ホームドア

写真5-2　可動式ホーム柵

いては、1日の利用客数が10万人以上の駅を優先的に整備するとしているが、それ以外の駅ではホーム端に黄色の内方線付き点状ブロックを敷設することでも可とされている。2020（令和2）年度以降は、5年計画として新たな基本方針の検討が進められている。

また公共交通についてはもう一つの柱として、市町村が**基本構想**を定めることができるという枠組みがある。これは駅等の旅客施設を中心とする地区や、高齢の人や障害のある人が利用する施設が集まった地区を**重点整備地区**と定め、基本的な構想（基本構想）を定めて整備していくというものである。今までの整備の対象が建築物や駅などの「点」や歩道などの「線」であったとの反省から、地区という「面」に広げた整備を求めている、世界的にも特筆すべき枠組みなのだが、各方面との調整が必要なことや財源の問題、市区町村の実行能力といったさまざまな問題から、決して順調に広がっているとはいえないのが実情である。

Active Learning

身近な交通機関を取り上げ、どのようなバリアフリーが実施され、またされていないのか、また、されていても使い勝手がよいかどうかについて、それぞれ事例を持ち寄り、考察してみましょう。

2 海外からの影響

2014（平成26）年に批准した**障害者の権利に関する条約**（**障害者権利条約**）と、東京2020オリンピック・パラリンピック（以下、オリ・パラ）は我が国の取り組みに影響を与えている。

1 権利の視点の欠如

障害者権利条約では、障害のある人の**「他の者との平等」**な社会参加を権利だとして、それを妨げるものを差別だとしている。またオリ・パラ会場等に関するIPC[iii]アクセシビリティガイドでは、「アクセスは基本的人権であり、社会的公正の基本である。社会的公正とは、人々を個人として受け入れ、社会生活に完全に参加するための公平で平等な機会へのアクセスを保障することである」と述べていて、障害者権利条約と同様の考え方が示されている。世界はアクセシビリティを単に物理的環境の整備としてではなく、障害のある人も他の者と同等に社会参加するという**「人権」**を実現する道具として捉えているのである。

この点において、バリアフリー法は非常に遅れている。日本でアクセシビリティ整備が本格化した1990年代から短期間で我が国のハードのアクセシビリティは、世界にひけをとらないレベルに達した。しかしながら、では何のためにこういった整備を進めるのかについて、バリアフリー法を所管する国土交通省は「人権」だということを明言していないのである。

パラリンピック開催を契機に、国は**「ユニバーサルデザイン2020行動計画」**（以下、行動計画）を定めたが、その冒頭の「基本的考え方」では以下のように述べている。

> 我々は、障害の有無にかかわらず女性も男性も、高齢者も若者も、すべての人がお互いの人権や尊厳を大切にし支え合い、誰もが生き生きとした人生を享受することのできる共生社会を実現することを目指している。

これは障害者権利条約の精神とも合致するもので、この**「共生社会」**は、2018（平成30）年にバリアフリー法が改正された際に取り込まれて、以下の条文が新たに加えられた。

---

iii　IPCとは、国際パラリンピック委員会（International Paralympic Committee）の略称である。

（基本理念）

第１条の２　この法律に基づく措置は、高齢者、障害者等にとって日常生活又は社会生活を営む上で障壁となるような社会における事物、制度、慣行、観念その他一切のものの除去に資すること及び全ての国民が年齢、障害の有無その他の事情によって分け隔てられることなく共生する社会の実現に資することを旨として、行われなければならない。

行動計画では共生社会について「人権や尊厳を大切にし」と述べているのに、ここではその部分がそっくり無くなっている。「人権や尊厳を大切にし」という文言は行動計画における「共生社会」についての重要な性格づけを行っている。なぜその部分が欠落しているのだろうか。障害のある人はこれまでお店とか公共交通機関からさまざまな拒否や排除を受けてきた。移動が権利として明記されていないために、ハードがよくなっても障害のある人は相変わらず拒否や排除に不安を抱え続けることになるのである。

2 地域格差

障害者権利条約では、第９条（施設及びサービス等の利用の容易さ）で、**「都市及び農村の双方において」**と述べて地域格差をなくすことを求めているが、バリアフリー法では、建築物についての整備義務は2000m^2以上の建築物、駅の整備目標は１日の利用客数3000人以上の駅を対象としている。これらはともに都市部ではありふれた規模だが、地方ではまれなものである。すなわち面積や人数といった尺度に依っていれば、都市と農村のアクセシビリティの面での格差はますます広がる可能性がある。

3 世界に説明できる価値観による整備

今後も我が国のハード整備は進んでいくであろう。しかし、それの根本には「権利」という考え方があり、我が国はその部分において大きく立ち遅れていることを十分に理解しておく必要がある。私たちは海外とのさまざまな関係が必要な時代に生きている。国際的な考え方を理解し、世界に説明できる価値観による整備が求められているのである。

第11節 障害者の雇用の促進等に関する法律（障害者雇用促進法）

学習のポイント

- 障害者雇用率制度の概要を理解する
- 障害者雇用納付金制度を理解する
- 差別禁止および合理的配慮提供義務について理解する

1 障害者雇用促進法の概要

障害者の雇用の促進等に関する法律（障害者雇用促進法）は、障害者の雇用の促進と職業の安定を目指して制定された。その内容は、❶事業主に対して障害者の雇用を義務づける雇用義務制度、❷障害者の雇用に伴う事業主の経済的負担の軽減を図るための障害者雇用納付金制度、および❸障害者に対する職業リハビリテーションの実施という三つの柱からなっている。さらに、2016（平成28）年４月から、新たに❹差別禁止と合理的配慮に関する規程が加えられた。

障害者雇用促進法は、2019（令和元）年にも改正された。主な内容は、公務部門におけるずさんな障害者雇用数の算定発覚を受けて、厚生労働大臣が障害者活躍推進計画の作成に関する指針を策定し、国および地方公共団体は、作成指針に基づいて障害者活躍推進計画を作成することを義務づけた。また、公務部門に雇用された障害者のための障害者職業生活相談員等を配置することで、職業生活の質の向上を図ることとした。

そのほか、障害者雇用とその安定に成果を上げている優良中小企業を認定し、社会に広報することで、遅れている中小企業の障害者雇用にインセンティブを与えることとした。

2 障害者雇用率制度

1 障害者雇用率

障害者雇用率制度は、事業主に対し、一定の人数の障害者の雇用を義務づけるものである。そのために障害者雇用率を設定しており、これは、

表5-9　実雇用率と法定雇用障害者数

$$\text{法定雇用率} = \frac{\text{身体障害者、知的障害者および精神障害者である常用労働者の数} + \text{失業している身体障害者、知的障害者および精神障害者の数}}{\text{常用労働者数} + \text{失業者数} - \text{除外率相当労働者数}}$$

※短時間労働者は、１人を0.5人としてカウント。

※重度身体障害者、重度知的障害者は１人を２人とカウント。ただし、短時間の重度身体障害者、重度知的障害者は１人としてカウント。

$$\text{実雇用率} = \frac{\text{障害者である労働者の数} + \text{障害者である短時間労働者の数} \times 0.5}{\text{労働者の数} + \text{短時間労働者の数} \times 0.5}$$

法定雇用障害者数＝（労働者の数＋短時間労働者の数×0.5）×2.3%（一般事業主の場合）

障害者である短時間労働者のカウントの方法

週所定労働時間		30時間以上	20時間以上30時間未満
身体障害者		○	△
	重度	◎	○
知的障害者		○	△
	重度	◎	○
精神障害者		○	△

○：１カウント
◎：２カウント
△：0.5カウント

資料：厚生労働省資料を一部改変

全従業員のうち障害者である従業員の割合を決めたものである。**障害者雇用率**は、2021（令和３）年３月１日から0.1%引き上げられ、民間企業で2.3%、国、地方公共団体および特殊法人等で2.6%、都道府県等の教育委員会で2.5%となっている。

なお、障害者雇用率は省令により**表5-9**の計算式に基づいて算定されており、少なくとも５年ごとに見直されることになっている。

2 障害者の範囲

障害者雇用率の対象となる障害者の範囲は以下のとおり決められている。なお、事業主が従業員に対して障害者雇用率の対象となる障害者であるかどうかを把握・確認する場合は「プライバシーに配慮した障害者の把握・確認ガイドライン」に則って行うこととされており、人権への配慮が求められている。

❶身体障害者

身体障害者の範囲は障害者雇用促進法第２条第２号（別表）に規定された障害者である。また第２条第３号では重度身体障害者が規定され、同法施行規則第１条（別表第１）に範囲が定められている。

❷知的障害者

知的障害者の範囲は、児童相談所、知的障害者更生相談所、精神保健福祉センター、精神保健指定医、障害者職業センターなどの知的障害者判定機関により知的障害があると判定された者となっており、運用上、療育手帳を所持している場合は、それをもって知的障害者とみなすこととしている。なお、知的障害者判定機関で知的障害の程度が重い者と判定された者は重度知的障害者となる。

❸精神障害者

障害者雇用率の対象となる精神障害者の範囲は、精神障害者保健福祉手帳の交付を受けている者に限定されている（第37条第2項）。また、重度精神障害者については規定されていない。職業リハビリテーションの対象となる精神障害者の範囲は、精神障害者保健福祉手帳を所持していなくても、統合失調症、気分障害、てんかんにかかっている者のうち主治医が就職可能と判断した者も含まれることに留意しておきたい。

Active Learning

「特例子会社制度」を調べ、その意義と問題点がなにかを考察してみましょう。

3 特例子会社制度

障害者雇用率を達成する仕組みの一つとして、特例子会社制度がある。親会社が一定の要件のもと子会社を設立し、特例としてその子会社に雇用されている障害者を親会社に雇用されているものとみなして、実雇用率を算定できる制度である（第44条）。

4 障害者雇用率達成指導

事業主には障害者雇用率を達成する義務が課せられているが、実際の雇用率（実雇用率という）が障害者雇用率に達していない場合には、国による指導が行われる。具体的には、ハローワークによる「障害者の雇い入れに関する計画」作成命令（第46条第1項）、適正に実施されない場合には「勧告」が行われ（同条第5項、第6項）、それでも改善がみられない場合は厚生労働大臣による**企業名公表**がなされる（第47条）。

3 障害者雇用納付金制度

事業主が障害者を雇用するにあたっては、障害のない人を雇用する場合と比較して、経済的な負担を伴うことは否定できない。障害者雇用義務を達成している事業主とそうでない事業主とでは経済的負担に差が生

図5-6　障害者雇用納付金制度の概要

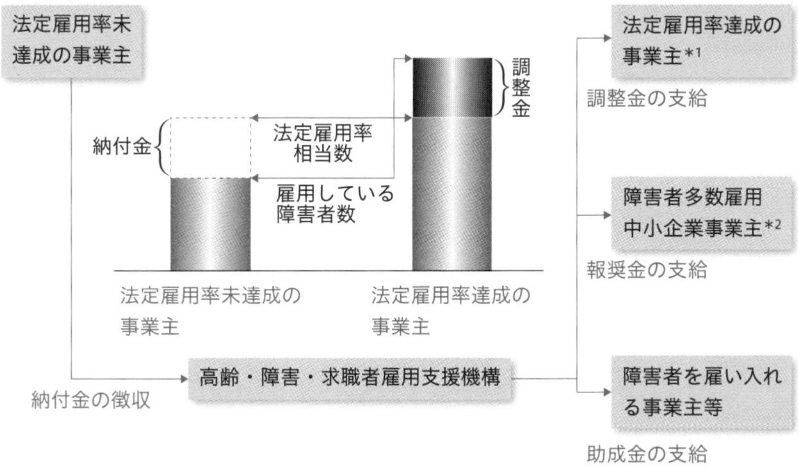

注 1：常用労働者が100人を超える事業主
　2：常用労働者が100人以下で障害者を４％または６人のいずれか多い数を超えて雇用する事業所
資料：厚生労働省資料を一部改変

じ、不公平となってしまう。それを解消するために、事業主が共同で拠出して、事業主間の経済的負担の調整と障害者雇用を行う事業主に対する助成を行う、障害者雇用納付金制度が設けられている（図 5-6）。

この仕組みは、障害者雇用率未達成の企業（従業員 100 人超）から**障害者雇用納付金**（未達成人数１人当たり月額５万円）を徴収し、障害者雇用率を超えて障害者を雇用している事業主（従業員 100 人超）に対して**障害者雇用調整金**（雇用率を超えている人数１人当たり月額２万 7000 円）を支給するものである。また、従業員 100 人以下の事業主からは雇用納付金を徴収しないが、一定数超の障害者を雇用している場合は、**報奨金**（一定数を超えている人数１人当たり月額２万 1000円）を支給する。

そのほか、障害者を雇い入れるか雇用している事業主の作業施設や設備の改善、特別な雇用管理等を行い、一定の条件を満たしている場合、事業主に各種助成金を支給し、事業主の費用負担を軽減している。

この制度は障害者雇用未達成企業に対する罰金ではないため、障害者雇用納付金を支払うことによって障害者雇用義務を免れるものではない。さらにいえば、すべての事業主が障害者雇用率を達成すれば、この制度は活用されなくなるものといえる。

4 職業リハビリテーションの実施

障害者雇用促進法では、障害者本人に対する職業リハビリテーションの主な実施機関としてハローワーク、**地域障害者職業センター**、**障害者就業・生活支援センター**が規定されている（詳細は第6章第1節 p.184参照）。

5 差別禁止および合理的配慮の規定

1 障害者に対する差別禁止

国連によって採択された障害者の権利に関する条約（障害者権利条約）を我が国が批准するために、さまざまな法律が改正整備された。その一環として、雇用の分野においても、2013（平成25）年の法改正で**障害者に対する差別禁止**および合理的配慮の適用義務が規定され、2016（平成28）年4月から施行されている。差別禁止規定は、事業主に❶募集および採用について、障害者に対して障害者でない者との均等な機会を提供すること（第34条）、❷賃金、教育訓練、福利厚生その他の待遇について、障害者であることを理由に不当な差別的取り扱いを禁止する（第35条）ものである。厚生労働大臣は「障害者差別禁止指針[i]」を策定、公示しており、具体例が示されている。

重要なことは、「障害者であることを理由とした差別」であり、障害者本人の能力を考慮せず、一律に取り扱うことを禁止していることと、障害者を有利に扱うことは含まれていないことである。

2 障害者に対する合理的配慮提供義務

障害者に対する**合理的配慮**の提供義務規定は、障害者と障害者でない者との均等な機会を確保するため、過重な負担のない範囲で、障害の特性に配慮した措置をとることを事業主に義務づけたことである（第36条の2～第36条の4）。具体的な内容は厚生労働大臣が策定した「合理的配慮指針[ii]」に示されている。

事業主は、障害の特性に配慮した必要な措置を講じ、障害者の能力を

---

i 「障害者に対する差別の禁止に関する規定に定める事項に関し、事業主が適切に対処するための指針」（平成27年厚生労働省告示第116号）

引き出す対応が求められたことになる。実際には、就労支援機関による支援内容に、具体的な対象者への合理的配慮事項を事業主に対して助言する場合があることを知っておく必要があろう。

このことにより、障害者である労働者と事業主の紛争が起こることが予想される。障害者雇用促進法では、自主的な解決への努力（第74条の４）、都道府県労働局長による助言・指導・勧告（第74条の６）、紛争調整委員会による調停（第74条の７）などが示されている。

ii 「雇用の分野における障害者と障害者でない者との均等な機会若しくは待遇の確保又は障害者である労働者の有する能力の有効な発揮の支障となっている事情を改善するために事業主が講ずべき措置に関する指針」（平成27年厚生労働省告示第117号）

第12節 国等による障害者就労施設等からの物品等の調達の推進等に関する法律（障害者優先調達推進法）

学習のポイント

- 障害者優先調達推進法の概要を理解する
- 障害者優先調達推進法における障害者就労支援の仕組みを理解する

1 障害者優先調達推進法の概要

障害者就労施設で就労する障害者や在宅で就業する障害者の経済面の自立を進めるため、国や地方公共団体、独立行政法人などの公機関が、物品やサービスを調達する際、**障害者就労施設等**から優先的・積極的に購入することを推進するため、2012（平成24）年6月に制定され2013（平成25）年4月1日から施行されている。

障害者の経済面の自立を図るためには、就労によって経済的な基盤を確立することが重要であるため、障害者雇用を支援するための仕組みを整えるとともに、障害者が就労する施設等の仕事を確保し、その経営基盤を強化することも必要となる。このような観点から、これまで、障害者就労施設等への仕事の発注に関し、民間企業をはじめ国や地方公共団体等においてさまざまな取り組みが行われてきた。この法律では、国や地方公共団体が率先して障害者就労施設等からの物品等の調達を推進するよう、必要な措置を講じることを定めている。

具体的には、国は障害者就労施設等からの物品等の調達の推進について基本方針を定め（第5条第1項）、各省庁および独立行政法人等は、毎年度の基本方針に沿って障害者就労施設等からの物品等の調達の推進を図るための方針を作成するとともに（第6条第1項）、当該年度の終了後、実績を公表するとともに、厚生労働大臣に通知する（第7条第1項）。地方公共団体（都道府県、市町村）および地方独立行政法人は、毎年度、障害者就労施設等からの物品等の調達の推進を図るための方針を作成するとともに（第9条第1項）、当該年度の終了後、調達の実績を公表する（同条第5項）。国および独立行政法人等が行う公契約について、競争参加資格を定める際、障害者の雇用の促進等に関する法律に規定する法定雇用率を満たしていることを要件とするなど、障害者の就

図5-7　障害者優先調達推進法における障害者就労支援の仕組み

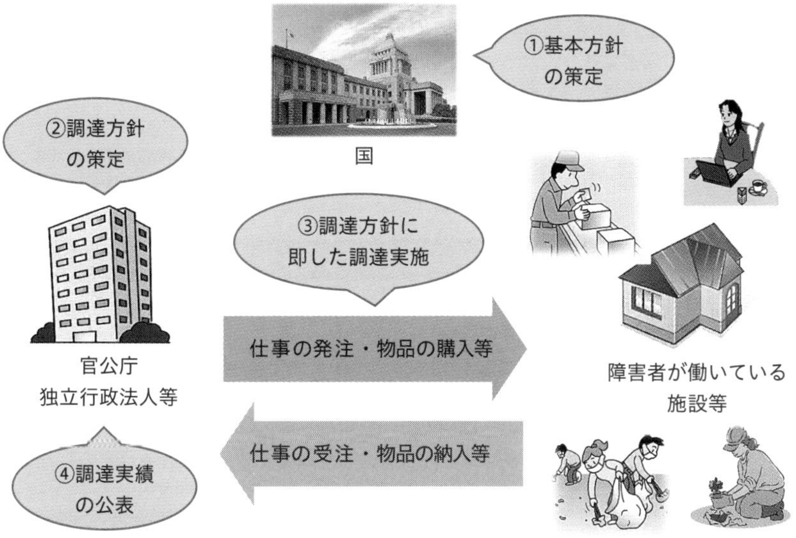

資料：厚生労働省「障害者優先調達推進法パンフレット」

業を促進するために必要な措置を講ずるよう努める（第10条第1項）。また、地方公共団体および地方独立行政法人は、国および独立行政法人等が前述の競争参加資格を定めるにあたって、必要な措置を講ずるよう努めることとされた。本法における障害者就労支援の仕組みについて、概念図を**図5-7**に示す。

2　障害者就労施設等

この法律において「障害者就労施設等」とは、**障害者就労施設、在宅就業障害者**および**在宅就業支援団体**（障害者雇用促進法第74条の3第1項に規定）をいう。対象となる障害者就労施設等については、**表5-10**のとおりである。

物品やサービスの具体的な発注の例としては、物品（弁当、ユニフォーム、部品等）や、サービス（クリーニング、清掃、印刷、データ入力等）が想定されている。

発注する際の窓口として、**❶共同受注窓口**と、❷在宅就業支援団体がある。共同受注窓口は、受注内容を対応可能な複数の障害福祉サービス事業所に斡旋・仲介する業務、在宅就業支援団体は、会員の在宅就業障害者と発注者とを仲介する業務を行っており、調達の際に活用できるよう、厚生労働省から全国の障害者就労支援施設の一覧とともに情報提供

表5-10　対象となる障害者就労施設等

障害者総合支援法に基づく障害福祉サービス事業所施設等
・**就労移行支援事業所** ・**就労継続支援事業所（A 型、B 型）** ・**生活介護事業所** ・**障害者支援施設**（就労移行支援、就労継続支援、生活介護を行うものに限る） ・**地域活動支援センター** ・**小規模作業所**
障害者を多数雇用している企業
・**特例子会社**（障害者雇用促進法に規定） ・**重度障害者多数雇用事業所**（※） （※）重度障害者多数雇用事業所の要件（以下の三つのすべてを満たすこと） ❶　障害者の雇用者数が 5 人以上 ❷　障害者の割合が従業員の20% 以上 ❸　雇用障害者に占める重度身体障害者、知的障害者および精神障害者の割合が 30% 以上
在宅就業障害者等
・**在宅就業障害者**（自宅等において物品の製造、役務の提供等の業務を自ら行う障害者） ・**在宅就業支援団体**（在宅就業障害者に対する援助の業務等を行う団体）

資料：厚生労働省「障害者優先調達推進法パンフレット」

されている。

なお、障害者就労施設等からの調達実績（2016（平成 28）年度）であるが、各府省庁、地方公共団体、独立行政法人等の合計で 11 万 7090 件、171 億 1500 万円であり、前年度比で 1 万件以上、かつ、10 億円以上増加している。

Active Learning

身近な市町村の実例を取り上げ、何が課題になっているかを考察してみましょう。

障害者が製造した物品や提供する役務について、国や地方公共団体等が積極的に購入等することで、年間 170 億円以上の金額が障害者就労施設等に入り、一部が障害者の工賃として支払われているということになる。就労系事業所の職員等は、この仕組みを、働く障害者の工賃向上を目指すツールの一つとしていただきたい。

第6章

障害者と家族等の支援における関係機関と専門職の役割

障害児・者およびその家族等の支援については、さまざまな機関と専門職が関係している。機関としては、行政をはじめ、サービス提供事業所、労働機関、教育機関、医療機関などがある。専門職としては、医師、看護師、理学療法士等のリハビリテーション専門職、歯科医師、薬剤師、管理栄養士、義肢装具士等があるが、社会福祉士や精神保健福祉士が担うべき相談援助系の職種としては、相談支援専門員、サービス管理責任者、児童発達支援管理責任者がある。そのほか、介護福祉士・介護職員や保育士、ピアサポーター、スクールソーシャルワーカー等、さまざまな職種が障害児・者福祉にかかわっている。さらに、本人に最も身近な家族、住民、ボランティア等の役割の重要性も増してきている。

第1節　障害者と家族等の支援における関係機関の役割

学習のポイント

- 障害者福祉に関係する行政機関の役割について理解する
- 障害者福祉に関係する労働機関の役割について理解する
- 障害者福祉に関係する教育機関の役割について理解する
- 障害者福祉に関係する医療機関の役割について理解する

1　行政機関の役割

1　市町村の役割

2006（平成18）年4月1日からの障害者自立支援法（現・障害者の日常生活及び社会生活を総合的に支援するための法律（障害者総合支援法））の施行によって、それまで市町村と都道府県に分かれていた障害福祉サービスの実施主体が、障害者にとって身近な市町村に一元化された（ただし、自立支援医療のうち精神通院医療については都道府県が実施主体となる）。

現在、障害者総合支援法における市町村の主な役割は、次のとおりである。

❶　介護給付費、訓練等給付費、地域相談支援給付費、自立支援医療費（精神通院医療に関するものを除く）および補装具費等の支給決定等
❷　支給決定等に伴う障害支援区分の認定
❸　市町村地域生活支援事業の実施
❹　市町村障害福祉計画の策定（障害児福祉計画は児童福祉法に基づく）
❺　支給決定障害者等および指定事業者に対する調査等
❻　指定特定相談支援事業者の指定　等

なお、そのほかの法律における役割に次のようなものもある。

> ❶ 障害福祉サービス、障害者支援施設等への入所等への措置
> ❷ 身体障害者相談員、知的障害者相談員への委託による相談対応、援助
> ❸ 成年後見開始の審判請求
> ❹ 障害者虐待の防止　等

2 都道府県の役割

障害者総合支援法における都道府県の役割には、以下のようなものがある。

> ❶ 精神通院医療についての支給認定等
> ❷ 市町村への支援
> ❸ 都道府県地域生活支援事業の実施
> ❹ 障害福祉サービス事業者等の指定
> ❺ 都道府県障害福祉計画の策定
> ❻ 審査請求の審査および障害者介護給付費等不服審査会の設置

また、都道府県は、身体障害者更生相談所および知的障害者更生相談所を設置しなければならない。更生相談所★の役割は次のようなものである。

> ❶ 措置に関する市町村の相互間の連絡調整
> ❷ 専門的知識および技術を必要とする相談および指導
> ❸ 医学的、心理学的および職能的判定

さらに、都道府県は精神保健の向上および精神障害者の福祉増進を図るため、精神保健福祉センター★を設置する。

3 国の役割

国は、自立支援給付（介護給付費、訓練等給付費、地域相談支援給付費、計画相談支援給付費、自立支援医療費および補装具費等）の支給については、全国共通の基準で行われるよう、それらに関する基準を定めている。自立支援給付に関しては、市町村の支弁した費用について２分の１（都道府県は４分の１）を、また都道府県が支弁した自立支援医療費（精神通院医療に係るもの）の２分の１を義務的経費として負担する。

★更生相談所
障害者などに対し、専門的知識と技術を必要とする相談・指導や医学的、心理学的、職能的な判定業務、補装具の処方および適合判定、市町村に対する専門的な技術的援助指導、必要に応じて行う巡回相談、さらに、地域におけるリハビリテーションの推進に関する業務などを行う。設置主体は都道府県、政令指定都市。

★精神保健福祉センター
心の病気について幅広く相談することのできる支援機関。医師などの専門家が在籍し、相談や情報提供、デイケアなど幅広い支援を通じて自立や社会復帰を支える。各都道府県・政令指定都市に設置されている支援機関。

厚生労働大臣は、障害福祉サービス、相談支援および地域生活支援事業の提供体制を整備し、自立支援給付および地域生活支援事業の円滑な実施を確保するために地方公共団体が障害福祉計画を策定するにあたって基本指針を定め、３年ごとに見直している。主な留意事項は次のとおりである。

❶ 障害福祉サービスおよび相談支援の提供体制確保に関する基本的事項	❸ 市町村障害福祉計画および都道府県障害福祉計画の作成に関する事項
❷ 障害福祉サービス、相談支援および地域生活支援事業の提供体制確保に係る目標に関する事項	❹ その他自立支援給付および地域生活支援事業の円滑な実施を確保するために必要な事項

4 指定障害福祉サービス事業者および指定障害者支援施設の役割

指定障害福祉サービス事業者および指定障害者支援施設等の設置者（以下、障害福祉サービス事業者等）は、障害者等の意向、適性、障害の特性その他の事情に応じ、常に障害者の立場に立ってサービス提供を行うよう努めなければならない。その際、市町村、公共職業安定所（ハローワーク）、教育機関などといった関係機関との綿密な連携を図る必要がある。障害福祉サービス事業者等は自らが提供する障害福祉サービスの質を評価するなどしてサービスの質の向上に努めるとともに、従業者の研修の機会を確保しなければならない。

障害福祉サービス事業者等が留意すべき事項は以下のとおりである。

❶ サービス提供拒否の禁止	❼ 秘密保持
❷ 運営規定の設定	❽ 利用終了にあたっての支援
❸ 個別支援計画の作成	❾ 業務管理体制の整備等
❹ 相談等	❿ 障害者虐待の防止
❺ 苦情解決等	⓫ 情報公開対象サービスの利用に資する情報の報告・公表
❻ 身体拘束等の禁止	

2 労働機関の役割

1 公共職業安定所（ハローワーク）

全国的に整備されている厚生労働省設置の労働行政機関であり（全国に544か所設置）、福祉、教育、医療の現場と連携し、就職に至るまでの支援や雇用の安定を図るための中枢的な役割を果たしている。ハローワークにおける支援は、障害者や福祉関係機関に対する支援と、企業への支援・指導の大きく二つに分かれる。

就労を希望する障害者は、求職登録を行い、ハローワークに配置されている職業指導官や職業相談員等の専門の職員が、障害の態様や適性、希望職種等に応じ、きめ細やかな**職業相談**、**職業紹介**、**職場適応指導**を行う。また、障害の特性に応じた専門的知見に基づき、精神障害者や発達障害者の雇用トータルサポーター★が配置されており、求職者本人に対するカウンセリングや就職に向けた準備プログラムを実施するとともに、事業主に対して、精神障害者等の雇用に係る課題解決のための相談援助等の業務を実施する。近年、ハローワークの新規求職申込件数、就職件数はともに増加しており、特に精神障害者については顕著な傾向にあり、職業紹介による就職件数は2019（令和元）年度は精神障害者が半数近く（48.1%）を占めている。

★雇用トータルサポーター
精神障害者、発達障害者の就労について、障害者、事業主双方に対し、カウンセリングや就職準備支援、雇用に関する問題解決のための相談援助等、専門的な知見に基づく支援を実施する。

障害者を雇用している事業主や雇い入れようとしている事業主に対しては、雇用管理上の配慮等についての助言を行い、必要に応じて専門機関の紹介や各種助成金の案内を行っている。雇用率達成のために雇用しなければならない障害者数の特に多い事業主に対しては、雇入れ計画の作成命令や、作成した計画の適正実施勧告をハローワーク所長名で出し、指導を行う。また、障害者雇用率が未達成の事業主を中心に、雇用率達成のための指導を行うなかで、職業紹介部門、事業主指導部門と連携し、新規求人開拓を行っている。

また、障害者虐待の防止、障害者の養護者に対する支援等に関する法律（障害者虐待防止法）が2012（平成24）年10月1日より施行され、使用者（事業主）による虐待を受けた人または使用者による障害者虐待を発見した人から市町村または都道府県の障害者虐待窓口に届け出や通報があった場合、所轄の都道府県労働局が報告を受け、労働基準監督署またはハローワークの職員等が事業所に出向くなどして、調査し、必要な指導を行う。

2 障害者職業センター

障害者職業センターは、独立行政法人高齢・障害・求職者雇用支援機構による運営のもと、障害者に対する専門的な職業リハビリテーションを提供する施設として、全国47都道府県（ほか支所5か所）に設置されている。

障害者職業総合センターは、先駆的な職業リハビリテーションサービスの提供や研究・開発、障害者雇用に関する情報の収集および提供、障害者の就労支援に携わる者の人材育成のための研修を行い、職業リハビリテーションの中核的な役割を担っている。

各都道府県に1か所ずつ設置されている地域障害者職業センターでは、障害者職業カウンセラーなどの専門職を擁し、ハローワークと密接な連携を図りながら、障害者一人ひとりの状況に応じ、**職業評価**や職業準備支援、職場適応援助等を行っている。職業評価では、どのような面が得意なのか不得意なのかを相談の場面や作業・適性検査等を通じて職業能力等を評価し、必要な支援内容を検討し、個人の状況に応じた職業リハビリテーション計画を策定する。職業準備支援では、センター内での作業体験、職業準備講習、社会生活技能訓練を通じて、基本的な労働習慣の体得、作業遂行力や職業能力の向上、コミュニケーション能力・対人対応力の向上の支援を行う。職場適応援助者（ジョブコーチ）支援事業では、障害者の円滑な就職および職場適応を図るため、事業所にジョブコーチを派遣し、障害特性を踏まえた直接的、専門的な援助を実施している。事業主に対する相談・援助としては、障害者の従事しやすい職務の設計、わかりやすい指導の方法などを雇入れの段階から定着に至るまでの一貫した援助を行う。

Active Learning

居住地の「地域障害者職業センター」でどのような業務を行っているか調べ、「ハローワーク」「障害者就業・生活支援センター」「ジョブコーチ」との関連をまとめてみましょう。

3 障害者就業・生活支援センター

障害者就業・生活支援センターは、障害者の雇用の促進等に関する法律（障害者雇用促進法）に根拠をもち、国と都道府県からの委託を受けた社会福祉法人やNPO法人により運営されている。「働きたい」と希望する障害者が、就労し、就労した後も安定した職業生活を送ることができるよう、身近な地域で、雇用、保健福祉、教育等の関係機関との連携を図り、地域の連携の拠点としての役割を担っている（**図6-1**）。各センターには、2～7名の就業支援ワーカーと1名の生活支援ワーカーが配置され、働くための支援と働き続けるための**就業面と生活面の一体的な相談、支援**を行っている。2002（平成14）年5月にすべての障

図6-1　障害者就業・生活支援センター

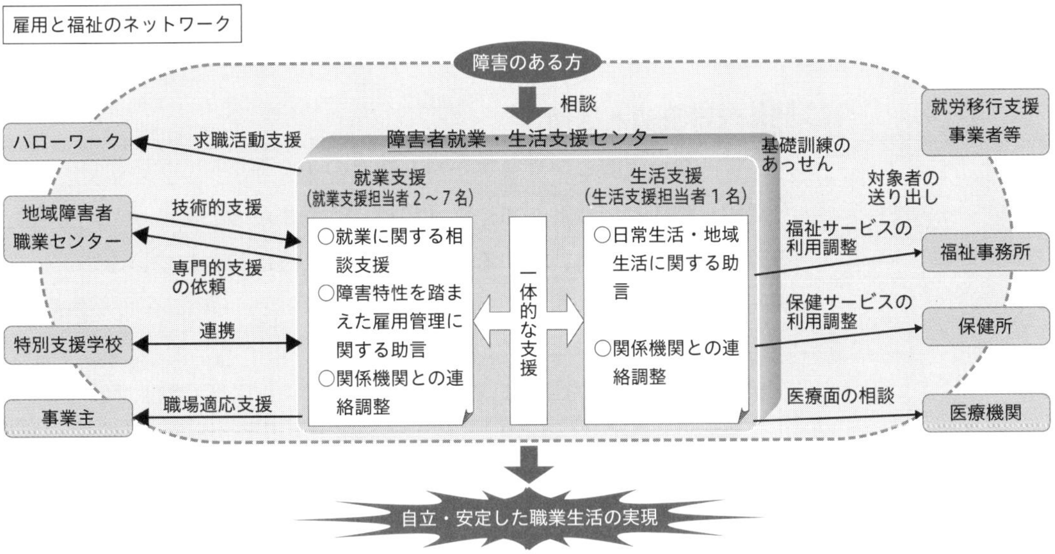

資料：厚生労働省職業安定局高齢・障害者雇用対策部障害者雇用対策課発表資料

害保健圏域の設置を目指して設置され、事業開始当初は 21 センターであったが、2020（令和２）年４月には 335 か所が設置されている。

4 職場適応援助者（ジョブコーチ）

障害者が働きやすい環境を整備し、障害者本人と事業主の双方に対して、安心して働けるよう環境調整や適応支援を行う。

所属する機関や活動内容に応じて次の３種類に分けられている。

❶配置型ジョブコーチ

障害者関係業務の経験を有し、高齢・障害・求職者雇用支援機構が委嘱し、地域障害者職業センターに所属している者で、支援対象労働者が雇用されているまたは雇用される予定である事業所で支援を行う。

❷訪問型ジョブコーチ

訪問型ジョブコーチ養成研修を修了し、障害者の就労支援に係る業務経験が１年以上あり、就労支援を行っている社会福祉法人等に所属している者で、支援対象労働者が雇用されているまたは雇用される予定である事業所で支援を行う。

❸企業在籍型ジョブコーチ

企業在籍型ジョブコーチ養成研修等を修了し、障害者を雇用している企業等に雇用される者で、自社の障害者社員に対して支援を行う。

3 教育機関の役割

1 教育機関とは何か

まず、**教育機関**という言葉が何を指すのかを確認しておきたい。私たちは教育機関というと、すぐに「学校」と考えがちであるが、地方教育行政の組織及び運営に関する法律には次のように記されている。

> （教育機関の設置）
>
> 第 30 条　地方公共団体は、法律で定めるところにより、学校、図書館、博物館、公民館その他の教育機関を設置するほか、条例で、教育に関する専門的、技術的事項の研究又は教育関係職員の研修、保健若しくは福利厚生に関する施設その他の必要な教育機関を設置することができる。

この条文が示すように、教育機関は学校教育法第 1 条が定める「学校★」に限定されない。社会教育施設である図書館、博物館、公民館などが含まれるし、各自治体が制定する条例に基づいて設置することができる研究施設、研修施設、保健施設、福利厚生施設等も教育機関に含まれるのである。

★学校
学校教育法第 1 条では「この法律で、学校とは、幼稚園、小学校、中学校、義務教育学校、高等学校、中等教育学校、特別支援学校、大学及び高等専門学校とする」と定義されている。

障害者と家族等の支援を考えるとき、幼稚園から大学院に至る学校が果たす役割の大切さはいうまでもない。一方、さまざまな知識や知恵、感動を得られる図書館や博物館、ともに生きる地域住民が集う公民館などの社会教育施設が果たす役割も極めて大きい。特に社会教育施設の場合、生涯にわたって利用可能なところが特長である。

2 「学校」の役割——「特別支援教育」の意味

2007（平成 19）年 4 月 1 日付の文部科学省初等中等教育局長通知「特別支援教育の推進について（通知）」（19 文科初第 125 号）以降、我が国における障害のある幼児児童生徒への教育は「特殊教育」から「**特別支援教育**」へと転換した。その要点は、❶知的な遅れのない発達障害も含め、❷特別の学校・学級のみならず、「すべての学校」において実施されるものであり、❸幼児児童生徒一人ひとりの教育的ニーズを把握し、❹その持てる力を高め、生活や学習上の困難を改善または克服するため、適切な指導および必要な支援を行い、❺障害の有無やその他の個々の違いを認識しつつさまざまな人々が生き生きと活躍できる共生社会の形成の基礎となるものである、と整理することができる。

ところで、この「すべての学校」のありようをどのように考えればよいのであろうか。この点に関してさまざまな議論を呼んでいるのが「インクルーシブ教育」という概念である。国際的には「すべての子ども――すなわち民族的・言語的マイノリティ、過疎地の対象者、HIV/AIDSの影響を受けた、障害や学習上の困難のある少年・少女を含む――の要求を充たすための、そしてすべての青少年や成人に学習機会を提供するための、学校や他の教育施設の変革に関わるプロセスである」（ユネスコ09指針★より）という定義が知られている。しかしながら、その変革の目標について、たとえば義務教育段階で、すべての子どもを受け入れることができる1種類の学校を目指すべきである、と一律に示されているわけではない。その意味で日本は「特別支援教育への転換」から「すべての子ども――多様性の捉え方――とインクルーシブ教育システムの探求」という段階に入ったといえよう。

なお、特別支援教育といえば、幼小中高を想定しがちであるが、大学等の高等教育機関における学生のニーズに応じた教育のありようも考えなくてはならない。テキスト（文字）の音声化（視覚障害）、ノートテイカーやUDトーク★による音声の文字化（聴覚障害）といった情報保障にとどまらず、高等教育機関で学ぶ約2万7000人の障害のある学生のうち、その多くを占める病弱・虚弱、発達障害、精神障害について（合計で約75%[i]）、まさに一人ひとりの教育的ニーズに応じた支援体制の構築が不可欠である。

Active Learning

「インクルーシブ教育」を先駆的に実践している国とその実践内容を調べ、日本での現状と比較し、その違いがなぜ生じているのか考えてみましょう。

★ユネスコ09指針
UNESCO（2009）Policy Guidelines on Inclusion in Education（教育におけるインクルージョンのための政策指針）

★UDトーク
主に聴覚障害のある人との「会話の共有」がリアルタイムにできるアプリで、スマートフォンやパソコンにインストールして用いることにより、音声認識ソフトが話した内容を自動的にテキスト化する。

3 特別支援教育の「生涯学習化」

2017（平成29）年4月7日に「特別支援教育の生涯学習化に向けて」と題する文部科学大臣メッセージが公表された。そのなかでこの「生涯学習化」の意味が次のように説明されている。

> これまでの行政は、障害のある方々に対して、学校を卒業するまでは特別支援学校をはじめとする「学校教育施策」によって、学校を卒業してからは「福祉施策」や「労働施策」によって、それぞれ支援を行ってきました。しかし、これからは、障害のある方々が、学校卒業後も生涯を通じて教育や文化、スポーツなどの様々な機会に親しむことができる

i　独立行政法人日本学生支援機構「大学、短期大学及び高等専門学校における障害のある学生の修学支援に関する実態調査分析報告（対象年度：平成17年度（2005年度）から平成28年度（2016年度））」より。

よう、教育施策とスポーツ施策、福祉施策、労働施策等を連動させながら支援していくことが重要です。私はこれを「特別支援教育の生涯学習化」と表現することとしました。

具体的には文部科学省内に「障害者学習支援推進室」が設置され、❶福祉、保健、医療、労働等の関係部局と連携した進学・就職を含む切れ目ない支援体制の整備、❷障害のある子どもの自立や社会参加に向けた主体的な取り組みを支援する特別支援教育、❸障害者スポーツや障害者の文化芸術活動の振興等が進められつつある。教育機関の役割との関係でいえば、社会教育施設が「生涯にわたる教育機関」として、障害者のキャリア教育やスポーツ、文化、芸術等への参加を保障する重要な役割を担うことが明示されたということになる。

4 社会教育施設

社会教育法の第2条において、「社会教育」は次のように定義されている。

（社会教育の定義）

第2条　この法律において「社会教育」とは、学校教育法（昭和22年法律第26号）又は就学前の子どもに関する教育、保育等の総合的な提供の推進に関する法律（平成18年法律第77号）に基づき、学校の教育課程として行われる教育活動を除き、主として青少年及び成人に対して行われる組織的な教育活動（体育及びレクリエーションの活動を含む。）をいう。

社会教育施設を狭義に捉えれば、この規定に基づく社会教育活動において利用される施設、ということになる（公民館、図書館、博物館、青少年教育施設、女性教育施設、生涯学習センター等）。しかし、「青少年及び成人に対して行われる組織的な教育活動」に相当するサービスを提供している民間の施設（博物館類似施設、民間体育施設、文化会館、カルチャーセンター、スポーツクラブ等）も身近な社会教育施設と捉えることができよう。

5 社会教育施設の役割と課題

社会教育施設を特別支援教育の生涯学習化との関係でみると、学齢期には学校と並ぶ車の両輪、卒業後には生涯にわたる学習や社会参加を保障する重要な教育機関と捉えることができる。障害児・者の場合、社会のなかで当然のことと思われていることが享受できていない状態（**相対的剥奪**）に追い込まれていることが少なくない。典型的な例としては常時呼吸管理が必要な医療的ケア児が挙げられよう。外出のための医療・看護・福祉スタッフの確保、移動や教育施設それ自体のバリアフリーといった問題から、週末の「お出かけ」ができない等がそれである。

ところで、歴史博物館や美術館のなかには「ユニバーサル・ミュージアム」を目指すところが出てきている。たとえば、視覚障害者と協働して、誰でも楽しめる博物館づくりを進めるといった取り組みである。館内案内のパンフレットや展示物までの誘導路等の配慮、読みやすい点字案内板、ボランティアや録音による音声解説、杖の置場所、展示物にふれるためのビニール手袋等の準備など、当事者ならではの指摘がある。今後はさらに、ICT 活用も具体的な視野に入ってくるに違いない。

社会教育施設は他の教育機関に率先し、以下に示す**ユニバーサルデザイン**の７原則に基づいてすべての人に開かれた教育機関へと発展することが期待される。

❶ どんな人でも公平に使えること（公平な利用）。
❷ 使ううえでの柔軟性があること（利用における柔軟性）。
❸ 使い方が簡単で自明であること（単純で直感的な利用）。
❹ 必要な情報がすぐに分かること（認知できる情報）。
❺ 簡単なミスが危険につながらないこと（うっかりミスの許容）。
❻ 身体への過度な負担を必要としないこと（少ない身体的な努力）。
❼ 利用のための十分な大きさと空間が確保されていること（接近や利用のためのサイズと空間）。

4 医療機関の役割

障害児・者にかかわる医療機関は、多種多様で一元的に整理することが難しい。障害者福祉は、身体障害、知的障害、精神障害（発達障害を含む）、難病等の４分野に分けるのが一般的である。一方、医療機関側は小児、成人、高齢者と当事者のライフステージによってかかわり方が変わってくる。まずは障害にかかわる制度と医療機関について理解し、続いてライフステージから四つの障害に対する医療機関の役割を考えていく。

1 障害にかかわる制度と医療機関

ライフステージに関係なくどの年代にも該当する身体障害者手帳交付だが、判定にあたっては指定医の意見書を要する。視覚障害、聴覚または平衡機能の障害、音声機能、言語機能または咀嚼機能の障害、肢体不自由、心臓機能障害、腎臓機能障害、呼吸器機能障害、膀胱または直腸の機能障害、小腸機能障害、ヒト免疫不全ウイルスによる免疫機能障害、肝臓機能障害と、障害ごとに指定医が定められている。指定医は都道府県知事、指定都市市長および中核市市長が指定する。指定医の所属は診療所から大学病院まで幅広くさまざまな医療機関に在籍しているので、あらかじめ障害別に調べておく必要がある。精神障害者保健福祉手帳の交付にあたっても、精神保健指定医を中心に精神障害に従事する医師の診断書を要する。これらの手帳の交付には決められた医師が診断し、意見書を作成し、判定される仕組みとなっている。自立支援医療については、その地域で認定された指定自立支援医療機関が実施する。指定自立支援医療機関には、一般の診療所、在宅療養支援診療所、訪問看護ステーション等、薬局、一般病院、精神科専門病院などさまざまな医療機関が含まれる。障害の原因が難病の場合は難病指定医療機関となっている診療所や病院で診療する。このように、制度を利用するためには指定医療機関や指定医が定められ、その意見書等に基づき判定されている。

2 ライフステージにおける障害と医療機関

❶小児期

医学の進歩に伴い出生前から障害のある児が生まれてくることを予測できるようになった。大病院の周産期母子医療センターなどでは、このような胎児の家族支援を産科医や助産師が行っている。出産後は小児科医に引き継ぐが、低酸素や低体重などで生命にかかわる状態の際には新生児集中治療室（NICU）管理となる。状態が安定すると小児科病棟へと移っていく。

最近10年の傾向としては、従来の重症心身障害の枠には当てはまらず、医療機器や高度医療に依存する児が増えている。これも医学の進歩によるもので、救えなかった命が救えるようになった。つまり、人工呼吸器、経管栄養、喀痰吸引、酸素などを必要とした医療的ケア児が増加している（第7章第2節5参照）。医療的ケア児を退院させ、自宅で、地域で受け入れようという取り組みが各地で始まっている。小児在宅医療が可能な診療所と訪問看護事業所が医療的ケア児を担い、病院と在宅スタッフをつなぐ医療的ケア児等コーディネーターが養成されている。

健常に生まれ成長の過程で発達障害や知的障害に気づかれる多くのケースでは、さまざまな医療機関がかかわる。一般の小児科診療所が最初に担当し、児童精神科医の在籍する病院や療育センターのような専門医療機関につないでいく。あるいは出生した総合病院でそのまま対応する場合もある。最近は知的・発達障害専門の診療所も増え、そこでフォローされることも少なくない。療育センターでは診療だけでなく、リハビリテーション、乳幼児通園、通所、訪問、短期入所、入所施設を併設するなどさまざまな機能が一体化した機関が多い。重症心身障害児に該当する場合は、重症心身障害医療を行っている医療機関が対応する。病院の形態については、総合病院であったり、子ども病院であったり、療育センターであったり、あるいは医療型障害児入所施設併設の診療所であったりと多様である。聴覚障害は耳鼻咽喉科の診療所または病院の同科で、視覚障害については眼科の診療所または病院の同科で診断される。心臓、腎臓など内部障害については各専門医が対応する。

思春期になると不安障害、うつ病、統合失調症、摂食障害などがではじめるが、児童精神科医が少ないこともあり、心療内科や成人対象の精神科が対応することも多い。

❷成人期

ライフステージごとにみると、身体障害者の内訳は年齢が高くなるほど増えていき、高齢者が最も多い（第４章第１節**図 4-1**（p.88）参照）。一方、精神障害は、高齢者の割合は少ないが徐々に増加傾向にある（第４章第１節**図 4-3**（p.89）参照）。

精神障害では、たとえば成人期に発症の頻度が高い疾患としては、統合失調症、うつ病、双極性障害、薬物依存、高次脳機能障害などがあるが、精神障害者保健福祉手帳を利用しながら精神科専門の医療機関でフォローされていることが多い。近年、成人期に発達障害に気づかれるケースもあり、この場合も精神障害者保健福祉手帳および療育手帳の対象となる。成人で気づかれた知的障害も同様である。したがって、成人期の医療機関としては総合病院の精神科部門、精神科専門の病院や診療所の役割は大きい。精神疾患に特化した訪問看護事業所もでてきている。

成人期に起こる身体障害は、事故による脊髄損傷や脳挫傷、脳血管障害、難病の発症など、小児期とは様相が異なる。急性期病院で急性期の治療を行い、回復期リハビリテーション病棟★もしくはリハビリテーション病院などに療養の場を変え、在宅生活に戻っていく。難病等の進行性

★回復期リハビリテーション病棟
脳血管障害や骨折などで急性期の治療を受けた後に、ADL 向上や家庭復帰を目的とした集中的なリハビリテーションを受けることができる病棟。疾患ごとに入院期間が定められている。

の疾患は神経内科などの専門医に診断される。40 歳から 64 歳でも介護保険制度の特定 16 疾病に該当すれば、訪問看護や介護老人保健施設等の医療サービスを含む介護保険サービスを利用することができる。

❸高齢期

高齢者は加齢による変化とさまざまな健康問題が複合し、病態は極めて複雑である。認知機能も低下し、認知症が急増する年代でもある。介護保険制度が発足して 20 年が経過し、日本の地域医療を支える多くの一般診療所や病院が介護保険を理解するようになった。老年医学の分野でも包括的高齢者評価という考え方が浸透している。したがって、身体障害や精神障害に対しても、外来、入院、在宅医療など、病状と生活環境に合わせてうまく使い分けできるような体制づくりが進んでいる。大きな流れからすると、通院できる高齢者は外来通院し、入院治療は最低限に抑え、障害を残して通院できない高齢者は在宅医療と在宅介護で支えるという方向転換である。地域においては 24 時間体制の在宅療養支援診療所、訪問看護事業所を整え、在宅で看取りまでできる体制をつくるとともに、入院が必要な際の急性期病院、その後をフォローする回復期リハビリテーション病棟やリハビリテーション専門病院がフル稼働している。地域包括ケア病棟もでき、急性期の入院治療と在宅復帰の間をつないだり、在宅患者の入院時の受け入れ先として利用されるようになった。在宅に戻れない寝たきりの高齢者のための医療療養病棟、難病で医療的管理が必要な高齢者のための特殊疾患病棟などもあり、病院内を機能分化することで対応している。数は減少傾向だが、有床診療所もまた地域の在宅患者を支える重要な機能である。

精神科病棟に入院となる認知症の高齢者が依然として多い。一方で、認知症クリティカルパスや、認知症アウトリーチチームなど、病院、診療所、行政、地域包括支援センター、介護保険事業所などが連携し、地域で認知症を支えるまちづくりが進んでいる。

近年は、65 歳問題★、8050 問題、高齢者虐待、老老介護、ダブルケア★、生活困窮、孤立など複雑な課題を抱える当事者と家族が多い。多職種・多機関連携は必須であり、地域包括ケアシステムおよび地域共生社会の実現を急ぐ必要がある。一方で、医療機関の機能や役割も分化されており、ソーシャルワーカーはこれらを知っておかねばならない。

Active Learning

身近なところから「医療」と「福祉」の連携が行われている事例を探し、その連携について考えてみましょう。

★ 65 歳問題
高齢障害者の障害福祉サービスから介護保険サービスへの移行問題。

★ダブルケア
「介護」と「子育て」を同時に担うこと。

◇参考文献

・社会福祉士養成講座編集委員会編『新・社会福祉士養成講座⑭ 障害者に対する支援と障害者自立支援制度 第 6 版』中央法規出版，2019.

第2節 関連する専門職の役割

学習のポイント

- 障害者福祉に関連する医療職の役割について理解する
- 相談支援専門員等、ピアサポーター、養護教諭、家族等の役割について理解する

1 医師、保健師、看護師、理学療法士、作業療法士など

1 医師

医師法の第１条において「医師は、医療及び保健指導を掌ることによって公衆衛生の向上及び増進に寄与し、もって国民の健康な生活を確保するものとする」と定めている。第２条では、「医師になろうとする者は、医師国家試験に合格し、厚生労働大臣の免許を受けなければならない」としている。第17条では「医師でなければ、医業をなしてはならない」と規定している。

医師数は年々増加しており、2018（平成30）年の時点で32万7210人である。病院や診療所で診療する医師の姿が一般的な印象であろうが、障害福祉と関連が深い医療機関としては子ども病院、精神科専門病院、リハビリテーション専門病院、療育センター等が挙げられる。在宅医療を行う在宅療養支援診療所も障害福祉と関連が深い。介護保険施設、障害者支援施設をはじめとする福祉施設では嘱託医もしくは常勤として医師の配置義務がある。介護老人保健施設やデイケアを実施する事業所では常勤医師を配置しなければならない。幼稚園の嘱託医を園医、学校・特別支援学校などの嘱託医を学校医と呼び、児童の健康と安全を守るという意味で重要である。労働安全衛生法では、50人以上の従業員がいる事業所には産業医の設置を義務づけている。産業医とは労働者の健康を守る医師である。保健所や行政機関に勤務し、公衆衛生にかかわる医師もあり、これらの医師も障害者福祉にかかわることが多い。

2 看護師、保健師、助産師、准看護師

看護職は保健師助産師看護師法に基づく。第２条で、保健師とは、「厚生労働大臣の免許を受けて、保健師の名称を用いて、保健指導に従事す

ることを業とする者をいう」と規定している。第３条で、助産師とは、「厚生労働大臣の免許を受けて、助産又は妊婦、じょく婦若しくは新生児の保健指導を行うことを業とする女子をいう」とし、第５条では、看護師を「厚生労働大臣の免許を受けて、傷病者若しくはじょく婦に対する療養上の世話又は診療の補助を行うことを業とする者をいう」と規定している。保健師や助産師になるには、看護師の国家試験に加えて保健師国家試験または助産師国家試験に合格しなければならない。これに対し准看護師は、第６条に「都道府県知事の免許を受けて、医師、歯科医師又は看護師の指示を受けて、前条に規定すること（注：傷病者若しくはじょく婦に対する療養上の世話又は診療の補助を行うこと）を業とする者」とある。2018（平成30）年の時点で、就業保健師５万2955人、就業助産師３万6911人、就業看護師121万8606人、就業准看護師30万4479人である。看護師、准看護師の多くは病院や診療所で仕事をしている。在宅医療では、訪問看護事業所を営む看護師もいる。また介護保険施設や障害者支援施設には看護師の配置が義務づけられている。特に、障害者の高齢化が課題となっており、常勤看護職の役割は大きい。保健師は、行政保健師、産業保健師、養護教諭として地域で活躍している。行政保健師は保健センターや市町村で予防接種や集団検診を、産業保健師は企業の保健を、養護教諭は学校の保健室に勤務している。助産師は病院や診療所で妊婦やじょく婦のケアをするだけでなく、保健センターに勤務し妊婦や出産後の母親の育児指導に当たる。助産院を開業することもできる。特定妊婦[i]やハイリスク出産には欠かせない専門職である。

3 理学療法士、作業療法士、言語聴覚士

理学療法士（physical therapist：PT）、作業療法士（occupational therapist：OT）、言語聴覚士（speech-language-hearing therapist：ST）はリハビリテーションを行う専門職である。理学療法士及び作業療法士法の第２条第１項に、理学療法は「身体に障害のある者に対し、主としてその基本的動作能力の回復を図るため、治療体操その他の運動を行なわせ、及び電気刺激、マッサージ、温熱その他の物理的手段を加えることをいう」と定義されており、第２条第２項に、作業療法は「身体又は精神に障害のある者に対し、主としてその応用的

---

i 「出産後の養育について出産前において支援を行うことが特に必要と認められる妊婦」（児童福祉法第６条の３第５項）のこと。

動作能力又は社会的適応能力の回復を図るため、手芸、工作その他の作業を行なわせることをいう」と定義されている。さらに医師の指示の下に、それぞれの業を行うものとしてPTとOTが位置づけられている。簡単にいえば、PTは寝返る、起き上がる、立ち上がる、歩くなど基本となる動作のリハビリテーションを行う。内部障害では呼吸リハビリテーションなどさまざまな分野がある。OTは食事をする、料理をする、字を書くなど日常生活をスムーズにおくるためのリハビリテーションを行う。2019（令和元）年末の時点でPTは17万2285人、OTは9万4420人である。

> **Active Learning**
> 医療系の専門職が福祉分野にかかわっている事例を探し、どのような役割を果たしているか考えてみましょう。

STは言語聴覚士法の第2条において「厚生労働大臣の免許を受けて、言語聴覚士の名称を用いて、音声機能、言語機能又は聴覚に障害のある者についてその機能の維持向上を図るため、言語訓練その他の訓練、これに必要な検査及び助言、指導その他の援助を行うことを業とする者をいう」としている。2019（令和元）年末の時点で3万2833人である。うまく発語できない、声が出しにくい、話が理解できないなど、コミュニケーション全体のリハビリテーションを行う。また関連して、食べる、飲み込むなどの嚥下障害のリハビリテーションも行う。3士とも国家資格であり、一般の診療所や病院、リハビリテーション専門病院、介護保険施設、訪問リハビリテーション事業所、訪問看護事業所、障害者支援施設など多様な場所で仕事をしている。

4 歯科医師、歯科衛生士

歯科医師は、歯科医師法第1条において「歯科医療及び保健指導を掌ることによって、公衆衛生の向上及び増進に寄与し、もって国民の健康な生活を確保するものとする」とされている。2018（平成30）年末の時点で歯科医師数は10万4908人で、歯、歯肉など口腔内の専門職である。歯の治療、入れ歯の作成のほか、近年は摂食嚥下の専門職として介護・福祉の分野では重要な役割をしている。訪問歯科診療も知られるようになってきた。歯科衛生士は歯科医師をサポートし、歯科保健指導を行う専門職である。高齢者、障害者、被災地支援などで、口腔ケアの重要性が指摘されており、福祉領域での活躍が期待される。

5 薬剤師

薬剤師法第1条において「薬剤師は、調剤、医薬品の供給その他薬事衛生をつかさどることによって、公衆衛生の向上及び増進に寄与し、もって国民の健康な生活を確保するものとする」とされている。2018(平成30)年の薬剤師数は31万1289人である。薬剤師は、診療所や病院、調剤薬局、製薬会社などで仕事をすることが多いが、保健所や県庁などの行政職、学校薬剤師などの役割もある。在宅医療推進という時代のなかで、独居や老老介護で薬局に来れない利用者やサービス付き高齢者住宅に薬剤師が訪問薬剤指導を行うという仕組みもできている。

6 管理栄養士、栄養士

栄養士法第1条第1項において、栄養士が「都道府県知事の免許を受けて、栄養士の名称を用いて栄養の指導に従事することを業とする者をいう」のに対し、管理栄養士は国家資格で「厚生労働大臣の免許を受けて、管理栄養士の名称を用いて、傷病者に対する療養のため必要な栄養の指導、個人の身体の状況、栄養状態等に応じた高度の専門的知識及び技術を要する健康の保持増進のための栄養の指導並びに特定多数人に対して継続的に食事を提供する施設における利用者の身体の状況、栄養状態、利用の状況等に応じた特別の配慮を必要とする給食管理及びこれらの施設に対する栄養改善上必要な指導等を行うことを業とする者をいう」とされている。したがって、病院、介護保険施設、福祉施設などの食事や栄養、さらには介護食など食形態の工夫に至るまで、管理栄養士が行っている。厚生労働省の調べによれば、2019（令和元）年末の時点で、管理栄養士の免許交付数が24万4487人、2019（平成31）年3月末の栄養士の免許交付数が109万7359人と報告されている。

7 義肢装具士

義肢装具士法の第2条において、義肢装具士は、「厚生労働大臣の免許を受けて、義肢装具士の名称を用いて、医師の指示の下に、義肢及び装具の装着部位の採型並びに義肢及び装具の製作及び身体への適合を行うことを業とする者をいう」とされている。2020（令和2）年の時点で5772人と他の専門職に比べると少ないが、障害者の日常生活及び社会生活を総合的に支援するための法律（障害者総合支援法）に基づく補装具の製作に深くかかわる職種といえる。

2 相談支援専門員、サービス管理責任者、居宅介護従業者

1 相談支援専門員

❶配置および要件

障害者総合支援法における相談支援専門員は、指定相談支援事業所に配置され、専らその職務に従事する者をいう。相談支援の業務に支障がない場合は、当該事業所の他の職務や他の事業所、施設等に従事することができる（制度の詳細は第５章第７節参照）。

相談支援専門員の要件は、所定の実務経験に加えて、相談支援従事者初任者研修を受講することである。その後も５年ごとに相談支援従事者現任研修を受講する必要がある。

❷相談支援専門員の役割

相談支援専門員の役割は相談支援事業の種別によって異なるが、共通する役割は**ケアマネジメント**の手法を用いて、アセスメントからモニタリングまでの一連のプロセスを展開することである（**図 6-2**）。意思決定に支援を要する障害者への相談においては、**意思決定支援ガイドライン**における意思決定支援責任者を兼務することが考えられる。また、自身も障害のある相談支援専門員はピアサポーターとしての役割も有し、利用者の意思形成や表明の支援にかかわりながらエンパワメントに向けた支援を行うことが期待されている。さらに、利用者の個別のニーズから地域の課題を見出し、**協議会**に働きかけることや地域のネットワークを構築する役割も求められる。このような相談支援専門員に対して助言や相談を行いながら、地域の課題を協議する中核的役割を担うのが主任相談支援専門員である。

2 サービス管理責任者・児童発達支援管理責任者

❶配置および要件

障害者総合支援法においては、障害福祉サービスの質の向上を図る観点から、障害福祉サービス（療養介護、生活介護、自立訓練、就労移行支援、就労継続支援、就労定着支援、自立生活援助、共同生活援助）の管理を行う者としてサービス管理責任者が配置されている。配置基準は事業種別によって異なり、利用者の数に応じて定められている。

児童福祉法においては、障害児通所支援（児童発達支援、医療型児童発達支援、放課後等デイサービス、居宅訪問型児童発達支援、保育所等

Active Learning

相談支援専門員とサービス管理責任者、児童発達支援管理責任者はそれぞれ「計画」を作成しますが、その違いと両者の連携について考えてみましょう。

図6-2　障害者総合支援法における障害児・者の相談支援事業の概要

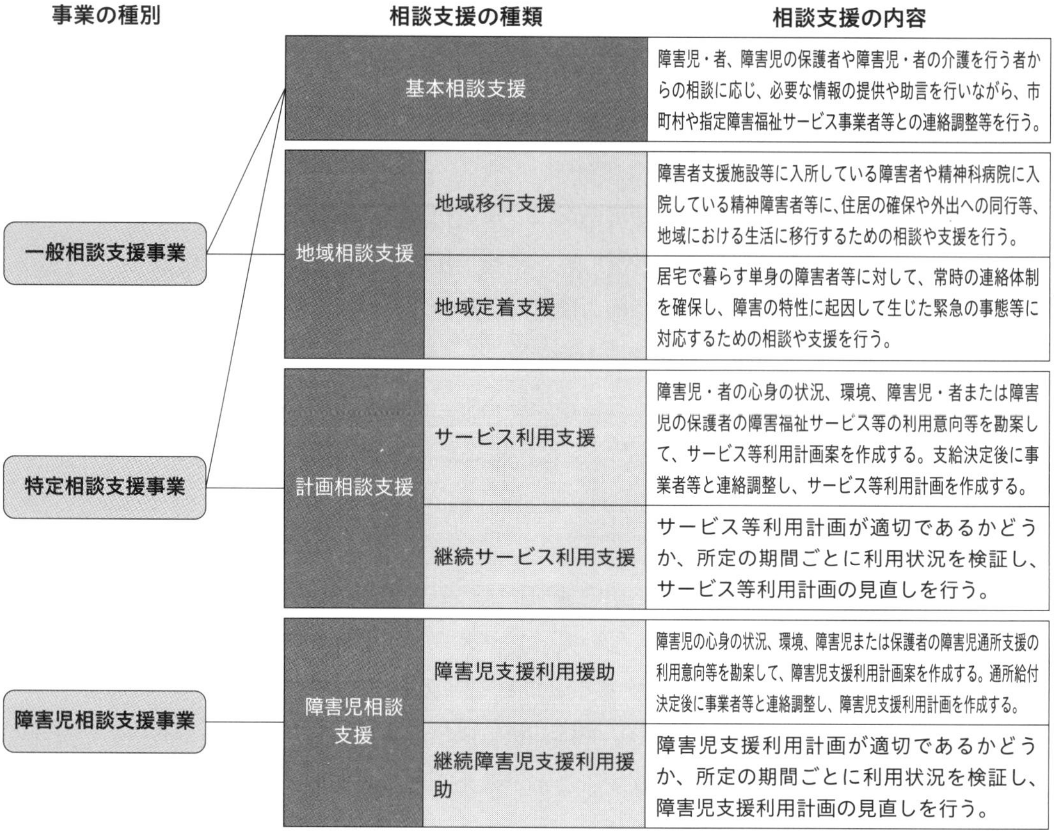

訪問支援）の提供の管理を行う者として児童発達支援管理責任者が配置されている。児童発達支援管理責任者のうちの１人以上は専任でなければならない。

サービス管理責任者・児童発達支援管理責任者の要件は、所定の実務経験に加えて、相談支援従事者初任者研修のうち講義部分を受講すること、かつ、サービス管理責任者等基礎研修とサービス管理責任者等実践研修を受講することである。その後も５年ごとに更新研修を受講する必要がある。

❷サービス管理責任者・児童発達支援管理責任者の役割

サービス管理責任者の役割は事業種別によって異なるが、共通する役割として次の四つが運営基準[ii]に定められている。第一に、**個別支援計画**（療養介護計画、生活介護計画、自立訓練計画、就労移行支援計画、就

ii　「障害者の日常生活及び社会生活を総合的に支援するための法律に基づく指定障害福祉サービスの事業等の人員、設備及び運営に関する基準」（平成 18 年９月 29 日厚生労働省令第 171 号）のこと。

労継続支援計画、就労定着支援計画、自立生活援助計画、共同生活援助計画）を作成し、アセスメントからモニタリングに至るまでのサービス提供プロセスを管理する。第二に、他の事業者と連携しながら、利用申込者の心身の状況や他のサービスの利用状況等を把握する。第三に、利用者の心身の状況、その置かれている環境等に照らし、利用者が自立した日常生活を営むことができるよう定期的に検討するとともに、必要な支援を行う。第四に、スーパービジョンの方法を活用して、サービスを提供する他の職員に対する技術指導や助言を行う。

障害児通所支援の提供にあたって個別支援計画（児童発達支援計画、医療型児童発達支援計画、放課後等デイサービス計画、居宅訪問型児童発達支援、保育所等訪問支援計画）を作成するのが児童発達支援管理責任者の役割である。個別支援計画を作成するにあたっては、保護者および障害児の生活に対する意向を尊重しながら、障害児の発達を支援するうえでの適切な支援内容を検討することが求められる。

相談支援専門員は、利用者の生活全体にかかわるニーズに基づいて、複数の障害福祉サービス等やインフォーマルな社会資源を取り入れた**サービス等利用計画**および**障害児支援利用計画**を作成する。他方、サービス等利用計画および障害児支援利用計画に示された総合的な支援方針と整合性を確保しながら、事業所内のサービスに特定した個別支援計画を作成するのがサービス管理責任者・児童発達支援管理責任者の役割である。両方の計画が連動して機能することによって、利用者への支援の一貫性や継続性を保つことができる。よって、サービス管理責任者・児童発達支援管理責任者には、相談支援専門員のみならず、他の事業者や関係機関と連携を図り、地域のネットワークを構築する役割も求められている。

3 居宅介護従業者

❶配置および要件

障害者総合支援法において居宅での介護や家事支援、外出支援を提供するサービスの種別には、居宅介護、重度訪問介護、同行援護、行動援護および市町村地域生活支援事業により提供される移動支援事業がある。これらの事業所に配置され、実際に介護等を行う者を居宅介護従業者、重度訪問介護従業者、同行援護従業者、行動援護従業者、移動支援従業者という。本節では、以下、これらを総称して「居宅介護等」「居宅介護等従業者」と表記する。

居宅介護等従業者の要件は、サービス種別ごとに設けられている従業者養成研修を受講することである。

❷居宅介護等従業者の役割

居宅介護等従業者の役割は、介護や家事支援によって利用者の日常生活を維持することに加えて、外出支援によって社会生活の維持や拡張を図ることである。障害者が家族から自立して生活を営む際や、入所施設や病院から地域生活へ移行する際には、居宅介護等従業者の役割の重要性が大きくなる。生活様式や生活行為は本人に固有のものであることから、生活場面で本人の意思を尊重することが何よりも求められる。

重度訪問介護従業者は、常時の介護を要する障害者に対して、介護、家事支援、見守りや外出時の介護を長時間にわたって総合的に支援する役割がある。重度の障害者が地域で自立した生活を営むために必要不可欠であり、障害者運動によってサービス内容の拡充が推し進められてきた。2018（平成30）年４月からは入院中の病院等でも利用できるようになった。また、**市町村地域生活支援促進事業**★の枠組みにおいて、重度訪問介護の利用者が大学等に通学する際、大学等による支援体制が構築できるまでの間、通学中や敷地内でも利用できる「重度訪問介護利用者の大学修学支援事業」も始まっている。

★市町村地域生活支援促進事業
障害者等が日常生活または社会生活を営むことができるよう、地域生活支援事業実施要綱で定める事業に加えて、市町村が政策的な課題に対応する事業を計画的に実施するように定めたものをいう。

地域における障害者の社会参加を促すことを目的として、移動支援従業者は屋外での移動が困難な障害者の外出支援を行う役割がある。移動支援事業は**市町村地域生活支援事業**に位置づけられているため、地域の特性や障害者の置かれた状況に応じて支援内容が異なっている。

❸サービス提供責任者の役割

サービス提供責任者は居宅介護等事業所および重度障害者等包括支援事業所の規模に応じて配置され、サービスの質を確保する役割を担う。運営基準に定められている役割は、❶利用者のニーズに応じて具体的なサービスの内容等を記載した居宅介護計画等の作成、❷利用の申込みにかかわる調整、❸従業者に対する技術指導を含めたサービスの内容の管理である。利用者のニーズに応じた知識や技術を有する従業者を選定することや、利用者に関する情報やサービス提供にあたっての留意事項を定期的に従業者に伝達することも役割に含まれる。

サービス提供責任者が居宅介護計画等を作成するにあたっては、**サービス等利用計画**との整合性を図るために、相談支援専門員と連携することが求められる。また、人工呼吸器の使用に伴う痰の吸引など、医療的ケアを必要とする人へのサービス提供にあたっては、看護師との連携が求められる。居宅における生活行為上の困難を解決するだけでは「居宅保護」にすぎず[1)]、地域社会や制度との接点で生じる課題を協議会で提起し、社会資源の開発や制度の改善につなげていく役割もある。

3 ピアサポーター

1 ピアサポートとは

「ピアサポート」の“peer”とは仲間を指す言葉であり、“peer support”とは同じ立場にある人同士の支え合いだと理解されている。今や多様な領域で活用されていて、学校現場では、いじめなどの問題に対処する有効な手段の一つとして、医療領域では疾患ごとの患者同士、特にがん患者や難病のピアサポート活動が活発に行われている。ピアサポートの有効性は、同じ経験をもつ人同士が、その経験を語りあい、分かちあうことで、生きる力を高めることができる点にある。

障害者のピアサポート活動の歴史は18世紀に遡るともいわれているが、よく例に出されるのは、1907年にアメリカで自らの精神科病院入院の経験を出版したクリフォード・ビアーズ（Beers, C.）によって始められた精神衛生運動や、1935年に設立された**Alcoholics Anonymous（AA★）**のセルフヘルプグループなどである。1950年代以降のアメリカでは公民権運動を背景として、エド・ロバーツ（Roberts, E.）らを中心とした身体障害者の**自立生活（Independent Living：IL）運動**が広がりをみせ、日本のピアサポート活動にも大きな影響を与えた。それは、支援者主導で進められてきたリハビリテーションや福祉サービスが、当事者主体に転換されていくということでもあった。

★ **Alcoholics Anonymous（AA）**
アルコホーリクス・アノニマス。アルコール依存症者本人たちの自助グループであり、1930年代にアメリカで始まり、1970年代から日本でも活動が開始された。AAは依存症者が経験と力と希望を分かちあい、回復することを目的としており、「12のステップ」という依存症回復プログラムが活用されている。

2 障害領域におけるピアサポート

精神障害者領域のピアサポートは、前述したAAに端を発したピアサポート活動であるが、アメリカでは、1980年代以降各州で**「認定ピアスペシャリスト」**等という形で養成が行われている。日本でも医療機関や地域を拠点とした患者会やセルフヘルプグループに始まり、全国でさまざまな活動が展開されてきた。「リカバリー」概念への関心の高まりとともに、障害当事者を中心に据えた医療保健福祉サービスの仕組みづくりが進められている。そのきっかけとなったのは、2000年代以降、「入院医療中心から地域生活中心へ」というスローガンを掲げ、精神保健医療福祉の改革が本格化したことである。精神障害者ピアヘルパーの養成事業が開始され、精神科病院からの長期入院者を支援するピアサポーターなどの活躍が始まった。医療機関や福祉サービス事業所などで雇用される人も増加しており、**一般社団法人日本メンタルヘルスピアサポート専門員研修機構**が実施している養成研修では、雇用されている、あるいは雇用されることを目指している精神障害者を対象としてメンタルヘルスピアサポート専門員の養成が実施されてきた。

身体障害者領域では「自立生活センター」（CIL）などを中心に、知的障害領域では**「手をつなぐ育成会」**の当事者会や**ピープルファースト**を中心に、ピアサポート活動が行われてきた歴史がある。難病に関しては、1960年代以降、疾患ごとに当事者団体が結成されてきたが、2005（平成17）年に**一般社団法人日本難病・疾病団体協議会**（JPA）が設立された。難病の当事者活動は患者会から始まったが、2003（平成15）年に**難病相談支援センター**の設置が始まり、センターや保健所での相談事業や交流会への参加、患者会での患者会リーダーとしての当事者活動が実施されている。患者会リーダーに関しては、日本難病・疾病団体協議会主催の養成研修、フォローアップ研修などが各地で行われている。また、ピアサポーター養成研修も難病相談支援センターなどを中心に実施が進められており、養成研修プログラムが構築されつつある。

高次脳機能障害者の活動は、**「脳外傷友の会」**など家族を含む活動が展開されてきたが、最近では当事者が立ち上げたセルフヘルプグループなども知られるようになってきている。そのほか、発達障害者のピアサポートも当事者団体の結成により活性化している。

3 障害福祉サービスで働くピアサポーター

近年、海外では障害当事者がサービス提供をする職員として働くことが注目を集めているが、日本においても保健医療福祉サービスのなかで、ピアサポーターの職員としての採用が行われつつある。身体障害者を中心として活動している自立生活センターでは、センターが創設され始めた1980年代から、障害当事者が重度障害者の地域での自立生活を支援するために中心となって活動している。しかし、そのほかの障害領域では、専門職主導で支援が行われてきた。障害者の権利に関する条約が日本でも批准され、障害当事者の権利意識も高まりをみせてきた昨今、障害福祉サービスが大きく変転するなかで、経験を活かして福祉サービスを提供することに参画したいと希望する人も増加している。

4 ピアサポーターと専門職の協働

しかし、福祉現場でピアサポーターが定着して働くためには、一緒に働く専門職等の理解が必要である。残念ながら福祉や医療の現場で働く専門職のなかにも、障害者に対する差別意識や偏見が少なからず存在する。労働現場における合理的配慮の提供が義務づけられているが、ピアサポートの効果を活用するための環境調整や職員への教育などが求められる。また、ピアサポーターのかかわりがプラスの効果だけをもたらすわけではない。経験を共有することにより共感しすぎてしまうリスクがあることや、倫理的な課題に直面することもある。さらに誰よりもピアサポーター自身が、当事者であることと、支援者であることの立場の二重性に悩むということが、よく指摘される。当事者としての経験を活かすためには、そうしたリスクに対応できる職場環境が必要である。同じような経験があることはピアサポーターの大きな強みであり、同じ障害のある人がその経験を活かして働いていることを目の当たりにすることは、大きな希望となる。そうした効果を活かすためにも、ピアサポーターと専門職の協働が求められているのである。

Active Learning

身近な自治体で行っているピアサポーター養成の取り組みを調べ、ピアサポーターが活躍するための仕組みについて考察してみましょう。

5 ピアサポーターの今後

ピアサポート活動はセルフヘルプグループから福祉サービスにおいて雇用されているピアサポーターまでと幅広い。その経験の活かし方もさまざまである。

2020（令和２）年度から、都道府県・指定都市の地域生活支援事業の任意事業として、「障害者ピアサポート研修事業」が位置づけられ、これまで自治体ごとに実施されてきた障害者を対象としたピアサポーター養成がある程度、標準化されることが期待される。研修を経て、医療保健福祉現場で活躍するピアサポーターが今後も増えていくことにより、障害当事者を中心に置いた支援がますます充実し、福祉サービス全体の質の向上に寄与すると考えられる。

4 養護教諭、スクールソーシャルワーカー

1 養護教諭の法的位置づけと職務

学校において児童生徒等の「養護をつかさどる」教員である**養護教諭**（学校教育法第37条第12項等）は、児童生徒等の保健および環境衛生の実態を的確に把握し、心身の健康に問題をもつ児童生徒等の指導に当たるとともに、健康な児童生徒等についても健康の増進に関する指導を行うこととされている。

その具体的な職務内容等について1972（昭和47）年および1997（平成９）年の保健体育審議会答申の趣旨に基づき、文部科学省は以下のような指針を示している。

❶ 学校保健情報の把握に関すること
❷ 保健指導・保健学習に関すること
❸ 救急処置および救急体制の整備に関すること
❹ 健康相談活動に関すること
❺ 健康診断および医師が行う健康相談に関すること
❻ 学校環境衛生の実施に関すること
❼ 学校保健に関する各種計画および組織活動の企画、運営への参画および一般教員が行う保健活動への協力に関すること
❽ 伝染病の予防に関すること
❾ 保健室の運営に関すること

2 「チームとしての学校」と養護教諭の役割

2015（平成27）年12月21日、中央教育審議会は「チームとしての学校の在り方と今後の改善方策について（答申）」を出した。その背景には「子供を取り巻く状況の変化や複雑化・困難化した課題に向き合うため、教職員に加え、多様な背景を有する人材が各々の専門性に応じて、学校運営に参画することにより、学校の教育力・組織力を、より効果的に高めていくことがこれからの時代には不可欠」という認識がある。

この観点から養護教諭の役割をみると、児童生徒等の健康問題に関する連携体制の中心を担っているという現状がある。たとえば、養護教諭が児童生徒等の身体的不調の背景に、いじめや虐待などの問題がかかわっているサインを読み取ることは少なくない。「保健室登校」という言葉に象徴されるように、児童生徒にとって保健室は教室や家庭とは異

なる居場所となって養護教諭がカウンセリング機能を果たしている場合もある。したがって、生徒指導担当教員や、スクールカウンセラー★、スクールソーシャルワーカーとの連携を欠かすことはできないのである。また、健康診断・健康相談にかかわる学校医等との調整、食育にかかわる栄養教諭等との連携においてもこれまで以上に重要な役割を担っている。

★スクールカウンセラー
児童生徒に対する相談のほか、保護者および教職員に対する相談、教職員等への研修、事件・事故等の緊急対応における被害児童生徒の心のケアなどを行う。

3 特別支援学校における養護教諭の役割

「チームとしての学校」の提唱は、いじめや虐待等への対応に加え、通常学級で学ぶ学習障害（LD）、注意欠如・多動症（ADHD）、高機能自閉症にも適切に対応する「特別支援教育」（本章第1節 p.186 参照）の推進とも連動し、主として小学校・中学校が想定されている。上述したようにそのなかで養護教諭が果たす役割はとても大きい。

しかしながら特別支援学校の対象である視覚障害者、聴覚障害者、知的障害者、肢体不自由者および病弱者（身体虚弱者）に対する役割も独自なものがある。たとえば、視覚障害特別支援学校（盲学校）における中途失明者の障害受容、知的障害特別支援学校における定期健康診断におけるさまざまな配慮（健診に対する恐怖感の軽減、各種健診方法の工夫等）、医療的ケア児のケアに関する医師の指示書★をもらうための連絡・調整や看護師との連携、などである。

いずれにせよ、発達段階に応じた健康問題に対する養護教諭の役割は、子ども期の育ちや成人期における地域生活の準備に不可欠なものである。

★指示書
主治医は、医療的ケア児一人ひとりの健康状態、医療的ケアの範囲や内容、実施する学校の状況等を踏まえて明確な内容の指示書を学校または教育委員会宛てに作成する必要がある。

4 スクールソーシャルワーカーの法的位置づけと職務

スクールソーシャルワーカーは、「社会福祉の専門的な知識、技術を活用し、問題を抱えた児童生徒を取り巻く環境に働きかけ、家庭、学校、地域の関係機関をつなぎ、児童生徒の悩みや抱えている問題の解決に向けて支援する専門家」と定義されている（「生徒指導提要」2010（平成22）年3月、文部科学省）。2008（平成20）年度に国における調査研究事業として「スクールソーシャルワーカー活用事業」がスタートして以来、教育委員会を主として徐々にその配置が進んできたが、2017（平成29）年3月31日に学校教育法施行規則の一部を改正する省令（平成29年文部科学省令第24号）が公布され、施行規則第65条の3に「スクールソーシャルワーカーは、小学校における児童の福祉に関する支援

Active Learning
あなたの学校のスクールソーシャルワーカーについて、勤務形態や業務内容、業務における困難性や有効性等を調べ、その役割や意義について考えてみましょう（可能であればインタビューしてみてください）。

に従事する」と記され、法的な位置づけが明確になった（中学校にも準用される）。同時に「教育相談等に関する調査研究協力者会議」による「児童生徒の教育相談の充実について～学校の教育力を高める組織的な教育相談体制づくり～（報告）」（2017（平成29）年1月）および文部科学省の「児童生徒の教育相談の充実について（通知）」（平成29年2月3日28文科初第1423号）によって、その職務が大きく二つの領域に分けて次のように明示された。

> ❶ 不登校、いじめ等の未然防止、早期発見及び支援・対応等
> 　(ア) 地方自治体アセスメントと教育委員会への働き掛け
> 　(イ) 学校アセスメントと学校への働き掛け
> 　(ウ) 児童生徒及び保護者からの相談対応（ケースアセスメントと事案への働き掛け）
> 　(エ) 地域アセスメントと関係機関・地域への働き掛け
> ❷ 不登校、いじめ等を学校として認知した場合又はその疑いが生じた場合、災害等が発生した際の援助
> 　(ア) 児童生徒及び保護者との面談及びアセスメントから見直しまで
> 　(イ) 事案に対する学校内連携・支援チーム体制の構築・支援
> 　(ウ) 自治体における体制づくりへの働き掛け

さらに職務遂行にあたって配慮すべき事項として❶児童生徒および保護者との信頼関係の構築、❷養護教諭、教育相談コーディネーター★、特別支援教育コーディネーター★等との連携、❸守秘義務、❹児童虐待に係る通告、❺家庭訪問が特記された。

★教育相談コーディネーター
学校内で、児童生徒の状況や学校外の関係機関との役割分担、スクールカウンセラーやスクールソーシャルワーカーの役割を十分に理解し、初動段階でのアセスメントや関係者への情報伝達等を行う。

★特別支援教育コーディネーター
小・中学校においては学校内の関係者や関係機関との連絡・調整、保護者に対する学校の窓口として、特別支援学校においては以上に加えて、小・中学校等への支援を行う。

5 「チームとしての学校」とスクールソーシャルワーカーの役割

上述のスクールソーシャルワーカーの職務には直接「障害児・者」とその保護者に関する言及はない。しかしながら不登校、いじめ等の背景には経済的な困難、子ども本人や保護者の障害や疾患、複雑な家庭環境、障害に対する周囲の無理解などの要因が複合的に絡んでいることが多い。子どもは子ども、保護者は保護者というように分断された支援ではなく、困難な状況を「丸ごと」受けとめる必要がある。この点は特別支援学校も同様であり、特別支援学校にスクールソーシャルワーカーを配置する自治体の取り組みも始まっている。「チームとしての学校」が提唱され、学校における役割分担と協働が推進されるなか、スクールソー

シャルワーカーは養護教諭と同様に、その要となる専門職といえる。

5 家族、住民、ボランティア等

1 家族

❶家族の役割

我が国の民法は、三親等内の親族間に相互に扶養する義務を課している（第877条第2項）。この**扶養義務**は、子が成人したあとも親に残ることから、障害のある子をもつ親は、子が成人したあとも経済的に独立することが困難な場合には、子を扶養し続ける責務を負うこととなり、障害のある子をもたない親に比べ重い責務を負う状況となっている。

このような状況を踏まえ、障害者家族の法的位置づけの見直しが行われてきている。1993（平成5）年に制定された**障害者基本法**では、障害者本人やその家族について、障害者の自立を促進するよう努めることが規定された。しかし、障害者の自立を促進することは、障害者や家族の個人的努力に負わされるべきものではないことから、この規定は2004（平成16）年の障害者基本法改正において削除され、国および地方公共団体の責務として、「障害者の自立及び社会参加の支援等のための施策を総合的かつ計画的に実施する」（第6条）ことが規定された。

また、精神障害者家族については、第5章第4節にもあるように、精神衛生法以来、「保護者」としての義務規定により、自傷他害防止監督義務を中心とした過大な責務を負わされてきた。これに対し、法改正のつど義務の一部軽減が図られてきた。2013（平成25）年の**精神保健及び精神障害者福祉に関する法律（精神保健福祉法）**の一部改正においては、家族の高齢化等により負担が大きくなってきている等の理由から、**保護者制度は廃止され**、治療を受けさせる義務や医師の診断に協力する義務、医師の指示に従う義務、財産上の利益を保護する義務、回復した措置入院者等を引き取る義務など、保護者に課されてきた義務は削除されることになった（2014（平成26）年4月1日施行）。

一方、この2013（平成25）年の精神保健福祉法改正では、医療保護入院の同意について、「家族等」の同意を要するとの規定は残されることとなった。ここでいう「家族等」とは、「当該精神障害者の配偶者、親権を行う者、扶養義務者及び後見人又は保佐人」（第33条第2項）のことである。この規定は、入院を望まない精神障害者本人と、入院に同意した家族との間に軋轢を生じさせることがあるなど、課題が少なくない。

❷家族の実際

我が国では、障害者の自立および社会生活の支援は、障害者総合支援法などの施策を整備することを通じて対応されてきているが、その一方で、家族に頼らざるを得ない状況も残されている。厚生労働省の実施した**「平成28年生活のしづらさなどに関する調査（全国在宅障害児・者等実態調査）」**など（第4章第1節**表4-1**（p.87）参照）によると、身体障害者、知的障害者、精神障害者の生活の場については、いずれにおいても在宅の者が大半となっている。在宅の障害者について、同居者の状況をみてみると、65歳未満の障害者手帳保持者のうちで「同居者あり」の割合は80.6％となっており、「一人暮らし」の割合は11.4％となっている。さらに「同居者あり」の者の同居者の内訳をみてみると、「親」の割合が最も高く65.6％となっており、次に「配偶者」の割合が32.8％となっている。とりわけ、療育手帳保持者については「同居者あり」の92.0％が、精神障害者保健福祉手帳保持者については「同居者あり」の67.8％が親と暮らしており、身体障害者手帳保持者の同回答の者の割合（48.6％）に比べ高くなっている（第4章第2節**表4-3**（p.94）参照）。障害者家族のなかでも、知的障害や精神障害のある子をもつ親は、子が成人したあとも子と同居し、日常生活の世話や経済的支援を通して、子の自立生活を支え続けている状況にあり、負担の軽減が課題となっている。

2 住民、ボランティア等

❶住民、ボランティア、NPOの役割

地域住民やボランティア、NPO★（Non-Profit Organization）は、**「地域共生社会」**の実現に向けた地域福祉の担い手として位置づけられている。2018（平成30）年に施行された改正社会福祉法は、地域住民や、ボランティアやNPOなどの社会福祉に関する活動を行う者を、社会福祉を目的とする事業を経営する者と連携・協力して、地域福祉の推進に努める主体として位置づけている。また、支え手と受け手側に分かれるのではなく、福祉サービスを必要とする地域のあらゆる住民が役割をもち、支え合いながら、自分らしく活躍できる「地域共生社会」の実現を目指していく必要があることから、「地域住民、社会福祉を目的とする事業を経営する者及び社会福祉に関する活動を行う者（地域住民等）は、

★ NPO
さまざまな社会貢献活動を行い、団体の構成員に対し、利益の再分配を行わない（営利を目的としない）団体のことである。このうち、1998（平成10）年12月に施行された「特定非営利活動促進法」に基づき法人格を取得した法人を「特定非営利活動法人（NPO法人）」という。

相互に協力し、福祉サービスを必要とする地域住民が地域社会を構成する一員として日常生活を営み、社会、経済、文化その他あらゆる分野の活動に参加する機会が確保されるように努めなければならない」とされた（第４条第２項）。

また、同法は、地域住民や社会福祉を目的とする事業を経営する者、ボランティアやNPOなどの社会福祉に関する活動を行う者は、❶本人のみならず、その者が所属する世帯全体に着目し、❷福祉、介護、保健医療に限らない、地域生活課題を把握するとともに、❸地域生活課題の解決に資する支援を行う関係機関と連携し、課題の解決を図るよう留意する旨を定めている（同条第３項）。ここでいう地域福祉課題とは、福祉サービスを必要とする地域住民およびその世帯が抱える福祉、介護、介護予防、保健医療、住まい、就労および教育に関する課題、地域社会からの孤立などの課題のことである。

❷住民、ボランティア、NPOの実際

地域住民やボランティア、NPOは、「地域共生社会」の**「理解促進・広報啓発」**に、国や地方公共団体に協力し取り組んでいる。「命の重さは障害の有無によって少しも変わることはない」という当たり前の価値観を社会全体で共有し、障害のある者と障害のない者が尊重し支え合いながら社会でともに暮らしていく「地域共生社会」についての、住民の理解を促進することは、地域福祉課題の一つである。これにあたって、**「障害者基本計画（第４次）」**は、**「障害者週間★**における各種行事を中心に、一般市民、ボランティア団体、障害者団体など幅広い層の参加による啓発活動を推進する」としている。この障害者週間の実施にあたっては、国および地方公共団体が、ボランティア団体やNPO等の民間団体等と連携して、障害者が社会、経済、文化その他あらゆる分野の活動に積極的に参加することを促進するため、障害者週間の趣旨にふさわしい多様な取り組みを全国各地で実施している。

また、地域住民やボランティア、NPOには、障害や病気のある人を地域や職場で支援する活動に取り組むことが期待されている。厚生労働省の実施した**「自立支援に関する意識調査」**（2018（平成30）年２月実施）によると、地域や職場で障害や病気を有していて困っている者がいたら助けたいと思うかを尋ねたところ、「積極的に助けたいと思う」および「助けたいと思う」と答えた者の合計は、「身近に障害や病気を有する者がいる者」で76.9％と最も多く、次いで「障害や病気を有する者」で67.3％、「その他の者」では55.4％となっていた。また、過

★障害者週間
2004（平成16）年の障害者基本法の改正により、国民の間に広く障害者の福祉についての関心と理解を深めるとともに、障害者があらゆる分野での活動に参加する意欲を高めることを目的として設定された。12月３日から12月９日までの１週間。

Active Learning
あなたが地域住民として障害のある人の支援を行う場合に、できることとしてどのようなことがあるか考えてみましょう。

去1年以内に居住地や職場において、家族以外で障害や病気で困っている者を助けた経験があるかを尋ねたところ、「助けた経験がある」と答えた者の割合は、「障害や病気を有する者」で39.9%、「身近に障害や病気を有する者がいる者」で35.4%、「その他の者」で10.9%となっていた。地域住民のなかには、障害や病気のある人を助けたいという思いをもっている者が多くいる一方で、実際に障害や病気のある人を助けた経験のある者は一部となっており、地域住民の助けたいという思いを、ボランティア活動などの、地域で障害や病気のある人を支援していく活動につなげていく仕組みを発展させることが課題となっている。

◇引用文献

1）岡村重夫『地域福祉論』光生館，p.42，1974.

◇参考文献

・埼玉県立大学編『IPW を学ぶ――利用者中心の保健医療福祉連携』中央法規出版，2009.
・厚生労働省「平成30年医師・歯科医師統計・薬剤師の概況」
・厚生労働省「平成30年衛生行政報告例（就業医療関係者）の概況」
・厚生労働省「相談支援体制の充実・障害児支援の強化等」（平成23年10月31日版）
・厚生労働省社会・援護局障害保健福祉部長通知「相談支援従事者主任研修事業の実施について」（平成31年3月28日障発0328第1号）
・厚生労働省社会・援護局障害保健福祉部長通知「相談支援従事者研修事業の実施について」（平成18年4月21日障発第0421001号）
・厚生労働省社会・援護局障害保健福祉部長通知「地域生活支援事業等の実施について」（平成18年8月1日障発第0801002号）
・厚生労働省社会・援護局障害保健福祉部長通知「サービス管理責任者研修事業の実施について」（平成31年3月29日障発0329第19号）
・厚生労働省「障害者等の移動の支援について」（平成27年7月14日）
・厚生労働省「重度訪問介護利用者の大学等の修学支援事業」（障害福祉関係主管課長会議資料，平成30年3月14日）
・松田恵示監，入江優子・加瀬進編著『子どもの貧困とチームアプローチ――“見えない”“見えにくい”を乗り越えるために』書肆クラルテ，2020.
・厚生労働省「平成28年生活のしづらさなどに関する調査（全国在宅障害児・者等実態調査）結果」2018.
・厚生労働省子ども家庭局長・社会・援護局長・老健局長連名通知「地域共生社会の実現に向けた地域福祉の推進について」（平成29年12月12日子発1212第1号・社援発1212第2号・老発1212第1号）
・厚生労働省「自立支援に関する意識調査報告書」みずほ情報総研株式会社，2018.
・内閣府『令和元年版障害者白書』2019.

第7章

障害者と家族等に対する支援の実際

本章では、障害領域におけるソーシャルワーカーの役割およびその実際について取り上げる。第１節では、ソーシャルワークのグローバル定義および障害領域でのソーシャルワーカーの配置の現状、障害領域のソーシャルワーカーにかかわる施策動向を通じて、障害領域のソーシャルワーカーの役割について学んでいく。第２節では、事例を通して、医療的ケアの必要な人の就労、強度行動障害のある人や精神障害のある長期入院患者、触法障害者の地域移行、医療的ケア児とその家族の地域生活、8050問題（親亡き後）にかかわるソーシャルワーカーの支援の実際を学んでいく。これらを通じて、障害者とその家族のウェルビーイングを促進するソーシャルワークについて理解を深めていく。

第1節

障害領域における ソーシャルワーカーの役割

学習のポイント

- ソーシャルワーカーの中核的使命と原理について学ぶ
- 障害領域におけるソーシャルワーカーの配置の現状を学ぶ
- 障害領域におけるソーシャルワーカーに期待される役割について考える

1 ソーシャルワーカーの中核的使命と原理

障害領域の**社会福祉士**および**精神保健福祉士**は、障害者とその家族のウェルビーイング★の促進に取り組む**ソーシャルワーカー**である。社会福祉士は、社会福祉士の名称を用いて、専門的知識および技術をもって社会福祉に関する相談援助を行うことを業とする者であり、精神保健福祉士は、精神障害者の保健･福祉に関する専門的知識および技術をもって、精神障害者の社会復帰に関する相談援助を行うことを業とする者である。両者はともに、人々が生活していくうえでの問題を解決なり緩和することで、質の高い生活（QOL）を支援し、個人のウェルビーイングの状態を高めることを目指すソーシャルワーク専門職である[1)]。

★ウェルビーイング
人間が幸せであり続けることができている状態およびそう願い行為することのすべてをさす。

このソーシャルワーカーについて、国際ソーシャルワーク学校連盟/国際ソーシャルワーカー連盟は、その中核的使命や原理、知識や実践を含む「**ソーシャルワークのグローバル定義**」を示している[2)]。この定義において、ソーシャルワーカーの中核的使命とされているのは、社会変革、社会開発、社会的結束、および人々の**エンパワメント**と解放を促進することである。ソーシャルワーカーは、相互に関連する歴史的、社会経済的、文化的、空間的、政治的および個人的な要因が、人間の幸福と発達に対して障壁にもなることを認識している。そのため、障害領域のソーシャルワーカーは、障害者とその家族の社会的包摂とエンパワメントを促進していくことを目標に、障害等を基準に差別や偏見を生じさせる社会構造についての批判的認識を発展させ、その構造的問題と個人的問題を解消することを促進する行動戦略を開発させる責務を有している。

Active Learning
「ソーシャルワークのグローバル定義」を読み、ソーシャルワーカーの中核的使命がそれぞれどのように定義されているか調べてみましょう。

ソーシャルワークの原理については、社会正義、人権、集団的責任および多様性の尊重がある。人権と社会正義を擁護し支持することは、ソーシャルワークの動機であり、正当性を示す根拠である。ソーシャルワークが擁護する人権には、障害者やその家族に関しては、日本国憲法に規定されている基本的人権や、我が国が2014（平成26）年に批准した**障害者の権利に関する条約**（**障害者権利条約**）などが含まれている。これらの基本的人権が、障害者およびその家族を含むすべての人々に等しく保障されるよう、障害領域のソーシャルワーカーは、人々の権利を擁護するとともに、人々が互いの人権を認め、国民の誰もが障害の有無にかかわらず、相互に人格と個性を尊重しあいながら共生するコミュニティを強化することに取り組んでいく。

また、ソーシャルワークの実践は、生活課題に取り組みウェルビーイングを高めるよう、人々やさまざまな構造に働きかけていく。**生活モデル**に基づき、**人間―環境の交互作用**を重視し、人々やさまざまな構造に介入することは、障害領域のソーシャルワークにおいても重視される。身体・精神的機能に制約のある人々が必要としているものと、リハビリテーションプログラムや居住場所、教育、ソーシャルサポートシステム、障害への適切な理解や配慮など、特別に必要としているものに対応する環境内の資源との間のよい適合の状態を最大化することで、障害者の経験している機能の不全は最小にすることができる。障害領域のソーシャルワーカーは、障害者とその家族にかかわる環境に働きかけ、彼らの生活機能を補う環境内の資源を開発するとともに、障害者とその家族に働きかけ個人内の資源を開発することに取り組んでいく。

ソーシャルワーカーとしての責務を果たしていくために、社会福祉士および精神保健福祉士には、ソーシャルワーク実践のための力（**コンピテンシー**）を身につけることが求められる。コンピテンシーとは、職務や特定の状況において効果的、あるいは優れたパフォーマンスにつながるような個人の特性のことである。日本のソーシャルワーク分野では、コンピテンシーについての議論はまだ始まったばかりであり、今後、議論を深めることが期待されている。ソーシャルワーカーが身につけるべきコンピテンシーの参考として、日本ソーシャルワーク教育学校連盟は、米国のソーシャルワークの学部および修士課程教育プログラムの認証に用いられる「学士および修士課程でのソーシャルワークプログラムの教育政策と認証基準」(Council on Social Work Education 2015) に記載されているコンピテンシーを提示している[3)]。このコンピテンシーは、❶倫理的かつ専門職としての行動がとれる、❷実践において多様性と相違に対応する、❸人権と社会的･経済的･環境的な正義を推進する、

❹「実践にもとづく調査」と「調査にもとづく実践」に取り組む、❺政策実践に関与する、❻個人、家族、グループ、組織、コミュニティとかかわる、❼個人、家族、グループ、組織、コミュニティのアセスメントを行う、❽個人、家族、グループ、組織、コミュニティに介入する、で構成されている（詳細は共通⑫『ソーシャルワークの理論と方法』を参照のこと）。障害領域のソーシャルワーカーにも、ここで示されているソーシャルワークのコンピテンシーを身につけていくことが期待される。

2 障害領域におけるソーシャルワーカーの配置の現状

ソーシャルワーカー[i]の障害領域での就労先には、「障害福祉関係」や「医療関係」などがある。

障害領域で就労しているソーシャルワーカーの数については、社会福祉士では、障害福祉サービス等事業に従事している者の数は2万2710人（2015（平成27）年10月現在[4)]）、障害児・者支援施設等に従事している者の数は5424人（2018（平成30）年10月現在[5)]）、医療機関に従事している者の数は1万4290人（2017（平成29）年10月現在[6)]）となっている。また、精神保健福祉士では、障害福祉サービス等事業に従事している者の数は1万2330人（2015（平成27）年10月現在[7)]）、障害児・者支援施設等に従事している者の数は926人（2018（平成30）年10月現在[8)]）、医療機関に従事している者の数は1万1531人（2017（平成29）年10月現在[9)]）となっている。障害領域は多くのソーシャルワーカーが従事する領域の一つとなっている。

「障害福祉関係」のどのような事業に、ソーシャルワーカーが配置されているかについては、障害福祉サービス等事業において従事している者の割合は、**表7-1**をみると、社会福祉士、精神保健福祉士ともに、計画相談支援事業の割合がそれぞれ19.2％、22.9％と最も高くなっていることがわかる。障害福祉サービス等事業に従事するソーシャルワーカーの約2割が、サービス等利用計画（案）の作成を通じて障害者のサービス利用を支援する**計画相談支援事業**に配置されている。また、障害児・者支援施設等において従事している者の割合は、**表7-2**をみると、社

---

i　社会福祉士および精神保健福祉士の登録者数は、2020（令和2）年5月末現在では、社会福祉士では24万9971人、精神保健福祉士では9万726人となっている（社会福祉振興・試験センター「登録者数の状況」2020.）。

会福祉士では障害児・者支援施設の割合が71.6%と最も高く、精神保健福祉士では地域活動支援センター★の割合が95.0%と最も高くなって

表7-1　障害福祉サービス等事業に従事する常勤の社会福祉士および精神保健福祉士の数と割合

障害福祉サービス等の種類	社会福祉士		精神保健福祉士	
	人数	割合	人数	割合
療養介護事業	284	1.3%	57	0.5%
生活介護事業	3,189	14.0%	623	5.1%
計画相談支援事業	4,359	19.2%	2,823	22.9%
地域相談支援（地域移行支援）事業	379	1.7%	488	4.0%
地域相談支援（地域定着支援）事業	512	2.3%	519	4.2%
短期入所事業	3,708	16.3%	743	6.0%
共同生活援助事業	1,701	7.5%	1,547	12.5%
自立訓練（生活訓練）事業	418	1.8%	626	5.1%
宿泊型自立訓練事業	184	0.8%	388	3.1%
就労移行支援事業	1,067	4.7%	884	7.2%
就労継続支援（A型）事業	386	1.7%	189	1.5%
就労継続支援（B型）事業	2,661	11.7%	2,241	18.2%
障害児相談支援事業	2,055	9.0%	855	6.9%
その他	1,807	8.0%	347	2.8%
合　計	22,710	100.0%	12,330	100.0%

注１：障害福祉サービス等事業とは、障害福祉サービス事業（居宅介護、重度訪問介護、同行援護、行動援護事業を除く）および障害児通所支援事業であり、障害者支援施設の昼間実施サービス（生活介護、自立訓練、就労移行支援および就労継続支援）を除く。
　２　2015（平成27）年９月中に利用者がいた事業所の社会福祉士および精神保健福祉士の数である。
資料：厚生労働省「平成27年社会福祉施設等調査」2016．第88表から筆者が作成

表7-2　障害児・者支援施設等に従事する常勤換算の社会福祉士および精神保健福祉士の数と割合

	社会福祉士		精神保健福祉士	
	人数	割合	人数	割合
障害者支援施設	3,886	71.6%	44	4.8%
地域活動支援センター	760	14.0%	880	95.0%
福祉ホーム	14	0.3%	2	0.2%
障害児入所施設（福祉型）	284	5.2%	−	−
障害児入所施設（医療型）	146	2.7%	−	−
児童発達支援センター（福祉型）	309	5.7%	−	−
児童発達支援センター（医療型）	25	0.5%	−	−
合　計	5,424	100.0%	926	100.0%

注：2018（平成30）年10月１日現在の常勤換算の社会福祉士および精神保健福祉士の数である。
資料：厚生労働省「平成30年社会福祉施設等調査」2019．第14-1表および第72表から筆者が作成

★地域活動支援センター
障害者等を通わせ、創作的活動または生産活動の機会を提供、社会との交流の促進等の便宜を供与する施設（障害者総合支援法第5条第27項）。

Active Learning

表7-1をみて、社会福祉士および精神保健福祉士では、計画相談支援事業のほかにどの障害福祉サービス等事業に配置されている者の割合が多いか考えてみましょう。また、それらはどのような事業か調べてみましょう。

いることがわかる。障害児・者支援施設等に従事する社会福祉士の多くが、常時介護を必要としている障害者の日常生活を支える障害者支援施設に、精神保健福祉士のほとんどが地域活動支援センターに配置されている。

また、「医療関係」のどの医療機関にソーシャルワーカーが配置されているかについては、社会福祉士では一般病院の割合が 90.3%と最も高く、精神保健福祉士では精神科病院の割合が 59.8%と最も高くなっている[10)]。医療機関に配置されているソーシャルワーカーの多くが一般病院や精神科病院において、患者とその家族の経済的・心理的・社会的問題の解決、調整を援助し、社会復帰の促進を図る業務に従事している。

3 障害領域におけるソーシャルワーカーの役割

障害領域におけるソーシャルワーカーについては、良質で専門的な障害福祉サービスを確保する観点から、障害福祉サービスへの配置を促進する対応がなされてきた[ii]。また、2016（平成 28）年に厚生労働省より出された報告書「『相談支援の質の向上に向けた検討会』における議論のとりまとめ」において、**相談支援**の業務を担う**相談支援専門員**（第 6 章第 2 節 2（p.197）参照）が「ソーシャルワークの担い手」と位置づけられ[11)]、相談支援はソーシャルワークのスキルと知識に基づき展開されることとなった。そこで、本節では、相談支援専門員をソーシャルワーカーと位置づけ、相談支援の経緯と相談支援専門員がソーシャルワークの担い手と位置づけられる契機となった相談支援の質的向上の課題、相談支援専門員に求められる技能と役割をみていくことを通じて、障害領域におけるソーシャルワーカーの役割を考えていく。

1 相談支援の経緯

障害者が地域で生活することを支援するにあたっては、移動やコミュニケーションなどの困難やその人の置かれた状況により、その人のニーズにあったサービスを的確に選び、調整していくことが必要となる。障

ii たとえば、良質なサービスを確保する観点から、障害福祉サービスを提供する事業者に、生活支援員等として常勤で配置されている従業者のうち、社会福祉士または精神保健福祉士などである従業者の占める割合が一定以上であることを評価し、障害福祉サービスを提供する事業者に支払われる障害福祉サービス等報酬において福祉専門職員配置等加算がつけられている。

害者の日常生活及び社会生活を総合的に支援するための法律（障害者総合支援法）は、障害者が望む地域での生活を実現するために必要な、グループホームや居宅介護などの居住の場にかかわる障害福祉サービスと、療養介護、生活介護、生活訓練、就労移行支援、就労継続支援などの日中活動にかかわる障害福祉サービスを、必要に応じて組み合わせて利用することを前提としている。一方、サービスは地域に広く散在しており、自分で必要なサービスについての情報を収集し、自分に合ったサービスを選び、利用の手続きを行っていくことは至難の技とならざるを得ない。そこで、障害福祉サービスなどの情報を広く提供し、活用できるサービスについて丁寧に説明し、必要なニーズをアセスメントし、サービス等利用計画に沿って複数のサービスを調整し、一体的・総合的に提供する仕組みが必要となる。そこで、サービスを調整し、一体的・総合的に提供する仕組みとして、障害者総合支援法は相談支援を位置づけている。

この障害児・者に対する相談支援は、2006（平成18）年10月に完全施行された障害者自立支援法第77条第1項第1号において、すべての市町村で実施する地域生活支援事業（必須事業）として位置づけられた。また、障害福祉サービスの体系の見直しと併せて、同法第32条において、指定相談支援事業者によるサービス利用計画策定などの計画相談支援（いわゆる**ケアマネジメント**）も法律上に位置づけられた。

さらに、2012（平成24）年4月には障害者総合支援法が施行され、第77条の2および第89条の3において、相談支援の充実に向けた取り組みの一つとして、地域における相談支援の中核的役割を担う**基幹相談支援センター**および**（自立支援）協議会**が法律上位置づけられた（**図7-1**）。また、同法第22条に規定された支給要否決定等のプロセスにおいて、原則として**相談支援専門員**が作成する**サービス等利用計画案**の提出が求められることとなった。このサービス等利用計画案（もしくは、障害児支援利用計画案）は、障害者総合支援法施行規則附則第5条および児童福祉法施行規則附則第51条の2による経過措置期間が終了する翌日の2015(平成27)年4月1日からは、すべての障害福祉サービスおよび障害児通所支援の利用申請について作成されることとなった。これにより、原則としてすべての障害児・者に相談支援専門員による専門的な相談支援が実施されることとなった。

図7-1　基幹相談支援センターのイメージ

基幹相談支援センターは、地域の相談支援の拠点として総合的な相談業務（身体障害・知的障害・精神障害）及び成年後見制度利用支援事業を実施し、地域の実情に応じて以下の業務を行う。
※平成24年度予算において、地域生活支援事業費補助金により、基幹相談支援センターの機能強化を図るための、①専門的職員の配置、②地域移行・地域定着の取組、③地域の相談支援体制の強化の取組に係る事業費について、国庫補助対象とした。
また、社会福祉施設等施設整備費補助金等により、施設整備費について国庫補助対象とした。

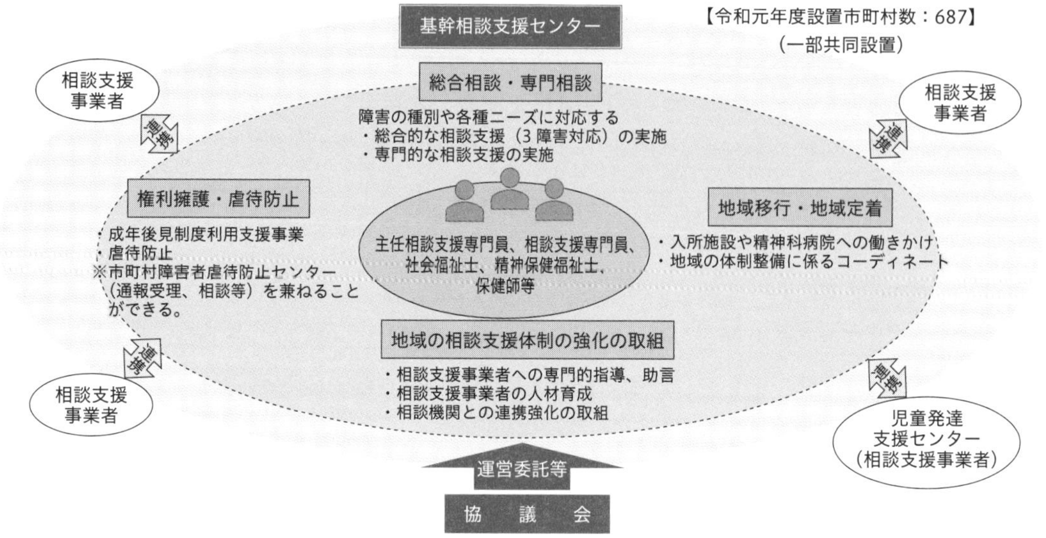

資料：厚生労働省「令和元年度全国厚生労働関係部局長会議資料説明資料 1 障害保健福祉部」2020.

2 相談支援の質に関する課題

相談支援の体制については、量的側面についての整備が一定程度進められてきた一方で[iii]、質的側面のさらなる充実の必要性が指摘されている。厚生労働省が設置した「相談支援の質の向上に向けた検討会」は、相談支援の質にかかわる主な課題として、次の３点を挙げている[12]。

第一に、社会経済状況や障害児・者のニーズの多様化を踏まえ、本人のニーズや生育歴を適切に把握し、地域との関係性、エンパワメントなどの観点からきめ細かい支援を実現するため、相談支援専門員が基本相談支援を実施する能力を基盤に適切なサービス等利用計画案を作成できる能力を身につけ、さらに高めていくなど、計画相談支援の質の向上を図ることが求められている。第二に、将来的に増加することが見込まれる高齢の障害者に対する支援にあたっては、介護支援専門員との連携がさらに必要となる。第三に、地域における相談支援を効果的・効率的に

iii　市町村の地域生活支援事業の必須事業として位置づけられている一般的な相談に対応する障害者相談支援事業は、すべての市町村で実施されている。また、基幹相談支援センターは、2019（平成 31）年 4 月時点で 687 市町村（全市町村の 40.0%）が設置しており、2012（平成 24）年 4 月時点の 156 市町村と比較して 4.4 倍に増加している（厚生労働省「障害者相談支援事業の実施状況等について（平成 31 年調査）」「別添資料 1 調査結果（市町村）」2020.）。

実施するため、基幹相談支援センターなどを中心とした地域の相談支援体制の見直しや**地域包括支援センター**との連携を進めることが求められる。

高齢化や障害の重度化、「親亡き後」の対応など障害児・者のニーズの多様化を踏まえ、相談支援専門員の提供するケアマネジメントの質の向上および高齢領域をはじめとする多領域の支援と連携し障害児・者とその家族を支援する体制の整備の促進に取り組み、相談支援の体制の質を向上させていくことが課題となっている。

3 障害領域のソーシャルワーカーの役割――ソーシャルワークの担い手としての相談支援専門員

相談支援の体制の質を向上させていく課題に対応するために、相談支援専門員の資質を向上させていくことが必要である。**相談支援専門員**に求められる技能や役割の基本的な考え方については、「障害者ケアガイドライン」や「相談支援ガイドライン」、厚生労働省令[iv]等で示されてきた。また、ニーズ把握やプランの提示、モニタリング時などの相談支援のプロセスにおいて意思決定は極めて重要であるため、障害者総合支援法において、指定相談支援事業者等は障害者等の**意思決定の支援**に配慮することが明記されている（法第51条の22第1項等）。これらの議論を踏まえ、「相談支援の質の向上に向けた検討会」は、相談支援専門員に求められる技能と役割についての基本的考え方を、次のようにまとめている[13]。

> ❶　利用者の幅広いニーズを把握し総合的かつ継続的なサービスの提供を確保すること
> ❷　社会資源の改善及び開発等に努めること
> ❸　自らその提供する指定計画相談支援の評価を行い、常にその改善を図ること
> ❹　ニーズ把握やプランの提示、モニタリング時などの相談支援のプロセスにおいて、障害者等の意思決定の支援に配慮すること

これらの相談支援専門員の技能や役割は、市町村や相談支援事業者などの関係者が一体となって目指すべきものである。相談支援専門員の資質の向上に向けては、関係者が協働して、❶各種研修、❷相談支援専門

iv 「障害者の日常生活及び社会生活を総合的に支援するための法律に基づく指定計画相談支援の事業の人員及び運営に関する基準」（平成24年厚生労働省令第28号）

員同士による事例検討および、❸作成したサービス等利用計画等の相互評価などを実施していくことが求められる。

また、同検討会は共生社会の実現に向け、相談支援専門員には「ソーシャルワークの担い手としてそのスキル・知識を高め[14]」ることで、次に挙げるような役割を担うことが求められるとしている。

❶ インフォーマルサービスを含めた社会資源の改善及び開発を支援すること
❷ 地域のつながりや支援者・住民等との関係構築を支援すること
❸ 生きがいや希望を見出す支援を行うこと

これらは、先に挙げられた相談支援専門員のそれと合わせて、障害領域のソーシャルワーカーに求められる技能と役割であるといえるだろう。障害領域のソーシャルワーカーには、相談支援をソーシャルワークとして展開していく力を身につけていくことを通じて、インフォーマルサービスを含めた社会資源を改善・開発する役割や、支援者や住民との関係構築を支援する役割を担い、障害者とその家族が安心して地域で暮らしていくために必要な地域基盤を整備することを促進していくことが期待されている。それと同時に、障害者とその家族それぞれが生きがいや希望を見出す支援を行う役割を担い、障害者とその家族のウェルビーイングを促進することが求められている。そして、将来的には、障害者福祉に関する専門的知見や援助技術の習得のみならず、社会経済や雇用情勢など幅広い見識や判断能力を有する**地域を基盤としたソーシャルワーカー**として活躍することが期待されている[15]。

このような相談支援専門員のソーシャルワークの専門性や一定の質を確保するために、たとえば**社会福祉士**や**精神保健福祉士**などの国家資格を有する者の活用を推進するなどの仕組みを検討することも必要である。

また、相談支援の質の向上にあたっては、相談支援を行える体制を整備していくことが必要である。必要とされる相談支援体制について、「相談支援の質の向上についての検討会」は、相談支援の関係機関の役割分担、基幹相談支援センターの設置促進、相談窓口の一元化、計画相談支援におけるモニタリングおよび市町村職員の役割等を挙げている[16]。相談支援の体制の質の向上にあたっては、相談支援専門員の資質の向上のみならず、相談支援をソーシャルワークとして展開することを可能とする体制を整備していくことが求められる。

4 課題

障害者総合支援法の見直しの基本的方針を示した「障害者総合支援法施行３年後の見直しについて」は、障害者総合支援法が今後取り組むべき方向性として、次の三つの柱を示している[17]。

第一に、本人が望む地域生活の実現、常時介護を必要とする者等への対応および障害者の社会参加の促進など、新たな地域生活の展開である。第二に、医療的ケア児を含む障害児に対する専門的で多様な支援、高齢の障害者の円滑なサービス利用、精神障害者の地域生活の支援および障害特性や利用者ニーズに応じた意思疎通支援などの、障害者のニーズに対するよりきめ細やかな対応である。第三に、利用者の意向を反映した支給決定の促進および持続可能で質の高いサービスを持続的に利用できる環境整備である。

これらの課題は、障害領域のソーシャルワーカーが取り組むべき課題でもある。次の節では、これらの課題に、障害領域のソーシャルワーカーとしてどのように取り組んでいくか、その支援の実際をみていく。

◇引用文献
1）社会福祉・社会保障研究連絡委員会報告書「ソーシャルワークが展開できる社会システムづくりの提案」日本学術会議，2003.
2）International Federation of Social Workers “*Global Definition of Social Work*”，2014.
3）一般社団法人日本ソーシャルワーク教育学校連盟「ソーシャルワーク演習のための教育ガイドライン」2020.
4）厚生労働省「平成27年社会福祉施設等調査」2016.
5）厚生労働省「平成30年社会福祉施設等調査」2019.
6）厚生労働省「平成29年（2017）医療施設（静態・動態）調査・病院報告の概況」2018.
7）前出４）
8）前出５）
9）前出６）
10）同上
11）厚生労働省「『相談支援の質の向上に向けた検討会』における議論のとりまとめ（平成28年７月26日）」2016.
12）同上
13）同上
14）同上
15）同上
16）同上
17）厚生労働省「障害者総合支援法施行３年後の見直しについて」2015.

◇参考文献
・社会福祉振興・試験センター「登録者数の状況」2020.

第2節 障害者と家族等に対する支援の実際（多職種連携を含む）

学習のポイント

- 医療的ケアが必要な人にはどのような支援が必要か理解する
- 強度行動障害のある人への支援、生活の構造化について理解する
- 精神科病院での長期入院患者への地域移行支援の実際を理解する
- 触法障害者の現状と支援施策について把握し、福祉的支援の役割を理解する
- 医療的ケア児の現状と施策、医療的ケア児等コーディネーターの役割を理解する
- 「8050 問題」が抱える課題と専門職の支援の実際を理解する

1 医療的ケアの必要な人への就労支援

事例を通して、医療的ケアが必要な人とその家族との関係性や、病気との向き合い方、ソーシャルワーカーとしてどのようにかかわるべきか等を考えるきっかけにしていただきたい。

事例

退院後、自宅での復職を希望するALS患者への支援

P市在住のAさん（50歳代、男性、筋萎縮性側索硬化症（ALS））は、システムエンジニアとして会社に勤務していたが、40歳代後半にALSを発症し、徐々に身体が不自由になり、経口での摂食困難、呼吸困難も出現したため入院することとなった。入院中、胃ろうを造設し、気管切開のうえ、人工呼吸器を装着した。徐々に全身状態も落ち着いてきたため退院を勧められ、自宅での生活を検討することとなった。

Aさんの家族は、妻（パートタイム勤務）と娘（中学校1年生）の3人家族であり、家族仲はよい。妻は、退院に向けた調整を病院の医療ソーシャルワーカーに相談したところ、地域包括支援センターの職員にも同席いただいたほうがよいとの提案があり、本人・家族、病院、地域包括支援センターの三者で話し合い（退院調整会

議）をもつこととなった。

Aさんは、全身状態は落ち着いているものの、四肢麻痺（指先が少し動く程度）、発声困難（コミュニケーションは透明文字盤で行う）により全介護状態（身体障害者手帳1級、要介護5、障害支援区分6）であり、経管栄養や痰の吸引等の医療的ケア（喀痰吸引等）も必要な状態である。地域包括支援センターのＪ主任ケアマネジャーは、自宅の環境を整備する必要があると考え、Aさんの担当ケアマネジャーに助言しつつ介護用ベッドや褥瘡《じょくそう》予防用マット、車椅子等の福祉用具貸与とともに訪問介護の利用（介護保険サービス）を提案した。しかし、車椅子はレンタル用のものでは適合しないことや訪問介護の時間数がまったく足りないこと、依頼予定の訪問介護事業所のヘルパーが喀痰吸引等ができないことなどがわかり、話が行き詰った。

Ｊ主任ケアマネジャーがＰ市役所に相談したところ、Ｐ市の基幹相談支援センターを紹介され、基幹相談支援センターのＫ社会福祉士も退院調整会議に加わることとなった。Ｋ社会福祉士は、レンタル品で適合しない福祉用具については、障害者総合支援法に基づく補装具として、車椅子や意思伝達装置の支給が受けられること、また、訪問介護の時間に上乗せして障害福祉サービス（居宅介護、重度訪問介護等）が利用可能であることなどを情報提供した。また、障害福祉サービスの重度訪問介護事業所で喀痰吸引等が可能なヘルパーもみつかった。

Aさんは、介護保険サービスと障害福祉サービスを組み合わせることで、自宅の環境整備とヘルパーの確保を行うことができ、退院までの間、病室で、病院看護師から家族やヘルパーに対して医療的ケアを行う際の留意点等、指導を受けることもできた。

自宅での生活も軌道に乗ったころ、Aさんは何とか在宅で仕事を続けられないかと思い、会社に相談したところ、在宅勤務の制度があることがわかり、自宅でパソコンを利用し現職復帰しようと考えた。Aさんの担当ケアマネジャーは障害福祉の相談支援専門員とも連携し、本人・家族、訪問リハビリテーションの担当作業療法士や会社のIT担当者、意思伝達装置の事業者、重度訪問介護事業所等と話し合いながら、仕事用に環境整備し、介護はできる限り休憩時間にまとめてできるよう、試行錯誤しながら体制を整えた。
現在、Aさんは、家族とヘルパーによる介護を受けながら、システムチェックや会社とのメール会議等を中心に、週30時間の勤務を自宅で行っている。

本事例の解説

Active Learning

重度障害者が退院し、在宅復帰の支援をするときのソーシャルワーカーの役割を考えてみましょう。

ALSは、筋の萎縮が徐々に進行し四肢麻痺、呼吸困難等の症状が出現する。介護保険の特定疾病でもあるため、40歳以上のALSの患者は、まず介護保険サービスの利用を考慮することとなる。

ALSの患者が、経口摂取困難となった場合、**胃ろう**を造設することがあるが、その際、**経管栄養**という**医療的ケア**が食事や水分補給に伴い必要となる。また、呼吸困難となった場合、**人工呼吸器**が装着されるが、**喀痰吸引**という医療的ケアが頻回に必要となる。これらの行為が医師や看護師のみが可能という行為に位置づけられると在宅での療養が難しくなるため、2012（平成24）年度から、介護職員等による喀痰吸引等が安全に実施されるように、社会福祉士及び介護福祉士法の一部が改正され、一定の研修を受けた介護職員等においては、医療や看護との連携による安全確保が図られている等、一定の条件の下で喀痰吸引等の行為を実施できることとなった。

地域包括支援センターのJ主任ケアマネジャーは、介護保険サービスだけでは退院後のAさんの生活を支えられないことがわかり、P市の介護保険部局に相談したところ、P市の障害福祉部局と連携し基幹相談支援センターを紹介した。Aさんの事例では、介護保険サービスに加えて、障害福祉サービスも併せて利用することが可能であり、P市の介護・障害両部局の連携もとれていたため、円滑な併用利用ができた。このとき、介護保険のケアマネジャーが全体のケアプランを作成することとなるが、障害福祉の相談支援専門員も同時に担当としてつくことが可能な仕組みとなっている。しばらくの間、両制度のケアマネジャーと相談支援が並走することにより、漏れのないサービス提供が可能となる。

全身状態が安定し、在宅療養生活が安定してくると、社会参加に気持ちが動いていく。Aさんは50歳と、まだまだ働き盛りの年齢で、中学生の娘もいるため、収入も減らしたくない。ALSという重度の障害をもつAさんに、仕事がしたいと訴えられたとき、ソーシャルワーカーとしてどのように受け止めるべきだろうか。従来は「あきらめを促す」

こともあっただろうが、現在ではIT環境を整備し在宅勤務が可能な時代となった。本人のチャレンジをぜひ後押ししてほしい。

就労については、在宅勤務をどのように可能にするか、本人・家族を中心に置きながら、訪問リハビリテーションの担当作業療法士や会社のIT担当者、意思伝達装置を扱う事業者、重度訪問介護事業者等が試行錯誤しながら、仕事用に環境整備し、介護もできる限り休憩時間にまとめてできるよう体制を整えた。これらの多職種連携のコーディネート役となるのが、ソーシャルワーカーとしてのケアマネジャーや相談支援専門員である。

2 強度行動障害のある人への支援

強度行動障害★のある人には、専門的な障害理解に基づく組織的・計画的な支援が必要である。視覚・聴覚・触覚等の感覚刺激に対する過敏・特異な反応、常同性（物事を進める手順や、物の置き場所などが固定されていること）への強い固執、そしてそれが崩されたときにみられるパニックや自傷他害、器物破壊……これらを理解するためには専門的知識が不可欠である。本事例では、強度行動障害への支援として有効な生活の構造化の過程をみながら専門的支援の実際について学んでいく。

★強度行動障害
強度行動障害という用語は、診断的分類に基づくものではなく、行政によって用いられている言葉である。その状態像とは、「自分の体を叩いたり食べられないものを口に入れる、危険につながる飛び出しなど本人の健康を損ねる行動、他人を叩いたり物を壊す、大泣きが何時間も続くなど周囲の人のくらしに影響を及ぼす行動が、著しく高い頻度で起こるため、特別に配慮された支援が必要になっている状態」とされている（国立リハビリテーションセンター 発達障害情報・支援センターによる定義）。

事例

強度行動障害のある人への地域生活への移行の支援

事例の概要

Q県に所在する「U園」は、強度行動障害の状態にある人への支援を専門に行う入所施設で、障害者総合支援法に基づく施設入所支援、生活介護を行う事業所である。強度行動障害専門の支援を行う施設のため、現在60名いる利用者の9割が障害支援区分6となっている。

Bさんは、最重度の知的障害と自閉症スペクトラムの男性(19歳)であり、両親と3人で暮らしている。療育手帳の等級は、Q県では最重度を表す「A」であり、障害支援区分は「6」である。Bさんは1歳半検診で発達の遅れを指摘され、その後医療機関で自閉症スペクトラムと診断された。小学校から特別支援学校に入り、次第に自傷他害行為やパニックなどが深刻化し、両親との在宅生活が困難になった。特別支援学校高等部在学中に、両親から卒業後の進路と住まいについて相談を受け、市と県、学校で調整を重ねた。両親は卒業後の施設入所を希望し、まずはＵ園で体験実習プログラムを利用した後、Ｑ県が実施している強度行動障害者支援事業の利用が決定した。これは一定期間の施設入所を経てグループホーム等の地域生活に移行することを視野に入れた事業である。Ｂさんの将来に向けた話し合いのなかで、当初施設入所希望であった両親が、次第にＢさんの地域生活への可能性を考えるようになった。

初期アセスメント

Ｕ園では、利用者の強度行動障害のアセスメントを入所前から開始している。入所後は数か月にわたり詳細な行動観察を行い、障害の状態、感覚刺激への反応の特性などを生活歴とも関連づけながらアセスメントしていく。アセスメント項目としては、心理検査や行動観察、学校関係者や家族等からの聞き取りなどを行い、それを職員間で共有し分析していく。支援が始まった後も、定期的なモニタリングによってアセスメント結果の修正を適宜行う。このアセスメントで得られた仮説に基づいて生活環境を構造化し、本人の反応をみながら段階的に周囲との関係を構築していくことが支援の軸となっていく。

Ｂさんの入所後、以下のようなことが次第に明らかになってきた。まず認知機能面では、絵や写真など視覚情報を利用したコミュニケーション・ツールを用いた支援が有効であった。また、活動の場所、時間を統一してのかかわりも効果的で、生活リズムを安定的に形成できる可能性は高いようであった。一方、パニックになると職員や他の利用者にかみつこうとしたり、奇声を上げて壁に頭を打ちつける、自分の頬を叩く、髪の毛を抜くなどの行為がみられた。職員はこれらが生起した回数、時間、前後の状況などを詳細に記録し、アセスメントを進めていった。その結果、それらの行為がみられる場合の多くは、Ｂさんが職員の注目を求めていたり、活動内容がＢさんのイメージと違っていたことが原因であることがわかってきた。生起する時間帯についても、作業終了後から夕食前の時間など、休憩時間や活動のつなぎ目の時間が多かった。

支援の展開

このアセスメント結果を踏まえ、支援の方針としてBさんの生活の構造化を進めることにした。「構造化」とは、米国のTEACCH★プログラムによって日本にも普及した支援方法の総称で、物理的・人的環境の突発的変化や不規則性を排し、強い感覚刺激を遮断した環境づくりを行う方法である。

Bさんの場合、居室は個室で、家具の配置や施設内移動の道順にいたるまで、固定化した。食事にもこだわりがあるため、入所当初は食材や調理法などを完全個別メニューの対応とした。かかわる職員もキーパーソン1名を中心に3名に限定し、声のかけ方などの職員による違いが混乱を生まないよう対応マニュアルを作成した。保護者との面会についても、入所から数か月間は本人の混乱を招くため控えてもらうなど、家族とも協力体制をとった。

コミュニケーション・ツールとして絵や写真を使ったカードやスケジュールボードを作成し、カードの内容や枚数はBさんの状態に合わせて調整していった。Bさんはカードが示すスケジュールや人物は特に問題なく理解でき、カードを用いて意思表示する練習も重ねた。

施設生活の安定化と地域生活移行準備

生活環境の構造化、職員のかかわりの統一化を徹底するなかで、Bさんの生活リズムや行動が徐々に安定してきた。次の段階として、日中活動もこれまでの個別プログラム、1対1対応から、次第に他の職員とのかかわりを増やしていった。活動も、少人数のグループへの参加から、徐々に大きなグループとの交流も取り入れ変化させ、さらに、電車・バスを利用した外出の機会も少しずつ増やしていった。自傷他害行為や破壊行為はこの時期から減少し、カードを用いた意思表示のパターンも増えた。偏食や洋服へのこだわりも少しずつ減っていき、その報告を受けた家族を驚かせた。園の行事でも音楽に合わせて笑顔でリズムをとる姿がみられた。

U園では地域生活移行を進めるために、グループホーム体験プ

★ **TEACCH**
Treatment and Education of Autistic and related Communication-handicapped Children（自閉症および関連するコミュニケーション障害のある子どもの治療と教育）の略称である。「ティーチ」と読む。米国ノースカロライナ州において、州政府、大学、地域の連携のもと、本人・家族を対象に、幼児期から成人後まで長期的に行われている支援プログラムである。本事例でもみられる物理的または視覚的な構造化がプログラムの大きな特徴である。

Active Learning

地域移行の支援にかかわっている基幹相談支援センターの相談支援専門員には、どのような役割を担うことが期待されているか、考えてみましょう。

ログラムを実施している。これは敷地内にグループホームを模した体験型施設を設け、宿泊体験を行うものである。この体験プログラムを経て、安定した状態に移行すると、次に退所後の環境調整を始めていった。市の基幹相談支援センターとも連携し、移行先候補であるグループホーム（共同生活援助事業所）や、日中活動の場となる生活介護事業所の体験利用も組み込んでいった。この移行準備期間中に、医療機関も含むチームカンファレンスを開き、家族も交え情報共有と今後の支援について意見交換を重ねた。そして移行先事業所の最終調整を行っていった。

退所と地域生活移行後のフォローアップ

U園では、これまでのBさんへの支援の事後評価を行った。生活の構造化といっても、一人ひとり最適な方法は異なる。Bさんが地域のなかで自分らしい生活を送るという目的のもと、職員チームが統制のとれた支援を粘り強く続けたことも大きかった。

Active Learning

障害者総合支援法は、モニタリング頻度をどのように規定しているか調べてみましょう。また、なぜBさんの事例では、月1回の頻度で実施したのか考えてみましょう。

Bさんは入所から10か月後にグループホーム（共同生活援助）へと移行し、安定した状態で生活を送っている。移行した後も、月1回基幹相談支援センターでモニタリング会議が開かれ、U園の職員も参加、専門的助言をするなど協力関係は維持している。入所時より笑顔が増えたBさんとそれを見守る両親の安堵した姿を励みに、U園では他の利用者の地域生活移行に向けて、さらなる支援を続けている。

本事例の解説

❶本事例で行った支援の必要性

強度行動障害のある人への支援は、他の支援と同様、利用者主体の理念に基づいて行うことが原則だが、その際に専門的な障害理解が特に重要となる。丁寧で客観的なアセスメントに基づく支援計画、支援体制の構築と実行、きめ細かなモニタリングなどが重要であることは本事例が示すとおりである。

❷生活の構造化の意味

この支援では、生活の構造化によってBさんの安心・安全感が確保され、徐々に周囲とコミュニケーションがとれる関係が築かれていった。そのためには、本事例が示すとおり、事前の綿密な計画と、職員、関係者、家族等の緊密な連携が不可欠である。その背後には、技術的な側面だけではなく、TEACCHの理念にもみられるように、自閉症スペクトラムの障害特性を、単純に否定的なものとして捉えない態度がある。この障害を特異なものとしてみるのではなく、いわゆる健常者に合わせてつくられているさまざまな環境を、本人の目線で捉え直し、作り直すという理念が重要なのである。これは障害者の権利に関する条約（障害者権利条約）における合理的配慮の考え方とも通底しており、すべての障害者支援に共通する姿勢といえよう。

3 長期入院からの地域移行支援

本事例では、精神科の療養病棟に長期入院している患者に対する精神保健福祉士のかかわりの経過を通して、精神科病院における退院・地域移行に必要な環境調整と、地域の障害福祉サービス事業所等との連携による支援の実際とソーシャルワーカーの役割を理解する。

事 例

精神科病院での長期入院患者への地域移行支援

入院に至る経過

Cさんは、統合失調症の男性患者（57歳）である。23歳のときに幻覚妄想状態となり、近隣住民の通報で警察官によって保護され措置入院となった。入院先の精神科病院で病状は鎮静化し、措置入院解除後に、別の精神科病院へ転院となり療養病棟に入院している。家族は、父親が保護義務者★であったが、本人が入院中に他界し、保護者★を引き継いだ実弟が年1回面会に来る程度で疎遠になっている。

入院後の経過

転院後の病状も安定していたため、Cさんは30歳のときより入院している病院の厨房で食器洗浄の作業に従事していた。両親が相次いで亡くなり、自分はもう退院できないと思い、働く意欲を失った。弟が入院費等のすべてを援助できないため、障害年金と生活保

★保護義務者・保護者
本人の意思によらない強制入院である医療保護入院には、家庭裁判所で選任された「保護義務者」が必要とされ、1993（平成5）年の精神保健法改正により「保護者」と名称が変わった。2013（平成25）年の精神保健福祉法改正により、保護者制度は廃止され「家族等」の同意によるものとなった（2014（平成26）年4月1日施行）。

護を受給している。作業療法に参加しても、いつもおどおどとしており、多くの時間は生気なく、一人で遠い空を眺めて過ごしていた。Cさんの入院期間は計32年におよび、57歳になっていた。

地域移行支援の経過

L精神保健福祉士は、療養病棟に配属され、Cさんはじめ、なぜ入院しているのかわからない多数の患者に出会った。病棟のカンファレンスで、L精神保健福祉士が「Cさんとか、退院できますよね？」と投げかけると、ベテランのスタッフから「今さら無理よ。退院する気もないし」とたしなめられた。Cさん自身も、面接すると「退院したくない。追い出されたら生きていけない。ここに一生置いてください」とL精神保健福祉士に向かって手を合わせた。L精神保健福祉士がCさんの弟に電話をすると「なんで今さら……。退院なんて無理。家では引き取れない」と反対された。

L精神保健福祉士は粘り強く病棟スタッフらと話し合い、まず病棟内でグループワークを開始した。最初は遠巻きにして見ていた患者たちや看護スタッフも、徐々に参加するようになった。さまざまなセッションを通して、社会生活能力が低く問題だらけだと考えられていた患者たちにも、多くのストレングスがあることにL精神保健福祉士は気づいた。地域の社会資源見学ツアーを行うことを病棟スタッフに提案し、実現した。

グループホーム見学会の日、不承不承参加したCさんは、病院のマイクロバスで移動中、窓の外の街の風景をじっと黙って眺めていた。グループホームでは、Cさんはずっとうなだれていたが、時々顔を上げて、居室や共有スペースの様子をちらちらと見ていた。見学が終わり、グループホームの職員から「何かご質問は？」と尋ねられると、Cさんは顔を上げ、さっと手を挙げて「ここに入るには、どうすればいいんですか？」とはっきりした口調で尋ねた。同行していた看護師も驚き、病棟に戻ってからナースステーションではこの話でもちきりとなった。「Cさん、本当は退院したいんじゃない？」とスタッフたちは考え始めた。

L精神保健福祉士は、地域移行支援を活用できないか市役所に相談し、指定一般相談支援事業所のM相談支援専門員に退院への協力を求めた。Cさんは「退院はしたいけど……帰る家もないし、弟にも迷惑をかけられない」と、ぽつりぽつりと話し始めた。「だいぶ前に退院をしたいと主治医に言ったら、『そんなこと言ってるようじゃ、当分退院はできないな！』と言われた。『退院したい』と言ったら、退院が延びると思った」「周りを見渡しても、自分の順番は回って来ない、自分はもうここで死ぬんだと覚悟した」。Cさんの気持ちに接したL精神保健福祉士とM相談支援専門員は、「大丈夫、退院できますよ」「私たちが皆で応援します」と約束した。

当初、グループホームへの退院が検討されたが、空き室の予定がなく、アパートでの単身生活に踏み切ることとなった。弟は抵抗を示したが、「家に帰るのでなければ……。保証人にはなる」と了解してくれた。計画相談支援を担う指定特定相談支援事業所により、退院に向けてのサービス等利用計画案が作成され、不動産業者を通じてCさんのアパート物件が確保された。新生活に向けての買い物等には、事業所のピアスタッフが外出同行した。Cさんは一人で地元の地域活動支援センターに通い、病院外の生活への地ならしをしていった。

退院1か月前のケア会議には、CさんとCさんの弟をはじめ、院内各職種のスタッフ、市役所の職員、相談支援専門員、ピアスタッフ等、総勢13名が集まった。Cさんは緊張した面持ちで「退院したいです。お願いします」と挨拶し、弟は「こんなにたくさんの人が応援してくれて……」と礼を述べた。1か月後、多くのスタッフや入院患者に見送られて、Cさんは退院を果たした。

退院後の経過

退院後、Cさんは地域定着支援を利用している。地域活動支援センターに顔を出し、仲間たちと談笑している。ゴミ出し等の細々した日常生活上のことでM相談支援専門員に相談することもあるが、多くは仲間たちに話すことで解決策を見出せている。外来受診時には病棟を訪れ、かつての同室者たちと車座になっている。いつもおどおどして、うなだれていたCさんはもういない。「退院しろよ。退院はいいぞ。なんたって自由だからな！」と笑いながら仲間たちに語りかけている。

本事例の解説

精神科病院で長期にわたって入院を継続している患者は多い。Cさんの通算32年間におよぶ入院期間は必要だったのであろうか。入院直後こそ混乱し不穏状態にあっても、多くの急性期症状は抗精神病薬で治まる。その後の入院期間はいわゆる「社会的入院」状態にある。当初は早期の退院を希望していたが、入院経過のなかで徐々に退院への意欲が減退し、生きる希望を失っていった。多くの患者が、意思に反した長期入院の経過のなかで、多かれ少なかれ「**施設症**★」化していく。自分の意思を呑み込み、受け身的に周りに合わせ、理不尽でも集団生活に適応を図ることが、自分を守る唯一の手段になっていく。長期入院者が多い療養病棟では、スタッフもまた「施設症」化し、患者が退院できないことへの問題意識は薄れ、保護的に抱え込むようになる。

★施設症
インスティテューショナリズム(institutionalism)の訳語。地域社会との接点が乏しい大規模な施設に長期にわたり収容され、集団生活を強いられ続けた結果生じる、自発性の低下や受け身的・依存的になる退行現象を指す。

人が行動するためには、イメージが必要である。イメージが描けなければ、新しい生活に一歩を踏み出すことなどできない。長い年月、閉ざされた空間で情報も遮断され、外の社会のイメージが何もない場所で、一人で生活をするよう告げられても、怖くて不安になるのが当たり前である。スタッフもまた、地域で暮らす生活に向けて、何をどう働きかければよいのか、イメージできなくなり、退院支援意欲も失われる。

Cさんの場合は、たまたま長期入院者の退院を粘り強く追求するL精神保健福祉士（PSW）との出会いが、地域移行の途を開いた。他の職種に働きかけ、病棟内でできることから改革を進め、閉ざされた病棟に新しい風を入れて、病棟スタッフたちの気持ちを変えながら、地域の多機関と連携関係を築いていった。しかし、それまでの病院のPSWは何をしていたのであろうか。長年にわたる日本の入院中心の精神医療政策が、多数の長期社会的入院者を生んだのは事実であるが、個々の臨床現場のPSWの責任が同時に問われている。大切な人生の時間を失った長期入院患者の地域移行の課題は、決して過去のことではなく、今現在も進行中の出来事なのである。

Active Learning
長期入院の精神障害者の退院支援、また長期入院患者の地域移行を支援するときのソーシャルワーカーの役割を考えてみましょう。

4 触法障害者への支援

1 刑務所収容者のなかで障害者の占める割合が増大

最近、罪を犯して矯正施設（刑務所、少年刑務所、拘置所および少年院）に収容されている人のなかで、障害者の占める割合が増加傾向にある。法務省「矯正統計年報（平成30年）」および「少年矯正統計年報（平成30年）」によれば、2018（平成30）年においては、刑事施設（刑務所、少年刑務所および拘置所）の新受刑者のうち15％が、少年院の新収容者のうち17％が、精神障害または知的障害を有していた。

これらの**触法障害者**は、釈放後直ちに福祉サービスを受ける必要があるが、そのなかには釈放後の帰住地や身元引受人が決まっていない者が多く存在する。このような触法障害者を釈放後、福祉サービスにつなげるため、矯正施設と保護観察所★は、特別調整という取り組みを実施し、さらに、地域生活定着支援センターは、矯正施設や保護観察所と連携して触法障害者の社会復帰支援（いわゆる「出口支援」）を行っている。

また、障害者が矯正施設に至る前の検察段階および裁判段階においても福祉的な支援を行い、検察段階で起訴せず起訴猶予としたり裁判段階で執行猶予とすることを可能とする取り組み（いわゆる「入口支援」）が行われている。

★保護観察所
犯罪をした人または非行のある少年が、社会のなかで更生するように、指導と支援を行う機関のこと。

事例

触法障害者への福祉的支援による更生の可能性

Dさんの概要

万引き窃盗事件で逮捕されたDさんは、40代の知的障害者の男性である。療育手帳をもち障害年金を受給している。これまで福祉作業所に通ったことはあるが定着できなかった。家族は実父のみである。本人が幼い頃両親が離婚し、実父に育てられた。今回はコンビニエンスストアで成人向け雑誌を万引きしたが、これまで同様の窃盗事件を2回繰り返している（1回目は罰金刑、2回目は執行猶予付判決）。

裁判の経過

今回の事件の地裁（第1審）判決では、前回事件の刑の猶予期間満了後すぐに犯行に及んでおり、本人の盗癖には根深いものがあるとして、実刑判決が下された。ところが、高裁（第2審）判決では、執行猶予付判決に変更された。その理由は、知的障害が背景にある万引き窃盗事案にあっては、社会内における福祉的支援を通じて本人の改善更生を図ることも有益な場合があり得るものであり、第１審判決後に地域生活定着支援センター等の関係者が本人に対する福祉的支援の体制を整えたことで、社会内で更生させることが可能となったからということであった。

地域生活定着支援センター等による支援の内容

Ｄさんを担当した弁護士から相談を受け、当該地域の地域生活定着支援センターがＤさんやＤさんの実父と数回面談した。地域生活定着支援センターは、Ｄさんの障害の程度、成育歴、事件時の生活環境、現在の本人の状況等の情報を収集し、さらに、今後地域でどのように生活していきたいか本人の意思を聞き取ったうえで、更生支援計画★を作成した（アセスメント）。Ｄさんから障害者就労を利用したいとの希望があったことから、受け入れ先となる障害者就労事業所と調整し、第１審判決後にその事業所に本人を通わせた。

高裁に地域生活定着支援センターが証人として出廷し、本人が地域で生活する場合は福祉による生活支援と就労支援があることを訴えた結果、執行猶予付判決が下されることとなったものである。

★更生支援計画
社会福祉士等が、本人の犯罪に至った理由や今後自立した生活を送るために必要な支援についてとりまとめるもの。

2 本事例の解説

❶触法障害者の地域移行支援のポイント

社会福祉士や精神保健福祉士などを主な職員として構成される**地域生活定着支援センター**では、❶保護観察所からの依頼に基づき、受入れ先施設等のあっせんまたは福祉サービスに係る申請支援等を行うコーディネート業務、❷矯正施設から退所した後、本人を受け入れた社会福祉施設等に対して必要な助言等を行うフォローアップ業務、❸矯正施設から退所した人の福祉サービスの利用に関して、相談・助言その他必要な支援を行う相談支援業務を行っている。

この事例では、地域生活定着支援センターにおいて、Ｄさんがどのような障害の特性をもち、幼いころからどのような生活を送ってきたか、社会生活を送るうえで困難を感じている点は何か、出所後はどのような生活を送りたいかなどについて、本人に寄り添って丁寧にアセスメントを行い、Ｄさんにふさわしい福祉施設の選定や受け入れに向けた調整を行った。そして、地域生活定着支援センターからは、法廷でＤさんが福祉の支えを得ながら社会生活をきちんと送ることができる旨の証言を行った。このことにより、Dさんは執行猶予付き判決を得ることができたものである。なお、地域生活定着支援センターでは、Dさんが拘置所から出た後も本人および受入施設のフォローアップを続けている。

❷触法障害者の社会復帰支援（特別調整と地域生活定着促進事業）

法務省の矯正施設および保護観察所では、2009（平成21）年から、障害を有し、かつ適当な帰住先がない受刑者について、**特別調整**を実施している。福祉サービス等を受ける必要があると認められる矯正施設の被収容者を矯正施設および保護観察所が選定し、各都道府県が設置する地域生活定着支援センターに依頼して、福祉施設などの適当な帰住先の確保を含め、出所後の福祉サービスについて調整を行っている。

また、検察庁★においても、知的障害のある被疑者等、福祉的支援を必要とする者について、釈放時に福祉サービスに橋渡しするなどの調整を行っている。地方検察庁の社会復帰支援室等には社会福祉士の資格をもつ社会福祉アドバイザーが配置され、検察官からの相談に応じて福祉的支援に関する助言などを行っている。

★検察庁
警察から送致された刑事事件について捜査および起訴・不起訴の処分を行うことや、裁判の執行を指揮監督することなどを業務とする機関のこと。

Active Learning
罪を犯した障害者が刑務所等から社会復帰するときの社会福祉士と精神保健福祉士の役割を考えてみましょう。

このように刑務所出所者等の福祉サービス等の利用の支援においては、**地域生活定着支援センター**が大きな役割を果たしている。地域生活定着支援センターでは、障害等により福祉的支援を必要とする刑務所出所者等に対し、地域の関係機関と連携しつつ、矯正施設入所中から出所後まで一貫した相談支援を実施している（**図7-2**）。社会福祉士や精神保健福祉士などの資格をもつ職員が配置され、コーディネート業務、フォローアップ業務および相談支援業務を実施している。

図7-2　地域生活定着支援センターの役割

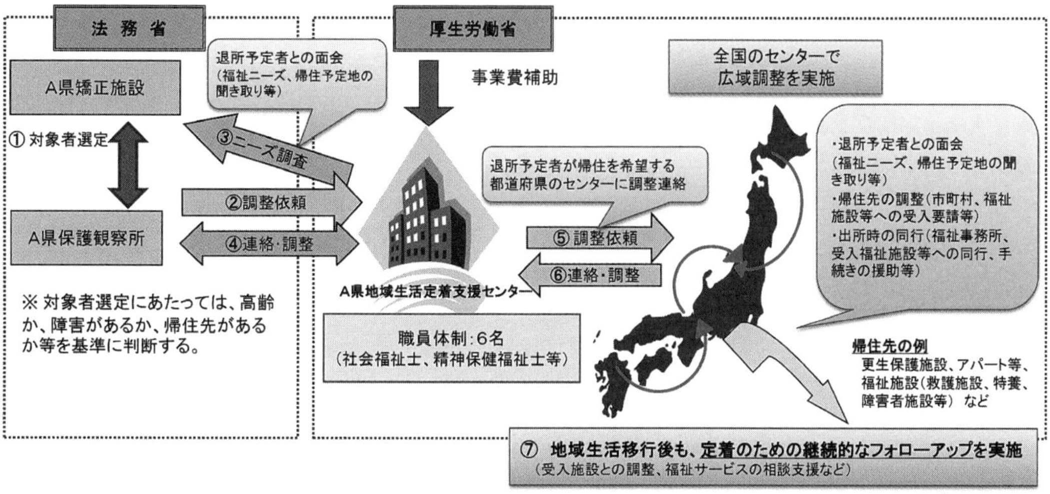

資料：厚生労働省ホームページ「地域生活定着促進事業」

5 医療的ケア児への支援

1 医療的ケア児の増加

我が国は、急激な少子高齢化が進んでいる。そのなかで、高齢出産や周産期医療を含めた医療の進歩ということを背景に、この世に生を受けたときから新生児集中治療室（以下、NICU）等での治療を必要とする子どもが増えている。人工呼吸器等を装着し、たんの吸引や経管栄養などの医療的ケアが日常的に必要な子どもたちのことを「医療的ケア児」といい、全国で約２万人いると推計されている（**図 7-3**）。今日、その医療的ケア児の地域生活の支援をどのような仕組みで、どう充実させていくのかが急務の課題とされている。

図7-3　医療的ケア児の推計値（０～19歳）

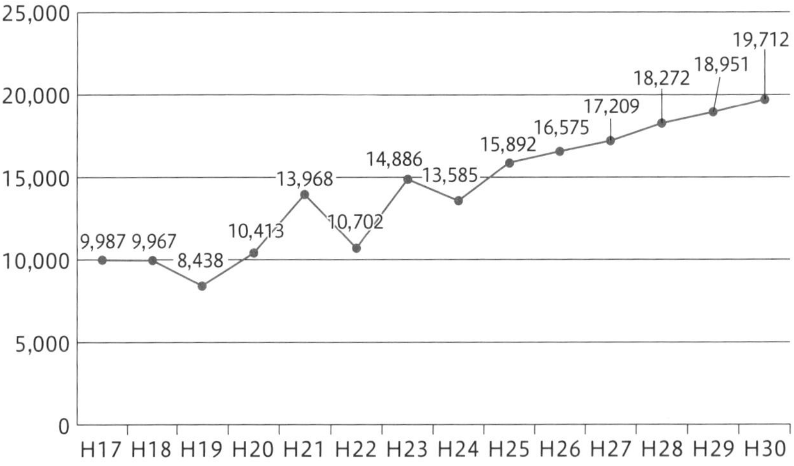

資料：厚生労働省障害児・発達障害者支援室「令和元年度医療的ケア児等の地域支援体制構築に係る担当者合同会議行政説明資料」

事 例

医療的ケア児とその家族への多職種連携による支援
――１人で悩まないように

Ｅちゃんは３歳。父親、母親、妹との４人で暮らしている。気管切開をして、常時人工呼吸器を装着し、胃瘻《いろう》から栄養をとっている。主に母親が介護をしていた。いまは、母親が妊娠・出産となったため、NICUのある小児専門病院にレスパイト入院をしている。きょうだいが産まれて自宅でいっしょに生活をする見通しを、両親ともにまだもつことができず、どうしていいかわからないと悩んでいた。このレスパイト入院の期間を利用して、家族での地域生活を再構築したいと願っており、それを医療的ケア児等コーディネーター★（以下、コーディネーター）に相談してきた。

いままでは、母親がEちゃんの面倒を一日中ずっとみてきていたが、これからはそういうわけにはいかない。地域の保育園にEちゃんが通えないかどうか市に相談をしたが、看護師配置ができないという理由から断られていた。

コーディネーターによる相談支援が始まった。今後の生活上の不安やEちゃんの発達に関する不安を願いとして丁寧に聞き取り、まだ退院の予定が決まらないけれども、いずれ訪れる日に備えて関係者会議が開催された。❶Eちゃんの安定した生活と支援、❷Eちゃんへの支援と併行して行う家族全体の日常生活の安定のための工夫、❸日常の医療・看護体制、❹緊急時のマニュアルと計画、❺レスパイト対応計画という五つの柱でEちゃんの支援計画が議論され、支援計画は関係者全体に共有・確認された。病院、診療所、訪問看護ステーション、ショートステイ施設、児童発達支援センター、ヘルパーステーション、保健師、市担当者、リハビリテーションスタッフなど総勢13人が一堂に会した。それぞれの事業所や機関の役割が明確になり、多くの支援者がいることを目の当たりにすることで、両親は「不安と負担感は軽くなった」と話された。

Eちゃんはいま、居宅訪問型児童発達支援を経て児童発達支援センターに週4日送迎バスで通所をしている。母親は、パートとして就労することができ、きょうだい児は地域の保育所に通っている。週2回の入浴時には、浴室にはEちゃんのほんわかした笑顔が咲き、浴室の外ではきょうだい児のにぎやかな声が響き、Eちゃんを中心として家族のみんなが1週間の生活を乗り切っていくための大事な停泊点としての時間になっている。

★医療的ケア児等コーディネーター
医療的ケア児等の支援を総合調整する者をいう。相談支援の機能をベースにしながら、医療と福祉の連携を構築することを軸に、地域における医療的ケア児等のその人らしく生きることに寄り添いながら、その人その人の多様な生き方を支援する。

2 本事例の解説

❶医療的ケア児の生活支援のポイント

先の事例の場合は、訪問診療をしてくれる開業医を確保し、小児専門病院の主治医と訪問医の連携のもとでＥちゃんの週１回の訪問診療が実現し、また必要に応じて入院するという柔軟で即応的な医療連携が確立したことが心強い。

また、コーディネーターの動きも光っていた。週２回の入浴に併せて訪問看護とホームヘルプサービスを利用することが計画された。Ｅちゃんの入浴は介護者１人では困難なため、訪問看護師とヘルパーが付き添って入浴を実施することにした。入浴の支援の実現も大きいことだが、それによってきょうだい児への見守りを、母親が担うことができるようになったことも大きかった。当然、訪問看護師による気管切開部の管理や健康管理は、母親にとっては安心のバロメーターでもあった。

生活の支援に加え、Ｅちゃんの日中の活動を検討した。保育園のほうでは、今すぐに受け入れ体制をつくることは難しいことから、送迎体制のある医療型の児童発達支援センターに決まった。機能訓練もそこに通って行うことになることで、かかわる職種も一気に広がりをみせた。

Active Learning

医療的ケア児等が退院する際のソーシャルワーカーの役割について考えてみましょう。

しかも、児童発達支援は最初から通所ということではなく、まずは居宅訪問型児童発達支援の利用を開始し、Ｅちゃんの様子を見きわめながら通所に切りかえていくという柔軟な対応もできた。さらに保育士などが居宅訪問することによって、家族いっしょに暮らし始めた生活における、Ｅちゃんだけでなくきょうだい児も含めた子育てについて保育相談ができ、母親としては心強かったという。

一番大切なことは、たくさんの職種がうまく支援体制を組むことができたことである。それは、そこに医療的ケア児等コーディネーターがいて、母親とＥちゃんに寄り添いながら客観視するとともに、その日常を関係機関にリアルタイムで共有できるチームアプローチ★が展開できたことが一番の「要」だともいえるだろう。

★チームアプローチ
多職種が、医療的ケア児とその家族が生活の主人公となるように、ニーズの捉え方、支援の方法、価値観が違うことを認めたうえで、チームでかかわること。

❷在宅の医療的ケア児とサービスの利用状況

しかし、現状はまだまだ厳しい。医療的ケア児のうち直近３か月で障害福祉サービス等を「利用した人」は、38 ~ 40％しかいない。サービス提供事業所における医療的ケアの実施体制が、まだまだ十分ではないことや、福祉人材の担い手不足等々の表れといえよう。

これらは、サービス提供事業所の課題というより、地域そのものの課題、国の施策上の課題である。地域で医療的ケア児を当たり前に受けと

図7-4　医療的ケア児等総合支援事業（地域生活支援促進事業）

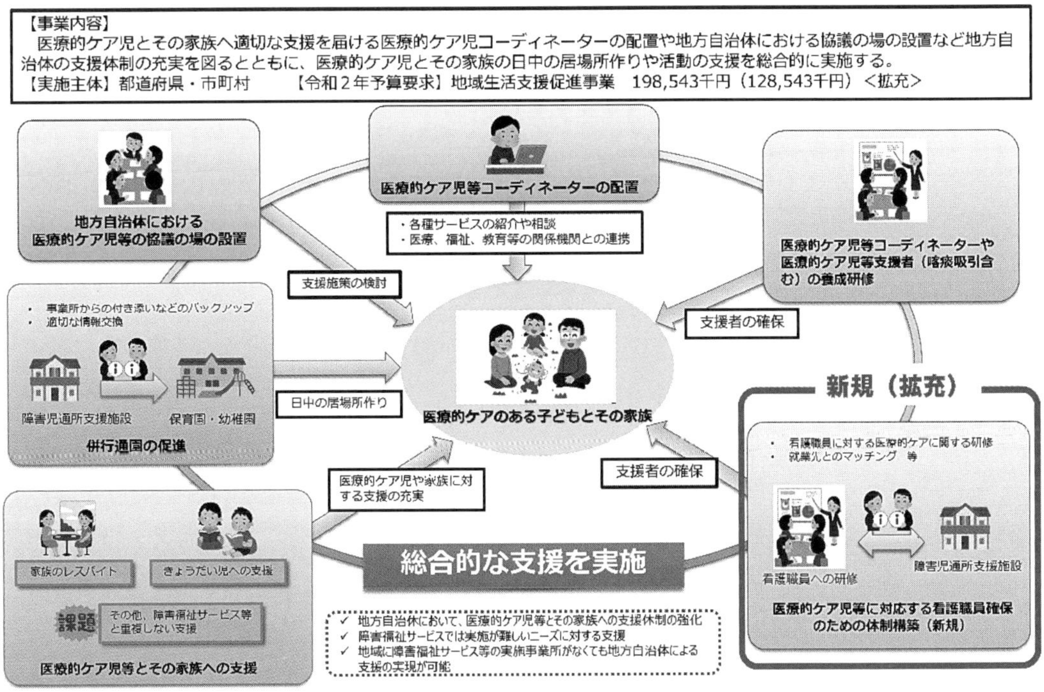

資料：厚生労働省

めていくという点では、その人その人の医療的ケアの実施も含めた「生活する」「生きる」支援という支援の質に到達していくには、まだまだ大きな課題があるといえよう。

❸医療的ケア児総合支援事業

　このように地域において、医療的ケア児が安心して生活できる環境が整備されているところは、まだそれほど多くはない。このため、地域において医療的ケア児等の受け入れが促進するように、必要な支援の提供が可能となる体制を整備し、医療的ケア児とその家族の地域生活支援の向上を図ることを目的として、「医療的ケア児等総合支援事業」が、都道府県および市町村等が実施主体として行われる地域生活支援促進事業の一つとして、2019（平成31）年4月1日から実施されている（図7-4）。

6 8050問題への対応

　本事例では家族と同居しながらも自室でのひきこもり状態となり、社会との接点を失ってしまった事例（8050問題）を扱う。事例における支援の展開過程を追うことで、8050問題が抱える課題の重層性、専門職のかかわるペースや支援チームの構成、家族メンバーの気持ちの理解を深めていってほしい。

事例

親の介護と子のひきこもりという複合的な課題を抱えた家族への支援

地域包括支援センターのN社会福祉士のもとに、「妻の物忘れがひどく、腰痛もあり、日常生活に支障が出てきている。施設に入れたい」という電話が入り、詳細確認のため初回訪問面接に至る。訪問先で対応したFさん（男性、76歳、無職）から、妻Gさん（72歳）がここ半年で急に物忘れがひどくなったことに加え、持病の腰痛もあり座って過ごすことが増えたため、今後のことを考えると妻が入所できる施設を探しておきたい旨の相談を受ける。Gさんとも面談したところ、「腰痛で家事が大変であり、火の消し忘れ等を夫に指摘されて気づくことも増えたが、息子のことも心配なので施設には入りたくない」ということであった。あらためて家族構成について尋ねたところ、この夫婦には同居する息子Hさん（47歳、無職、40歳から7年間自室にひきこもり）がおり、会話をするとどうしても喧嘩口調になってしまうため、夫婦ともにHさんとあまり言葉を交わさないようにしていることがわかった。

夫婦の年金で生活を維持しているとのことであったが生活に余裕はなく、Gさんの体調不良もあり家の中は片付いていない。N社会福祉士は、Gさんの介護保険申請についての説明と手続き開始を提案するとともに、Hさんのことについても心配であることを伝え、ひきこもり状態にある人への支援も行っているNPO法人を紹介し、後日NPO法人の支援員を伴って再度訪問する約束をした。

N社会福祉士がNPO法人の支援員とともに後日訪問した際、支援員がHさんの自室のドア越しにHさんへ自己紹介したところ、大きな叫び声と壁を叩く音が聞こえた。Fさんからは「介護保険は申請したいが、息子のことは放っておいてほしい」と強い口調で言われたため、Hさんと会話することができないまま、支援員は名刺と事業紹介のパンフレットを渡すにとどめた。日を改め、N社会福祉士が自宅訪問し、介護保険制度や今後の生活について相談している際、Fさんから「息子は私と違い優秀で、薬剤師の資格をとって薬局で働いていたが、職場内の人間関係が嫌だという理由で勤め先を急に辞めた。知り合いのドラッグストアで働けるように調整もしたが、そのドラッグストアも上司から接客態度について嫌味を言われたからという理由で辞めてしまい、その後自室にひきこもるようになってしまった。期待していただけに、情けない息子の姿を見ると裏切られた気持ちでいっぱいです」という話を聞くこととなった。そこで、N社会福祉士から、もう一度NPO法人の支援員に会って、Fさんの今の想いを相談してみてはどうかと提案すると、Fさんも合意したため日程調整を行うこととなる。

NPO法人の支援員とFさんが面談したところ、Fさんから「これまで息子の話をしっかり聞いてこなかった。今思えば、仕事のことも含め話を聞いてやることができていなかったので、家でもう一度息子に声をかけてみようと思う」という話になったということであった。その後、継続的に自宅訪問していたNPO法人の支援員から「Hさんと公園で話すことができ、『また働きたいが、人からどう見られているか気になり、不安な気持ちが募るとパニックになるためどうしたらいいかわからない』と相談を受けている」という報告が、N社会福祉士に伝えられた。また、NPO法人の支援員の勧めもあり、Gさんの通院に合わせてHさんが精神科に通院するようにもなり、医師から**自閉症スペクトラム障害**が疑われることに加え、二次障害として**不安障害**が生じている可能性が指摘されたとのことであった。そこで、Fさん、Gさんの生活状態についてはN社会福祉士が所属する地域包括支援センターがモニタリングを継続し、生活を良好な状態に維持していくことを検討することとした。Hさんについては就労を長期目標としつつも、まずは他者とのかかわりに再度慣れてもらうことや、生活リズムを戻すことを小目標として取り組んでいくことを、Hさんを含む関係者で共有し、人とのかかわりに不安がある人への居場所づくりとして取り組まれている日中活動（主にスポーツやテーブルゲームなどを介して参加者同士が交流する取り組み）に参加してみることを提案するに至った。

現在Hさんは定期的に日中活動に参加できるようになり、家事の手伝いをしながら新しい職場を探して公共職業安定所（**ハロー**

ワーク）に通うようになっている。家族内での会話も増え、Hさんが G さんの手伝いや、買い物の付き添いにも応じているとのことである。

本事例の解説

❶個人の問題ではなく家族全体の問題としての「8050 問題」

今回の事例のように、高齢な両親の介護や生活課題に対して専門職が介入した際に、同居する子どもの「ひきこもり状態」が明らかになることは少なくない。今回の場合は介護の問題をきっかけにその状態が少しずつ明らかになったわけであるが、その際に注意すべきは「介護の問題」への対応と「ひきこもり状態」への対応を「別の物」として扱わないことである。これらの課題はともに家族という単位で発生しているのであり、家族全体を「クライエントシステム」として捉え、介入することが望ましい。一方で、生活課題が家族単位で複合的に発生している状況に単一の専門職で臨むことは難しいため、多職種で連携して介入することも重要となる。また、家族も年をとるにつれさまざまな疾病や障害を抱えるようになる。そのため、付随する心配事や対応しなければならない事象も増えてくることから、「次の一手が打てなくなる状況」が生み出されやすい。子の就労や自立を望む親と、社会に出ることや人と接することに大きな不安やストレスを抱える当事者の間でコミュニケーションや相互理解が図られず、そのまま関係悪化が長期間続くことによって、ひきこもり状態から脱する糸口がみつかりにくくなってしまう事例も多い。

本事例では地域包括支援センターの社会福祉士と NPO 法人の支援員がそれぞれの立場から家族と向き合いつつ、適切なタイミングで連携できたことで、家族のコミュニケーションを促進し、第三者の視点や外部の支援を「次の一手」として活用することができていた。こうしたかかわりをもつことで家族ごと社会から孤立してしまわないようにすること、**親子共倒れ**という状況を生み出さないということが肝要である。

Active Learning

「8050 問題」を抱える家族の親子共倒れを防ぐ際、ソーシャルワーカーの役割は何かを考えてみましょう。

❷段階的な支援展開の必要性

「8050 問題」への支援では「ひきこもり状態の解消」が大きな目標となるが、長期にわたって自宅にひきこもった状態にある者が社会と接点をもてるようになることは容易ではなく、時間と段階に応じた支援が必要となる。今回の事例でも、「働きたい」という意思は確認されているものの、すぐに**「就労支援」**としてかかわるのではなく、まずは人とかかわるということに慣れてもらうことと、生活リズムを戻すという目標に向けて、**「日中の居場所づくり」**に取り組んでいた。ひきこもり状態への支援では、当事者が対人関係において不安や不信感を抱いていることも多く、支援員との関係づくりにおいても時間を要する可能性が高い。支援にかかわる者としては、「こうあるべき」という価値観を押しつけるのではなく、本人のペースで一歩ずつ解決に向けたプロセスをたどることができるように配慮することに加え、課題や不安を抱え込まないように継続的にかかわりをもち続ける「伴走型支援」が求められる。

❸障害と「8050問題」

いうまでもなく、障害ゆえに「ひきこもり状態」になりやすいというわけではない。しかし、障害者であるということが過去の生活歴においてさまざまな影響を及ぼし、結果としてひきこもり状態に陥ってしまうということは事例として多く存在する。今回の事例であれば、自閉症スペクトラム障害であったことで過去にいじめや対人ストレスを経験してきた経緯が、生活歴のなかで自己効力感の低下や二次障害としての不安障害を生じさせ、「社会と接点をもちたくてももてない」という現状を生み出している可能性が高いことが推察される。支援を展開する過程で障害の疑いがある場合は、適切な医療機関や制度につなげることに加え、「障害」を起点にこれまでの生活歴を振り返り、ひきこもり状態に至った要因の見立てを行うための情報として活用していくことが有益である。障害特性をもとに生活歴や現状を分析することで何が課題なのか、何を当事者たちが求めているのかを知ったうえで支援メニューを構築していくことができると、本人の選択肢も増えてくるはずである。

◇参考文献

・厚生労働省「地域生活定着支援センターの事業及び運営に関する指針（平成21年５月27日社援総発第0527001号別添）」
・法務省『平成29年版犯罪白書』2017.
・法務省『平成30年版犯罪白書』2018.
・小林良子「罪を犯した人の地域生活を支えるためのソーシャルワーカーの役割と機能（東京社会福祉士会・刑事司法ソーシャルワーカーの取り組みを通じて）」『社会福祉研究』第131号，2018.
・内閣府政策統括官（共生社会政策担当）「生活状況に関する調査報告書（平成30年度）」2019.
・特定非営利活動法人 KHJ 全国ひきこもり家族会連合会『ひきこもりの実態に関するアンケート調査報告書～本人調査・家族調査・連携調査～』2019.

おすすめ

・川北稔『8050問題の深層――「限界家族」をどう救うか』NHK 出版，2019.

索引

A～Z

あ～お

か～こ

さ〜そ

た～と

な～の

は～ほ

ま～も

や～よ

ら～ろ

わ～ん

最新 社会福祉士養成講座 精神保健福祉士養成講座

編集

一般社団法人 日本ソーシャルワーク教育学校連盟（略称：ソ教連）

統括編集委員（五十音順）

中谷 陽明（なかたに・ようめい）
ソ教連常務理事、桜美林大学大学院教授

松本 すみ子（まつもと・すみこ）
ソ教連常務理事、東京国際大学人間社会学部教授

「障害者福祉」編集委員・執筆者

編集委員（五十音順）

髙木 憲司（たかき・けんじ）
和洋女子大学家政学部家政福祉学科准教授

松岡 克尚（まつおか・かつひさ）
関西学院大学人間福祉学部教授

森田 久美子（もりた・くみこ）
立正大学社会福祉学部教授

執筆者および執筆分担（五十音順）

伊藤 葉子（いとう・ようこ）……第 5 章第 2 節
中京大学現代社会学部准教授

岩崎 香（いわさき・かおり）……第 6 章第 2 節 3
早稲田大学人間科学学術院教授

岩田 直子（いわた・なおこ）……第 4 章第 3 節
沖縄国際大学総合文化学部教授

植戸 貴子（うえと・たかこ）……第 4 章第 2 節
神戸女子大学健康福祉学部教授

加瀬 進（かせ・すすむ）……第 6 章第 1 節 3・第 2 節 4
東京学芸大学教育学部教授

川内 美彦（かわうち・よしひこ）……第 5 章第 10 節
東洋大学人間科学総合研究所客員研究員

川島　聡（かわしま・さとし）……第3章第4節
岡山理科大学経営学部准教授

倉知　延章（くらち・のぶあき）……第5章第11節
九州産業大学人間科学部教授

酒井　京子（さかい・きょうこ）……第6章第1節2
大阪市職業リハビリテーションセンター所長

杉田　穏子（すぎた・やすこ）……第5章第3節
青山学院女子短期大学子ども学科教授

曽根　直樹（そね・なおき）……第3章第1節
日本社会事業大学大学院福祉マネジメント研究科准教授

髙木　憲司（たかき・けんじ）……第1章第1節、第5章第1節・第12節、第7章第2節1
和洋女子大学家政学部家政福祉学科准教授

田中　恵美子（たなか・えみこ）……第3章第2節
東京家政大学人文学部准教授

田中　智子（たなか・ともこ）……第4章第1節
佛教大学社会福祉学部准教授

谷口　泰司（たにぐち・たいじ）……第5章第8節
関西福祉大学社会福祉学部教授

田村　和宏（たむら・かずひろ）……第7章第2節5
立命館大学産業社会学部教授

樽井　康彦（たるい・やすひこ）……第7章第2節2
龍谷大学社会学部准教授

鶴岡　浩樹（つるおか・こうき）……第6章第1節4・第2節1
日本社会事業大学大学院福祉マネジメント研究科教授

鳥海　直美（とりうみ・なおみ）……第6章第2節2
四天王寺大学人文社会学部教授

中根　成寿（なかね・なるひさ）……第5章第7節
京都府立大学公共政策学部准教授

廣野　俊輔（ひろの・しゅんすけ）……第1章第2節
同志社大学社会学部准教授

古屋　龍太（ふるや・りゅうた）……第5章第4節、第7章第2節3
日本社会事業大学大学院福祉マネジメント研究科教授

増井　英紀（ますい・ひでき）……第7章第2節4
全国健康保険協会企画部

増田　和高（ますだ・かずたか）……第7章第2節6
武庫川女子大学文学部講師

松岡　克尚（まつおか・かつひさ）……第２章第２節
関西学院大学人間福祉学部教授

三島　亜紀子（みしま・あきこ）……第２章第１節
立命館大学生存学研究所客員協力研究員

麦倉　泰子（むぎくら・やすこ）……第５章第９節
関東学院大学社会学部教授

森田　久美子（もりた・くみこ）……第６章第２節５、第７章第１節
立正大学社会福祉学部教授

山下　幸子（やました・さちこ）……第３章第３節
淑徳大学総合福祉学部教授

横須賀　俊司（よこすか・しゅんじ）……第６章第１節１
元・県立広島大学人間福祉学科准教授

與那嶺　司（よなみね・つかさ）……第５章第５節
神戸女学院大学文学部総合文化学科教授

綿　祐二（わた・ゆうじ）……第５章第６節
日本福祉大学福祉経営学部教授

一般社団法人 日本ソーシャルワーク教育学校連盟（略称：ソ教連）のご案内

ソ教連は、全国のソーシャルワーク教育学校（社会福祉士、精神保健福祉士、社会福祉教育を行っている学校）で組織されています。

ソーシャルワーク教育学校に課せられた社会的使命に鑑み、ソーシャルワーク教育の内容充実および振興を図るとともに、ソーシャルワークおよび社会福祉に関する研究開発と知識の普及に努め、もって福祉の増進に寄与することを目的としています。

［英文名］Japanese Association for Social Work Education（略称；JASWE）
［設立日］2017（平成 29）年 4 月 1 日
［ウェブサイト］http://www.jaswe.jp/　http://socialworker.jp/

［業務執行理事］
会　　長　白澤政和（国際医療福祉大学）
副 会 長　岩崎晋也（法政大学）
副 会 長　和気純子（東京都立大学）
副 会 長　中村和彦（北星学園大学）
常務理事　中谷陽明（桜美林大学）
常務理事　松本すみ子（東京国際大学）

2020 年 10 月 1 日現在

最新 社会福祉士養成講座
精神保健福祉士養成講座

8 障害者福祉

2021年2月1日　初　版　発　行
2024年2月1日　初版第 3 刷発行

編　集　一般社団法人日本ソーシャルワーク教育学校連盟
発行者　荘村明彦
発行所　中央法規出版株式会社
〒110-0016　東京都台東区台東3-29-1　中央法規ビル
TEL 03(6387)3196
https://www.chuohoki.co.jp/

印刷・製本　株式会社太洋社
本文デザイン　株式会社デジカル
装　　幀　株式会社デジカル
装　　画　酒井ヒロミツ

定価はカバーに表示してあります。落丁本・乱丁本はお取替えいたします。
ISBN978-4-8058-8238-2

本書の内容に関するご質問については、下記URLから「お問い合わせフォーム」にご入力いただきますようお願いいたします。
https://www.chuohoki.co.jp/contact/